高职院校高水平专业群建设的研究与实践

龚小勇　丁锦箫　张慧敏　谢蓉　童世华　著

北京航空航天大学出版社

内容简介

在建设技能型社会的背景下,职业教育迈入了高质量发展的新阶段。高水平专业群建设是高职院校彰显职业教育类型化与高等性的重要抓手。本书分为理论篇、实践篇和案例篇三个部分,旨在讨论和总结高职院校在专业群建设方面的研究成果与实际经验。本书首先从专业群的意蕴认知、建设路径和质量评价等维度对高水平专业群建设展开了理论研究;然后以"双高"院校——重庆电子工程职业学院为例,介绍了学校构建专业群的逻辑,以及专业群深化产教融合、创新人才培养模式、重构课程体系、开发课程资源、打造高水平双师型教师队伍、建设产教融合实训基地、构建技术技能协同创新平台、促进国际交流与合作和专业群质量评价等的实践探索;最后,精选了七个案例,介绍了重庆电子工程职业学院打造高水平专业群的具体做法。

本书可作为职业院校的行政管理人员、教学人员的参考资料,也可作为职业教育科研人员参考用书。

图书在版编目(CIP)数据

高职院校高水平专业群建设的研究与实践 / 龚小勇
等著. -- 北京 : 北京航空航天大学出版社,2024.3
ISBN 978 - 7 - 5124 - 3937 - 5

Ⅰ. ①高… Ⅱ. ①龚… Ⅲ. ①高等职业教育—专业设
置—学科建设—研究—中国 Ⅳ. ①G718.5

中国版本图书馆 CIP 数据核字(2022)第 210445 号

高职院校高水平专业群建设的研究与实践

龚小勇　丁锦箫　张慧敏　谢蓉　童世华　著
策划编辑　周世婷　　责任编辑　周世婷

*

北京航空航天大学出版社出版发行

北京市海淀区学院路 37 号(邮编 100191)　http://www.buaapress.com.cn
发行部电话:(010)82317024　传真:(010)82328026
读者信箱:goodtextbook@126.com　邮购电话:(010)82316936
北京富资园科技发展有限公司印装　各地书店经销

*

开本:787×1 092　1/16　印张:15.5　字数:397 千字
2024 年 3 月第 1 版　2024 年 3 月第 1 次印刷
ISBN 978 - 7 - 5124 - 3937 - 5　定价:69.00 元

前　　言

高等职业教育作为培养适应现代产业和社会需求的技术技能型人才的重要方式,扮演着举足轻重的角色。2019 年以来,全国高职院校全面深入开展"双高"建设。经过五年实践,各个高职院校在高水平专业群建设方面取得了诸多成绩,但在专业群的内涵要义、类型构建、建设思路及质量评价等方面仍存在一些困惑。因此,本书以国家"双高"院校建设单位——重庆电子工程职业学院的高水平专业群建设为例,努力提炼理论思路,总结实践经验,旨在为广大职业教育工作者提供有益的参考和借鉴。

高水平专业群建设并非单一的概念,而是蕴含着诸多方面的探索和挑战,本书将其分为理论、实践和案例三个层面,深入探讨高水平专业群建设的意蕴认知、建设举措和质量评价。通过对专业群建设的理论探索,读者可以掌握现行专业群建设的通行做法和其背后的理论逻辑;通过对重庆电子工程职业学院专业群建设的案例分析,读者可以理解如何在不同背景下制定适合自身发展的策略。

囊萤映雪,岁寒心凝。本书是重庆市职业教育教学改革重大研究项目"基于工程认证的职业本科'岗课赛证创'一体化课程体系研究与实践"(项目编号:GZ221020)、"科教融汇背景下高职院校创新人才培养研究与实践"(项目编号:Z231006)、"职业教育人才贯通培养的研究与实践"(项目编号:Z231018W),中国职业教育学会重点研究项目"'双高'质量提升策略研究"(项目编号:SZ21B003),教育部教师工作司研究项目"基于模块化教学的教师创新团队建设长效机制研究"(项目编号:TX20201101),重庆市社会科学规划项目"智能技术赋能评价改革促高职学生高质量发展"(项目编号:2022NDYB116),重庆市英才计划项目"大数据环境下高职院校学生发展性评价体系研究"(项目编号:cstc2021ycjh - bgzxm035),重庆市教育科学规划课题"职业本科电子信息类专业'四体协同''四链融合'人才培养研究与实践"(项目编号:K22YG309305)的研究成果之一;也是笔者在职业教育领域深耕多年的工作基础上,结合自身教学管理与科研情况,以及国内外相关文献的一个总结。本书主要撰写人员为重庆电子工程职业学院龚小勇、丁锦箫、张慧敏、谢蓉、童世华，参与撰写的还有陈进、刘睿强、刘良华、贺彬恢、王荣辉、代才莉、刘宏宇、刘影、刘琰、林涛、胡兵、徐小辉、甘守武、马帅率、陶亚雄、林勇、赵阔、王彬、徐欣、廖成成、易国键、牟向宇、施照辉等。另外，重庆电子工程职业学院孙卫平书记、聂强校长对本书的撰写进行了指导，在此表示感谢。同时，本书参考了《重庆电子工程职业学院"双高"建设典型案例汇编》等书中的部分内容，在此一并对这些作者表示衷心的感谢，对书中引用的参考文献作者表示感谢。

高水平专业群建设是职业教育面向职业本科发展的一个重要领域，随着职业教育的不断发展，未来该领域会出现更多的新理论、新模式和新路径。本书在撰写过程中，笔者深感教育的复杂性和多变性，也体会到高职院校在专业群建设中所付出的努力。最后，衷心感谢所有为本书贡献智慧和力量的专家、学者，希望本书能够成为高职教育领域的有益资料，推动高水平专业群建设取得更大的成就。

受限于笔者之能力，书中难免有不妥之处，恳请读者批评指正。

著　者

2023 年 10 月

目　　录

理　论　篇

实　践　篇

案 例 篇

理 论 篇

第一章　专业群的意蕴认知

《关于实施中国特色高水平高职学校和专业建设计划的意见》（下文简称"双高计划"）中明确提出"建设一批引领改革、支撑发展、中国特色、世界水平的高等职业学校和骨干专业（群）"。专业群建设不仅是高职院校转型发展的必然选择，也是职业教育迈入职业本科教育新阶段提质跃升的重要抓手。对专业群的科学认知是建设、发展的逻辑起点，要提出既能求解实际问题，又具有一定理论普适价值的专业群建设策略，首先就应复归概念的原点，结合概念所提出的时空背景、理论与实践的价值，明确专业群的生成逻辑、内涵要义和类型构建，以明确后续研究和实践的起点。

第一节　专业群的生成逻辑

一、国家职业教育政策体系日趋完善

在人类社会发展进程中，一个国家的政策是社会发展基本要素，国家的职业教育政策是职业教育的基本指南，它引领与规范着该领域的建设与发展。

（一）发展职业教育是提升国家能力的重要抓手

职业教育作为一种类型教育，在经济属性、社会属性上都能有效提升国家能力。国家能力由发展能力和治理能力两个维度构成，教育能够促进社会、经济和科技的发展，促进国家发展能力。同时，教育也是国家治理社会的一种制度化手段，是治理能力的一个构成要件[1]。既往研究表明，提升国家能力从而在国际竞争中赢得比较优势主要依靠自然资源禀赋和人力资源禀赋。自然资源禀赋是难以改变的先决条件，而人力资源禀赋则可以通过教育、医疗和社会保健等实现升级[2]，职业教育自然是提升人力资源禀赋的重要环节。

纵览西方国家发达的经验，工业革命后各国都通过法律规章确定了职业教育的类型定位，如英国在工业革命后就出台了《工匠学徒法》《技术教育法》《技术学校条例》等；德国则颁布了《德国职业教育法》等，并且这些国家在漫长的职业教育发展中不断完善相关法律政策。回溯我国职业教育的发展，早在洋务运动之后，清政府就开始进行职业教育培养专门的技术技能人才。我党在各个历史时期都将职业教育作为提升国家能力的重要手段，早在革命战争年代就创设了军工、农业、医疗等具有职业教育性质的学校；在中华人民共和国成立之后就开始大力

---

①　燕继荣.制度、政策与效能：国家治理探源——兼论中国制度优势及效能转化[J].政治学研究，2020（02）：2-13，124.
②　罗伯特·J·凯伯.国际经济学[M].15版.北京：中国人民大学出版社，2017.

发展中职教育;改革开放后更是"坚持两种教育制度",为各行各业培养专门的从业人员。由此可见,不断更新职业教育的顶层设计是提升国家能力建设的战略性和全局性教育议程。

在新发展格局下,打造高水平专业群,提升职业教育能级是党和国家依据国家能力发展而做出的新的顶层设计。一方面,打造高水平专业群的一系列政策是"人人出彩、技能强国"等职业教育理念的制度化体现,通过建设技能型社会,提升国家的发展能力。另一方面,职业教育具有生产性和平行性的特征,职业院校70%以上的学生来自农村,"职教一人,就业一人,脱贫一家"成为阻断贫困代际传递见效最快的方式①。通过职业教育提升国民素质,优化国家的治理水平和文明程度,为国家治理能力织起一张"保障网"。现代社会通过职业分工打破个体生存边界,与社会形成新的连接,形成"有机团结"。

(二)打造高水平专业群是适应社会分工发展的具体表现

国家推进高水平专业群建设是依据社会分工领域变化而进行的。无论是解放生产力的工业革命,还是当下改变社会结构的数字革命,都是劳动分工的结果。社会学家涂尔干认为:劳动分工不仅通过功能划分提高了生产效率,还促进了社会共同体的形成②。社会分工意味着劳动的专业化和岗位化,不同的工作任务会形成不同的工作岗位,不同的工作岗位会对技术技能的结构、类型和层次需求有所不同。因此,国家将职业教育划分为中职、高职和职业本科不同层次,正是基于社会分工的客观现实。然而,过于单一的分工会导致技能的过度割裂,并不符合现代产业发展中生产进程复杂性和高度依赖性的特征。随着人工智能等新一代信息技术的发展,企业对创造性、复杂性和变化性的工作岗位需求增加,创造性强、思维过程参与度高、变化多、可替代性低的工作岗位成为劳动力市场的重要增长极,映射到政策系统就是国家推进高水平专业群建设,从而使职业院校培养技术技能人才的知识结构能够适应产业发展的需求。

与普通教育不同的是,职业教育是直接与社会分工相对应,无论是"师徒制",还是学历制的培养模式,或是"跨界开放"的培养性质,亦或是"校企双元"的培养主体以及产教融合的培养过程,都是社会分工在职业教育实施中的外化体现。因此,随着产业结构而引发的社会分工变化也会映射到职业教育的顶层设计中。换言之,国家大力推进专业群建设意在突破岗位细分所带来的知识和技能壁垒,从而适应未来产业发展的需求。

(三)专业群建设政策的演进历程

作为顶层设计的重点政策对高职教育产生了巨大的外溢效应,因此,重点政策的导向也是高职院校建设的指向。从2006年"示范建设"开始,到已迈入收官阶段的"双高计划",再到提出"稳步发展职业本科教育"③,专业群逐渐成为职业教育改革的重要节点,政策层面的规划布局推动了专业群"自上而下"的演化。

国家政策层面对高职专业群的规划在"示范建设"时期已初具雏形。2006年,《教育部、财政部关于实施国家示范性高等职业院校建设计划加快高等职业教育改革与发展的意见》中指

① 中国青年网.教育部:职业院校学生超70%来自农村,千万家庭实现大学生"零突破"[EB/OL].(2020-12-08)[2023-03-12].http://news.youth.cn/gn/202012/t20201208_12609436.

② [法]涂尔干.社会分工论[M].渠敬东译.上海:三联书店出版社,2000.

③ 习近平对职业教育工作作出重要指示[EB/OL].(2021-04-13)[2023-03-12].https://www.xuexi.cn/lgpage/detail/index.html? id=13761976696229182007&item_id=13761976696229182007.

出,重点建成 500 个左右产业覆盖广、办学条件好、产学结合紧密、人才培养质量高的特色专业群,形成 500 个以重点建设专业为龙头、相关专业为支撑的重点建设专业群,提高示范院校对经济社会发展的服务能力。① 同年,《教育部关于全面提高高等职业教育教学质量的若干意见》要求,要根据市场需求与专业设置情况,建立以重点专业为龙头、相关专业为支撑的专业群,辐射服务面向的区域、行业、企业和农村,增强学生的就业能力。② "示范建设"期间,国家已经对专业群的建设做出了初步规划,并强调专业群要重点突出、结构合理和对接产业。

2015 年,《教育部关于深化职业教育教学改革全面提高人才培养质量的若干意见》提出,"要紧密对接"一带一路"、京津冀协同发展、长江经济带等国家倡议和战略,围绕各类经济带、产业带和产业集群,建设适应需求、特色鲜明、效益显著的专业(群)"③。同年印发的《高等职业教育创新发展行动计划(2015—2018 年)》指出,引导专科高等职业院校集中力量办好当地需要的特色优势专业(群)④。专业群建设在政策输入职业教育系统后,进一步得到相关院校,尤其是高职院校的重视,有部分学校在 2015 年前后开始自发探索专业群建设的策略。

2019 年是专业群建设具有标志性意义的一年。随着"双高计划"的启动,职业院校正式从专业建设阶段进入专业群建设阶段。教育部和财政部发布的《关于实施中国特色高水平高职学校和专业建设计划的意见》要求,落实《国家职业教育改革实施方案》,集中力量建设一批引领改革、支撑发展、中国特色、世界水平的高职学校和专业群,带动职业教育持续深化改革,强化内涵建设,实现高质量发展。⑤ 同年,在《职业教育与继续教育 2019 年工作要点》中也将目标任务定为"建设一批地方离不开、业内都认同、国际可交流的高水平高职学校和专业群,引领职业教育发展"⑥。2019 年底,教育部和财政部公布中国特色高水平高职学校和专业建设计划建设单位名单,高水平专业群单位 141 个(A 档 26 个,B 档 59 个,C 档 56 个),共计立项高水平专业群 253 个。

2020 年,《职业教育提质培优行动计划(2020—2023 年)》提出,推进专科高职学校高质量发展,遴选 300 所左右省域高水平高职学校和 600 个左右高水平专业群,进一步推动专业群建设走深走实。⑦ 从 2020 年迄今,教育部和各省级政府联合印发的指引职业教育发展的政策文件中都对各省建设一定体量的专业群做出了明确规定。

国家层面一系列政策的陆续出台,指明了高水平专业群建设的应然,即专业群应能有效服

① 教育部、财政部关于实施国家示范性高等职业院校建设计划加快高等职业教育改革与发展的意见(教高〔2006〕14号)[EB/OL]. (2006-11-03)[2021-12-31]. http://www.moe.gov.cn/srcsite/A07/moe_737/s3876_qt/200611/t20061103_109728.html.

② 教育部关于全面提高高等职业教育教学质量的若干意见(教高〔2006〕16 号)[EB/OL]. (2006-11-16)[2021-12-31]. http://www.moe.gov.cn/srcsite/A07/s7055/200611/t20061116_79649.html.

③ 教育部关于深化职业教育教学改革全面提高人才培养质量的若干意见(教职成〔2015〕6 号)[EB/OL]. (2016-07-29)[2021-12-31]. http://www.moe.gov.cn/srcsite/A07/moe_953/201508/t20150817_200583.html.

④ 教育部职业教育与成人教育司负责人就《高等职业教育创新发展行动计划(2015—2018 年)》答记者问[EB/OL]. http://www.moe.gov.cn/jyb_xwfb/s271/201511/t20151103_217258.html.

⑤ 教育部,财政部关于实施中国特色高水平高职学校和专业建设计划的意见(教职成〔2019〕5 号)[EB/OL]. (2019-04-01)[2021-12-31]. http://www.moe.gov.cn/srcsite/A07/moe_737/s3876_qt/201904/t20190402_376471.html.

⑥ 关于印发《职业教育与继续教育 2019 年工作要点》的函(教职成司函〔2019〕32 号)[EB/OL]. (2019-04-08)[2021-12-31]. http://www.moe.gov.cn/s78/A07/A07_sjhj/201904/t20190412_377623.html.

⑦ 教育部等九部门关于印发《职业教育提质培优行动计划(2020—2023 年)》的通知(教职成〔2020〕7 号)[EB/OL]. (2020-09-23)[2021-12-31]. http://www.moe.gov.cn/srcsite/A07/zcs_zhgg/202009/t20200929_492299.html.

务区域经济发展,引领(支撑)产业转型升级,且具有相当的国际影响力。专业群的组织层次结构应合理且有可持续发展的价值,既具有领头的龙头或核心专业,也有相关的支撑专业。

二、产业结构转型升级改变人才需求

目前,我国高等职业教育(简称高职教育)已经迈入了"类型化"发展的新阶段,产业发展需求与高职教育人才供给间的不平衡是当前职业教育发展面临的主要矛盾。高职教育作为一个自洽的教学系统,其形成、演化与产业发展趋势相生伴生。在"双高计划"阶段,高职教育更注重教育系统与产业发展的外适应质量,而现在产业结构转型升级和产业集群式发展则需要教育系统"自外向内"推动专业群建设。

(一)产业结构转型升级需要复合型人才

改革开放四十余年来,我国产业结构比重已经从以第二产业为重逐渐变为第三产业占主导地位。《中国统计年鉴》的有关数据显示,1987年时,我国第一、二、三产业占比分别为27.7%、47.7%和24.6%;到2012年时,第三产业占比为45.4%,超过了第二产业;到2021年时,第一、二、三产业占比分别为7.7%、37.8%和54.5%,第三产业在国民经济的比重中已经超过第一、二产业。这也符合配第-克拉克定理和库兹涅茨理论,即经济发展将促使产业结构从以第一产业为主转向以第二产业为主,进而转向以第三产业为主[1]。既往实践表明,这条道路是我国产业结构高级化、合理化的必然路径。然而,在新发展格局下,既往这条以第三产业为主的道路存在着"脱实向虚"的弊端。"十四五"规划中已经剔除了"进一步提升服务业比重"这一提法,转向"深入实施制造强国战略""保持制造业比重基本稳定"。这一方面表明,仅依赖三级产业的比例变化并不能完全等同于产业的转型升级或国民经济的发展进步,我国三级产业内部仍存在结构性不均衡的矛盾;另一方面表明,传统的统计口径存在不合理之处,譬如服务经济中的生产性服务业是一种交叉融合的产业业态,目前在我国统计中属于第三产业。但发达国家在统计时多将其纳入制造业的统计范畴[2]。产业结构转型升级在未来主要表现为两点,一是制造业提质升级为新一代先进制造业,用新一代信息技术实现"智慧制造""智能制造",优化制造业结构,提升全要素生产效率;二是加快推动生产性服务业向高端化发展,与先进制造业和战略性新兴产业深度融合。

在产业转型升级过程中,中国面临的结构性矛盾主要表现在以下三个方面:一是中国制造业整体对成本的路径依赖较高,在产业高端核心技术领域和技术创新能力方面较弱,处于全球价值链的中下游环节中,加之随着劳动力等禀赋优势的逐渐消失,制造业内部出现了结构性产能过剩;二是生活性服务业占比高,生产性服务的集聚协同效应不够显著,不利于优化生产要素配比并支撑高技术制造业的发展;三是资本和劳动等生产要素从制造业向低端服务业逆向流动,导致"过早去工业化",迫使制造业面临复合型创新型技术技能人才短缺的困难。

在经济高质量发展的背景下,产业结构转型升级的真正内涵是要素资源的高效配置、全要

---

① 威廉·配第.政治算术[M].陈冬野,译.北京:商务印书馆,2014.
② 刘志彪,赵伟,徐宁.巩固壮大实体经济根基应强调稳定和提升"制造业+生产性服务业"占比[J].科技与金融,2021(12):13-16.

素生产率的提升和可持续发展能力持续增强等发展目标实现过程中的产业间比例自然优化[①]。产业结构调整一般指向产业结构合理化和产业结构高级化两个维度。其中,产业结构合理化指不同产业之间的协调程度和资源的有效配置程度[②];产业结构高级化则通常用劳动人口在生产部门的转移来进行测算[③]。数字技术和实体经济深度融合后,产业结构合理化与高级化出现了新的特点,在微观、中观和宏观三个层面都表现出了产业结构不断交叉融合智能技术群、生物技术、新材料新能源等新技术潮涌,在微观层面会孕育出一大批高新技术企业,并提升企业内部价值创造活动的效率,促使传统企业资源要素重组,实现企业的增值升值。数字经济的普惠性与长尾效应能够激发企业,尤其是中小企业的知识外溢范围和规模。在中观层面,高新技术企业不断发展与集聚将形成新的产业。同时,数字技术支撑下的价值链重塑增强了企业间资源共享能力,通过合作研发、智能生产、线上服务和外部分担等形式改良低端产业,淘汰落后产业,并在宏观层面上推动经济整体转型升级。例如,工业互联网通过对海量工业数据的采集、存储、分析、建模和应用开发等,实现了数字内容产业链在制造业前后端的延伸与应用,是制造业与服务业融合的典型案例。

加快产业结构转型升级需要政府、市场主体和提供生存要素的众多组织机构共同努力。作为对接生产一线的职业教育而言,必须要提供能够适应产业交叉融合趋势、具备解决多种复杂实际问题的人才,其内部教学系统专业群及专业群内各专业要充分服务产业结构转型升级,与产业有明确的服务逻辑,专业群的结构调整与动态优化要顺应产业发展的趋势,提升人才培养的针对性和适应性,提升高职院校和职业本科院校的应用研究、技术服务和创新能力。

(二)专业群发展对接产业集群式发展

以产业集群为主要组织形式与载体的空间经济活动,因其专业化分工协作,资源协同与要素共享的外部经济优势被视作提升国家和区域竞争力的重要抓手[④]。近年来美国、日本、欧洲等都提出"区域创新集群计划""创新集群升级行动""欧洲卓越集群倡议"等战略规划来打造产业集群,我国在"十四五"规划中也明确提出"培育先进制造业集群""深入推进国家战略性新兴产业集群发展工程"。同时,从全球范围看,以人工智能为核心的信息科技革命带来了技术范式的转变,并引发了国与国之间激烈的科技竞争,当前中美间激烈的科技竞争就是如此。从人类社会的发展史来看,这种竞争是不可避免的,它能够刺激各国加强对科技创新的重视,能够通过竞争来协调和平衡竞争所引发的矛盾和冲突,对人类社会的科技进步和国家生产力提升都有一定的益处。但是,从国家生产力进步的需求来看,国与国之间必然会在国际竞争中谋求比较优势,而产业集群由于其可以发挥集群效益,提升科技创新的效益,成为了未来产业发展的大趋势。

第一,产业集群能够集聚产业链上下游大量相关企业,以及一些配套中介组织和支撑机构,从而降低生产要素在产业内流转的成本,提升流通效率。第二,产业集群一般集中在特定

---

①　白雪洁,宋培,李琳.数字经济发展助推产业结构转型[J].上海经济研究,2022(05):77-91.

②　JORGENSON D W, HO M S, STIROH K J. A retrospective look at the U. S. productivity growth resurgence[J]. Journal of Economic Perspectives, 2008(4):134-156.

③　韩晶,孙雅雯,陈超凡,等.产业升级推动了中国城市绿色增长吗?[J].北京师范大学学报(社会科学版),2019.

④　Porter M E. Location, competition, and economic development: Local clusters in a global economy[J]. Economic Development Quarterly,2000(2):175-203.

的地域范围内,如市、区或县内,地理空间的集中能够对产业集群内各市场主体带来显著的集约效应。第三,集群内的企业和机构通过联结、合作和互动的社会化网络,使集群具有近生物有机体般自组织、自演化和自管理的功能[1]。深圳先进电池材料产业集群通过集聚国内外龙头骨干企业,提供相应配套组织,其年产值逾千亿,成为全国前三甲的产业集群[2]。西宁碳纤维产业集群通过紧产业链、补技术链和强价值链,推动产业迈向中高端水平。第四,产业集群还可通过知识溢出效应和规模效应加强对外部风险的韧性,尤其是全球供应链动荡的背景下,产业可通过集群化发展提升对危机的适应能力和恢复更新能力。

产业集群化发展一方面意味着产业对技术技能人才知识结构的需求有所变化,即人才要适应产业集群复杂的劳动环境。以专业为组织单元导致学生知识口径狭隘窄化,停留在单一零散的技能点上,而"大专业进、小专业出"专业群个性化人才培养模式能够拓展学生的技能。另一方面意味着专业群借鉴了产业集群化发展优势,通过对专业布局的调整和重构优化其野蛮生长自然无序的状态,最大限度地发挥了教学集约化效应。在智能化时代,产业结构出现了大规模相互交叉融合的趋势,产业集群是区域经济发展和产业发展的重要组织形式,专业群对接产业群,是满足产业对复合型技术技能人才需求的必由之路。

三、高职院校内涵发展促使专业演化

专业群的建设除了"自上而下"的政策性因素和"自内而外"的经济社会因素外,高职院校自身发展能级提升也是重要的内驱力。通过"示范建设",高职院校内部的组织特性开始逐步凸显出"职业性"的特点,并在"高等性"与"职业性"之间实现了平衡[3]。2015年前后,浙江金融职业学院等部分高职院校开始尝试建设专业群,此时专业群的发展更多的是"自下而上"的路径,主要基于学校自身发展需求,采用"合并同类项"的形式将相同产业、相近岗位的专业进行整合。随着经济社会发展,为了进一步突出职业教育类型化的特点以及高职院校的核心竞争力,深化产教融合,在"双高计划"的遴选和绩效考评中获取资源,将专业群建设置于高职教育改革的核心地位。

(一)党和国家政策是高职院校建设专业群的决策动力

从"示范建设"到"双高计划"再到职业本科,国家政策的演化推动高职院校积极推进专业群建设。"示范建设"时期,国家将专业群的定位在产业覆盖、办学基础、产学结合和人才质量四个维度上;"双高计划"时期,政策要求专业群要"依托优势特色专业……促进专业资源整合和结构优化",其中一以贯之的逻辑就是特色发展。为实现资源共享、提升办学效益,学校平台需契合区域社会发展需求,专业平台契合产业链"职业域""技术核"。专业群外部与产业需求协同发展,内部与学校内部单元协调并进,通过专业群与内部单元、外部环境的"双协同"增强专业间的关联性、互补性和协调性,从而在职业教育生态系统中获得发展资源、空间与价值,提高高职院校的办学效应。

① 魏后凯.论中国产业集群发展战略[J].河南大学学报(社会科学版),2009.
② 前三甲! 深圳市先进电池材料产业集群在决赛中胜出.[EB/OL].(2021-04-01)[2022-05-217].https://www.sohu.com/a/458415339_100089290.
③ 潘海生,周柯,王佳昕."双高计划"背景下高职院校战略定位与建设逻辑[J].高等工程教育研究,2020.

习近平指示要"稳步发展职业本科教育"后,职业教育迎来新的发展阶段,但职业本科内涵、定位和建设策略等在理论上仍不够明晰,在实践上也处于摸着石头过河的阶段。职业本科教育与普通高等教育最主要的区别在职业本科的高等性、职业性和类型化特点上,这些特点表征在职业本科的理论与实践探索上最直接的就是专业群与学科群的差别。普通高等教育在"教学-管理"上遵循的是学科-学科群-学部的逻辑,依据学科知识逻辑划分为一级学科和二级学科等。比如新闻传播学作为一级学科,下有新闻学、传播学和广播电视学等多个二级学科,其一级学科和二级学科间的关系十分清晰。学科进一步组成的学科群则是依靠共同的研究课题,比如区域历史与边疆学学科群的核心学科则是历史,该学科群的共同对象也是历史。因此,普通高等教育跨学科的目的主要是打破科层制所导致的学科壁垒。从知识生产社会学维度来看,这是普通高等教育从知识生产模式Ⅰ向知识生产模式Ⅱ转变的结果,即来自不同学科、不同范式的学者为了解决具体问题,在具体情境中进行跨学科的服务社会的知识生产活动[1]。

职业本科组建专业群则是为了培养复合型创新型技术技能人才,即能够在产业高端和高端产业一线解决实践问题,具有实践性知识(practical knowledge)的能工巧匠,其人才培养目标标定了职业本科需要以专业群作为"教学-管理"的逻辑链路。职业本科的职业性、高等性和类型化特点通过专业群建设中对产业逻辑、政策逻辑和职业教育逻辑的遵从来体现,从这个维度来理解,技术演化的复杂性和产业发展中所需的各类技术岗位人员远没有得到满足,专业群作为对接产业的产物,在职业本科未来建设中仍是重点。

(二) 提升人才培养适应性是高职院校建设专业群的目标动力

专业群的建设是为了适应学科专业交叉融合的趋势。现代高等教育所形成的学科划分逻辑要始于17世纪。在科学革命的征召下,1644年,莱布尼茨将自然科学划分为数学、物理、化学和生物学,描绘了当代学科分类的雏形。1809年,第一所现代意义上的大学——柏林大学成立,并划分了法学、哲学、神学和医学四个学科,教育的专业化和专业的科学化使高等教育的学科分类逐渐明晰。随着社会的发展,社会制度的抽离化使知识变得愈来愈专门化和精细化,个体不可能像古希腊时代或者中世纪那样,如柏拉图或达·芬奇般掌握所有的学科知识。"专家系统"(expert systems)通过专业知识调度对时空加以分类,促使人类知识活动向纵深化、垂直化发展,早期属于同一学科的细分领域在专家系统的作用下难以进行深度交流和对话[2]。但是,当学科细分发展到一定程度时,其知识创新就会产生边际效应,需要通过学科的关联融通、统筹整合和综合渗透来形成发展合力。

在此背景下,专业交叉融合形成的专业群有助于打破知识与技能的壁垒,将教育链、产业链与学习链的对接耦合。将专业群作为基层教学组织,提升高职院校人才培养的适应性,更好地服务区域产业发展。通过专业群建设,高职院校能够进一步夯实发展基础,拓宽发展空间。专业交叉融合的内生逻辑是整合产业链中技术领域集合的知识,从而拓宽了知识生产传统边界,使高职教育跨界开放,运用多技术领域的知识技能更好地解决生产一线的实际问题。由

---

①　BOZEMAN B,GAUGHAN M,YOUTIE J,et al. Research Collaboration Experiences,Good and Bad:Dispatches from the Front Lines[J]. Science and Public Policy,2016.

②　安东尼·吉登斯. 现代性与自我认同[M]. 赵旭东,方文,王铭铭,译. 北京:生活·读书·新知三联书店,1998.

此,高职院校通过专业群的集群功能和聚合效应,实现人才培养供给侧和产业发展需求侧的融合对接。

就发展战略而言,高质量专业群是职业教育服务强国建设的重要支撑。习近平强调,建设教育强国,是全面建成社会主义现代化强国的战略先导,是实现高水平科技自立自强的重要支撑,是促进全体人民共同富裕的有效途径,是以中国式现代化全面推进中华民族伟大复兴的基础工程。新的决策意味着新的变化,新的变化昭示着新的机遇和新的挑战。加快教育现代化、建设教育强国,高职教育要把握高质量发展目标任务,夯实国家富强、民族复兴之基。这表明高职教育强国不仅要准确把握教育发展规律,更要准确把握高职教育与经济社会发展的深层次关系和供需规律,从更为宏观的视角认识高职教育的定位与使命。一方面,高职教育专业群是高职院校竞争力的重要依托,要面向世界科技前沿,优化高职教育结构和专业群,实现更高质量、更有效率的发展且充分满足专业学科设置条件,符合其建设规律,确保专业群建设自身发展的"小逻辑"服从于国家发展战略和区域经济社会发展的"大逻辑"。另一方面,要顺应世界经济科技向亚太地区转移的趋势,注重技术技能专业群建设,夯实专业群基础,找准专业群建设的目标靶向,提升高职教育与经济社会发展的耦合程度,实现高职教育与国家建设的同频共振。在建设过程中,强化自身优势,彰显中国特色,构建具有中国特色、中国风格和中国气派的高职教育专业群。

(三)打造特色职教品牌是高职院校建设专业群的内生动力

专业群是高职院校提升专业竞争力、打造专业品牌的重要抓手。高职院校的根本任务是立德树人。立德树人的基本组织单元落在专业上,专业群则是学校调配人才培养资源,增强核心竞争力的集约载体。正如前厦门大学校长陈传鸿所言,一所优秀的大学必然有一批优秀的学科。一所高水平的高职院校必然有特色突出的高水平专业群。产业集群式发展使得创新主体在技术、信息、组织、知识和管理多个元素的交互作用下加强联结、广泛交流和协同创新[1],对企业核心竞争力有正向促进作用[2]。对应到职业教育系统中,产业集群式发展在系统中的对应教育模块——专业群也能有效提升学校的核心竞争力。核心竞争力意味着企业具有独特的价值创造能力,并且具有稀缺性、不可替代性和难以模仿等特点[3]。对高职院校而言,核心竞争力意味着学校"特色化""类型化"的发展模式。通过专业结构调整所形成的专业群会改变学校顶层设计、教学、科研和人力资源等的组织管理,使某一资源效用显著,从而树立起该学校鲜明的特色,获得较大的竞争优势。

专业群的构建与运行涉及院校专业设置和学院结构等的调整,涉及校内校外各种利益关系的调整。就校外而言,通过专业群耦合教育链和产业链,学校可以共享、借力校外资源,校企形成利益共同体,通过利益与资源的再分配与再优化打造新的职业教育品牌。就校内而言,专业群的构建运行意味着高职院校内部的条件保障、组织设置和利益分配等机制都需要重新整合,需要突破既往的专业管理模式,提升学校内部治理水平,从而擦亮职业院校名片。

① 方炜,王莉丽.协同创新网络的研究现状与展望[J].科研管理,2018,39(09):30-41.
② Květoň V, Horák P. The Effect of Public R and D Subsidies on Firms' Competitiveness: Regional and Sectoral Specifics in Emerging Innovation Systems[J]. Applied Geography,2018(9):56-74.
③ HAMEL G,PRAHALAD C K. Competing for the Future[M]. Boston:Harvard Business Press,1996.

综上所述,专业群的生成受政策、产业和教育三重逻辑驱动。它既是落实新时代高职教育发展宏观政策的需求,也是深入高职院校与行业企业命运共同体的需求,更是遵循高职教育演进规律的产物。因此,专业群的生成逻辑首先受职业教育类型化的特色定位所规范。另外,专业群生成逻辑是基于产业对技术技能人才需求的聚合性与模组化特征。在"示范建设"时期,学校对技术技能的人才培养遵循专业设置、学科划分的逻辑,侧重于解决线性封闭问题的技术模式,强调技术知识的功利实用和单一性[①],专业设置对接的是生产一线某个技术点,其知识结构相对零散。在"双高计划"阶段,随着科学技术高度交叉与融合发展,人才培养从专业的点线结构向专业群集群结构转变,知识传授也就需要从条块划分向聚类整合转变。最后,专业群的生成逻辑是依据职业教育类型化发展提质升级的需求,其生成并不是"过去"或"当下"的产物。反之,持续推进专业群研究是面向未来建设职业本科的重要内容。普通高等教育重在学科建设,而学科(discipline)一词源于希腊文中的"didasko"(教)和拉丁文的"(d)idisco"(学)[②],中国国家标准《中华人民共和国学科分类与代码 GB/T13745—2009》则明确指出学科是一个"相对独立的知识体系"[③]。由此可知,学科的基础是对知识的教与学,而知识是基于人类对经验的抽象与凝练。因此,普通本科的学科建设是基于知识分化,其所授予的学位也是在知识分化前提下创造的门类,学科群也是基于多个学科群的知识逻辑组建而成。而职业本科的类型定位主要体现在面向社会需要上,专业是基于社会和产业发展需要的逻辑所组成的教学单元,专业群的组群逻辑也是基于产业集群化发展的逻辑。高职院校通过专业改造升级建设复合型专业群,从学科知识导向转为产业需求导向,是新时代建设职业本科的未来方向。

第二节 专业群的内涵要义

专业群作为职业教育满足经济社会发展和提升国家竞争力对技术技能型人才需求的重要支撑,以及推进职业教育内涵建设和特色发展的关键,其内涵不断深化。从专业群的概念、特征和类型三个维度来构建专业群内涵体系框架,不仅体现了职业教育理论话语下对专业群内涵认识的深化,还可为专业群的进一步建设实践提供具有操作性的理论框架。

一、专业群的内涵外延

专业群概念的探索、界定和阐释源自具体的建设实践,是一种实践性知识的生成。检索相关文献,人们对专业群的理解有以下几种。

在专业群建设的第一次高潮,即"示范建设"期间,就有诸多学者尝试对专业群的概念做出定义。定义大致如下:高职专业群是社会同类诸多职业整合、系统集成的结果,它不是单体结构,而是社会职业群、岗位群、技术群[④]的系统结构。专业群是一组结构有序、优势互补、资源

① 丁锦箫,陈雅琨.基于复杂系统视角的高职专业群人才培养改革背景、逻辑与实践[J].重庆电力高等专科学校学报,2021,26(05):48-51.

② 康兰.关于大学学科和大学学科建设概念的思考[J].科教文汇(中旬刊),2010(2):9-10.

③ 国家质量监督检验检疫局,中华人民共和国国家质量监督检验检疫总局,中国国家标准化管理委员会.中华人民共和国学科分类与代码 GB/T13745—2009[S].2009.

④ 柴福洪,陈年友.高等职业教育名词研究[M].北京:高等教育出版社,2012.

共享的专业或专业方向的集合,专业群的内在组成决定了专业外在的服务形式或者服务面向,不同的专业群有不同的建设模式①。专业群最大的特点体现在课程体系设置中,通过专业基础课程教学资源共享,学生可以跨专业拓展个人知识。专业群也是由一个或多个办学实力强的重点特色专业为核心,若干个工程对象相同,技术领域或学科基础相近的相关专业组成的一个集合。② 总体而言,"示范建设"时期对专业的理解主要基于"相似论"的视角,即专业群内部的学科基础和产业基础具有一定的相近性,由此学生所获得的知识能力具有相近技术领域中的延展性。

在专业群建设的第二次高潮,即"双高计划"下,由于实践的不断深入,学界对专业群的理解也逐渐深入全面,视角亦更为多元。比较有代表性的定义如将专业群视为"高度系统化组织化的整体,由横向与纵向均具有密切关联关系的专业结构要素组成"③。专业群是高职院校基于产业集群化、岗位群聚化发展的对复合型技术技能人才的需求,对所服务的区域产业集群中的技术技能型职业岗位群进行精准分析与定位,在"群"范式指导下开设并组建能够同服务面向的职业岗位群精准对接的人才培养新单位④。专业群以职业岗位为依据,在充分体现职业分工关系的基础上,针对各岗位群人才需求将相关专业进行组合。⑤

在"双高计划"阶段,除了相似论外,系统论、结构论也被用于理解专业群的意蕴所在。从系统论的角度来看,专业群是一个自演化和它组织适度干预的职业教育子系统,具有聚合性、异质性、模组化和自适应的表征,其内部的专业结构、课程体系和师资队伍等不同单元间具有协同发展、信息反馈和非线性合作的特点。换言之,系统内部不存在单一或多个单元纯粹为其他单元服务的可能⑥,专业群内部各个专业整合后超过专业A+、专业B+……专业N的线性关系,形成以学生为中心,以课程、师资队伍和产业资源的协同效应。结构论强调专业群的核心专业对应的是产业链上的核心技术领域,以此为架构整合核心技术平台,向四周延伸多个专业方向,甚至可以跨类组建,为企业打包式提供人才。

基于前人研究成果,结合重庆电子工程职业学院建设高水平专业群的实践,在此将专业群定义为职业院校依据自身的办学特色与服务产业优势专业为核心,由若干个技术基础相通、职业岗位相关的专业共同组成的专业集合,两个相关联的专业群可以组成专业集群。由此可见,高职专业群的形成与发展依托于行业企业的职业分工和人力资源需求侧,但又不是单纯的岗位培训和技术培训,而是教、产、学、研、训相融合的系统集成。高职专业群作为一个教学系统,以行业产业大类为背景,将岗位职业能力共通、共享、共融的专业整合在一起,形成专业群行政空间的集成,专业群教学资源共建、共享、共通⑦。

从结构功能主义角度来看,高职专业群作为一个自洽的系统,需要具备"适应"

① 张红.高职院校高水平专业群建设路径选择[J].中国高教研究,2019(6):105-108.
② 张淑艳,吕怀婉,杨洁.高职高专院校专业群集聚状态研究[J].山东电力高等专科学校学报,2010,13(5):5-7.
③ 宗诚,王纾.关联性:双高院校专业群建设的基本遵循[J].中国职业技术教育,2020(13):52-57.
④ 王亚南,成军.高职院校高水平专业群建构:内涵意蕴、逻辑及技术路径[J].大学教育科学,2020(06):118-124.
⑤ 刘晓.高职学校高水平专业群建设:组群逻辑与行动方略[J].中国高教研究,2020(06):104-108.
⑥ 李芒.从系统论到关系论——论信息社会教学设计理论的新发展[J].电化教育研究,2001(02):3-8.
⑦ 丁锦箫,龚小勇."双高计划"引领高职专业群建设:基于结构功能主义的视角[J].中国职业技术教育,2019(35):24-30.

(adaptation)、"目标"(goal attainment)、"整合"(integration)、"潜在模式维持"(latency)四个功能性条件[①]。其中,"适应"即要求高职专业群与党和国家政治系统、产业结构、经济系统交互耦合,从中获取资源并进行有效配置;"目标"用以分析"双高计划"下高职专业群建设的应然指向;"整合"指专业群如何在实现目标时保证系统稳定连续发展,实现系统内部协调一致;"潜在模式维持"主要分析如何将外部应然指向内化到高职专业群建设中,推进专业群的优化升级。换言之,高职专业群建设需要遵循职业教育的知识逻辑(培养复合型创新型技术技能人才)、产业逻辑(产业转型升级对人才的需求)和治理逻辑(内部教学资源与外部行政资源的协同整合)。诚然,由于专业群建设实践的日新月异,本书或任何研究恐怕都很难给出一个固化描述,只能以一种最低标准的渐入式知识生产来形成立足于其自身特质的内涵分析[②]。可见,专业群必须具有四个功能性条件,且还须遵循三条生成逻辑。

"双高计划"作为党和国家政策制度输入高职教育系统,引领着高职专业群建设;经济发展新常态下的产业结构升级和新技术涌现则驱动着高职专业群建设,两者共同推动高职专业群系统朝着"中国特色、世界水平"目标进化。据此,高职专业群建设的目标就是形成中国特色职业教育发展模式,达到国际先进水平。

首先,专业群应形成中国特色职业教育发展模式。高职教育是中国本土化概念,理应扎根中国大地,坚持以人民为中心的价值追求。作为一种自洽的教育系统,高职教育应能满足社会对教育的期待。高职专业群建设最核心价值、最根本的功能是人才培养、支撑发展。培养服务本地经济社会发展的高素质技术技能人才,是高职专业群系统与其他社会系统有序演化的关键,是职业教育的鲜明特色。在经济新常态时代,我国产业结构已呈现出产业集群、产业融合、产业延伸的趋势,高职专业群的系统演化作为反馈机制影响着产业结构的发展,由此,产业结构人力资源需求侧与专业群培养人才供给侧形成了一种交互作用的耦合关系。当前,政府提出高职扩招的举措,究其实质,就是需求侧与供给侧的交互作用。为此,高职教育的生源结构发生相应变化,从传统适龄人口为主的生源,拓展为农民工、退伍军人等城乡新增劳动力群体。高职生源的年龄、知识基础、学习诉求的变化,要求高职专业群系统应有新的进化。因此,系统中应有同层次不同类型的教育模式,服务生源多元化和需求多样化的人才培养,满足学习者多元化学习和泛在化、个性化发展需要。换言之,专业群系统应提高服务社会生产力的效能;广泛开展岗位适应能力、新型学徒制、高端产业紧缺技术等职业教育;面向城乡新增劳动力群体开展技能公益培训服务项目,提供实践教学工位,帮助学习者掌握一技之长;主动参与人才的供需对接,实现创新创业带动就业;从促进民生上升到国家发展战略,形成既满足在校学生和社会学习者多样化需求的中国特色职业教育发展模式。

其次,专业群建设应达到国际领先水准。教育部明确提出,"双高计划"下的专业群建设的近期指向是国际影响力显著提升,远期指向是达到国际先进水平。这既是国家教育强国的战略决策,也是科学理性的发展部署。从价值理性维度看,高职专业群系统的进化既是经济社会发展的客观需求,也是高职教育发展的逻辑必然。在此建设过程中,立足中国本土,借鉴世界先进的职业教育理念,引进优质教育资源,既要建设中国特色高职教育发展模式,也要突出专业群建设国际内涵,形成本地化优质教育范本,并开发国际通用标准,逐渐拥有国际职业教育标准的话语权。从工具理性维度看,高职专业群建设不仅要服务本地社会经济的发展,还要提

① PARSONS T. Working Papers in the Theory of Action [M]. New York: Free press, 1953.
② 丁锦箫,蔡尚伟.数字文化创意产业的结构要素、内涵辨析与细分框架[J].出版发行研究,2021(12):32-40.

高在国际上的竞争力,即服务、联动"一带一路"倡议,这是高职专业群优化升级的历史契机。

提升国际影响力的应然指向,应关注以下四个指标。其一,"双高计划"下专业群须实现课程资源、师资力量、生源结构三大单元的国际化,结合当地需求和我国职业教育优势,培养留学生。其二,在专业群建设过程中要推动鲁班工坊、海外分校、丝路学院、国际产业学院等教学单位在域外落地生根,打造职业教育中国标准,推动中国标准走出去。其三,借助"一带一路"倡议,加强专业群国际化发展,开展学生海外输出定向培养,满足"走出去"企业对国际化技术技能人才培养的需求,培养具有国际视野、通晓国际规则和胜任国际事务的专业人才。其四,结合"一带一路"合作伙伴产业需求,开展基于多主体深层次、多形式的国际协同办学,在课程对接、学分互认等具体教学单元中,提升我国职业教育在国际舞台上的话语权和影响力。

二、专业群的本质特征

不管是何种视角下的专业群定义,亦或是任何一种类型的专业群,其之所以为"群",是因为它们都具备三个共同的特征,即核心专业引领、技术基础相通和职业岗位相关。

(一)核心专业引领

专业群在顶层设计上必然会确定一个或两个核心专业,以起到引领、统筹、示范与辐射专业群建设的作用。因为集聚性是专业群最基本的属性,如果没有核心专业引领,就如群龙无首,无法发挥"1+1>2"的集聚效应。通过"示范建设"时期奠定的基础,打造了一批校企合作的国家级、省市级特色专业、重点专业和骨干专业。这些专业在人才培养、科研与社会服务和技术创新方面都具备头羊效应,有成为专业群核心引领专业的可能。但是,这并不意味着这些专业就可以直接转换为专业群的核心专业,它们还需要根据区域发展的主导产业,针对该产业链生产核心技术构成的"技术核"与技术领域所对应的岗位归类提炼的"职业域"为基础,科学构建产业链—技术核—职业域—专业群的组群逻辑,有效对接产业链,从而确定专业群的核心专业。

从专业群建设的实然情况来看,依据国家公布的高水平专业群建设名单,国家示范(骨干)高职院校占整个高水平专业群建设单位的63.12%,有34所示范院校和56所骨干院校入选,其他高职院校仅有52所。国家示范(骨干)院校是高水平专业群建设的主要组成单位。从56所高水平院校来看,入选的高水平专业群大多属于该校的优势专业或特色专业,如重庆电子工程职业学院的信息安全技术应用专业群、物联网专业群,成都航空职业技术学院的飞行器制造技术专业群,重庆城市管理职业学院的老年服务与管理专业群等。

专业群之所以要有核心专业引领,是为了凸显高职院校的核心竞争力,体现学校的特色优势。在既往高职教育的发展中,专业趋同化严重制约了高职教育质量的提升,一个学校或者一个地区的院校为了求全而兴办相似的热门专业、高端专业,表面上这些趋同专业的名称有所区别,但其课程体系基本相似,导致高职院校特色不足,也引发了学校之间的零和博弈、资源浪费。通过核心专业引领,使专业群走向"归核化",走规模、结构、质量、效益相协调的发展之路[1]。

---

① 杨卫军,任江维.归核化:双高背景下高职院校专业发展的战略选择[J].中国职业技术教育,2020(09):32-36.

（二）技术基础相通

既然要发挥集群效应,专业群就必然要有公共技术平台,否则专业群的内部组织秩序会出现"悬浮""失调"等问题。56所高水平学校的高水平专业群在专业大类上具有相近性和相通性,如表1-1所列。专业群有突出的职业性和技术性,职业性要求知识与具体的工作要素之间有直接紧密的联系,技术性决定了专业群内部具有相近、相似或相通的工作要素。换言之,能否在一个职业体系中完成技术技能的实践教学,是衡量专业群有效性和合理性的重要标志。

表1-1 56所高水平学校的高水平专业群分布(部分)

学 校	专业群	所属大类	学 校	专业群	所属大类
北京农业职业学院	园艺技术	农林牧渔	安徽商贸职业技术学院	电子商务	财经商贸
北京信息职业技术学院	信息安全与管理	电子信息	福建信息职业技术学院	物联网应用技术	电子信息
天津电子信息职业技术学院	软件技术	电子信息	江西应用技术职业学院	国土资源调查与管理	资源环境与安全
天津现代职业技术学院	无人机应用技术	装备制造	山东科技职业学院	服装设计与工艺	文化艺术
邢台职业技术学院	汽车检测与维修技术	装备制造	黄冈职业技术学院	建筑钢结构工程技术	土木建筑
山西工程职业学院	黑色冶金技术	能源动力与材料	武汉职业技术学院	光电技术应用	装备制造
辽宁农业职业技术学院	园艺技术	农林牧渔	湖南工业职业技术学院	数控技术	装备制造
长春职业技术学院	计算机网络技术	电子信息	湖南工艺美术职业学院	刺绣设计与工艺	文化艺术
黑龙江农业经济职业学院	作物生产技术	农林牧渔	湖南汽车工程职业学院	汽车智能技术	装备制造
黑龙江建筑职业技术学院	市政工程技术	土木建筑	重庆城市管理职业学院	老年服务与管理	公共管理与服务
江苏建筑职业技术学院	建筑装饰工程技术	土木建筑	成都航空职业技术学院	飞行器制造技术	装备制造
浙江建设职业技术学院	工程造价	土木建筑	四川交通职业技术学院	道路桥梁工程技术	土木建筑
安徽机电职业技术学院	工业机器人技术	土木建筑	兰州石化职业技术学院	石油化工技术	能源动力与材料

技术基础相通对专业群内部建设而言,主要涉及三个维度。一是群内的课程体系中有专业基础课程或专业公共课程,即学生能够习得共同的基础技术技能知识;二是专业群课程体系

兼具共性与个性的发展;三是学生所面向的职业域有共同的技术技能要求。

就课程结构而言,专业群的技术基础相通表现为以群为口径重构"平台＋模块"的专业群课程体系。平台课程是专业群形成的纽带,也是专业群建设的基础,同时也是专业群内各专业之间相关知识、技术技能联系的载体,表征着专业群资源优势。"平台＋模块"课程体系中,"平台"和"模块"的功能不同。"平台"课程作为必修课程,包括通识基础平台、专业群基础平台,是面向群内所有专业学习者开设的,体现的是契合产业需求侧的就业岗位通用能力培养的知识架构;"模块"课程作为选修课程,根据不同的职业方向对接不同职业标准设置,包括专业方向模块、专业拓展模块、通识拓展模块,将行业企业最新的技术技能标准转化为专业模块课程标准,对应1＋X证书。学习者可以通过选修其他专业模块,完成第二专业辅修。该模式可满足个性化需求,促进复合型技术技能人才的培养。模块之间具有内在关联性和系统性。关联性表征着模块课程之间的逻辑关系,既可以针对不同的培养目标有所选择、有所组合,又能满足从事模块所对应产业链相应岗位职业域所需技术知识和专业能力的培养。系统性表征着模块课程的体系构架,可以满足不同专业、不同层次、不同类型的人才培养。关联性和系统性表明模块课程设置、实验实习等方面可以实现技术交叉融合,通过模块化课程多元组合选修,可进一步增强群内各专业之间的相互依赖和支撑,使专业群课程重构的功能得以释放。

(三) 职业岗位相关

共通"职业域"是专业群形成的前提与归宿。高职专业群作为一个教学系统,以行业产业大类为背景,将岗位职业能力共通、共享、共融的专业整合在一起,形成专业群行政空间的集成,专业群教学资源共建、共享、共通。在新发展阶段,由于中国产业结构已呈现出产业集群、产业融合、产业延伸的趋势,企业要求在一线解决实际问题,具有实践性知识的技术技能人才有一定的职业迁徙能力,高职专业群的系统演化作为反馈机制影响着产业结构的发展。这意味着,产业结构人力资源需求侧与专业群培养人才供给侧形成一种交互作用的耦合关系,专业群须以职业素养和职业能力为牵引,顺应市场需求,按照"成果导向、通专融合、个性培养"的逻辑链路重构专业群模块化课程体系。

专业群与专业不同,专业是严密的实体组织,有边界清晰的目标、管理制度和资源供给等,而专业群的内部联结则是基于共同的目标和相近的逻辑,受外部产业环境的影响较大。共同体建立在自然情感一致的基础上,共同体内部紧密联系,具有排他性的社会联系,共享同一种生活方式[①],成员间的联系相对松散,不像组织那样结构严密,成员间有共同的目标、认同与归属感[②]。专业群的组织结构有类似于共同体之处,其组织结构相对松散,群内专业会有争夺资源利益和提升专业效能的需求,对冲了共同体的稳定性。在这种情况下,共同的职业领域能够形成维系专业群内部的利益纽带,强化专业群的内部自治。除了利益外,专业群内部共通的职业文化也是专业群建设的黏合力。通过职业文化的教育,专业群内部的参与者能够获得情感归属,从而使其基于职业产生一种共同的身份认同。

综上所述,专业群作为一个动态的复杂系统,具有聚合性、异质性、模组化、自适应的表征,

---

① 赵健.学习共同体的建构[M].上海:上海教育出版社,2008.
② 张志旻,等.共同体的界定、内涵及其生成[J].科学学与科学技术管理,2010(10):14-20.

能够超越培养目标、培养主体、课程体系、评价体系等单元简单叠加的效果[①]。专业群的聚合性指通过内部各专业间的知识协作,破除专业口径狭隘、课程结构僵化、评价方式单一的窠臼;外部与产业链对接,发挥产教融合、专业聚合的聚集效应,以解决复杂工作情境需求和单一技能局限的矛盾,避免高职教育异化为简单的就业培训。异质性指专业群的人才培养是一种由政府、学校、企业和行业协会等多主体协同培养的模式。这些培养主体虽然在技术体系、资源结构和育人方法等具体方面存在差异,但在人才培养目标上是统一的,有构架"政行业园所校"人才培养命运共同体的基础。模组化指将专业群人才培养过程分解为多个具有标准化接口的模块,每个特定功能的模块既能够独立完成一定的培养任务,又可以与其他模块对接,以适应学生个性化发展的需求。自适应性指的是专业群是一个动态开放系统,能够不断适应其所处的社会环境,并依据环境反馈进行适应性调整。

三、专业群的结构类型

专业群以专业为核心进行资源整合,不同类型的专业组织模式对专业群的建设有直接影响。从不同的视角来理解专业群就会对其类型有不同划分,本文基于结构功能主义的视角,并结合重庆电子工程职业学院实际情况,将专业群类型划分为单核心辐射型专业群、双核心协同型专业群和多核心链式专业群。

(一)单核心辐射型专业群

单核心辐射型专业群指以实力强的优势专业为核心,非核心专业围绕核心专业分布,整个专业群内共享核心专业的资源,带动整个专业群发展,如图1-1所示。这类专业群的优点是核心专业实力雄厚,资源丰富,更能占据发展先机,并通过引领、辐射带动非核心专业发展。群内各类教学资源共享率高,建设效率高。但专业群内部竞争不足,资源分配容易不均衡,专业平衡发展的可能性小。

例如,数控技术专业群以数控技术为核心的专业,带动模具设计与制造、计算机辅助设计与制造等其他专业的建设,模具设计与制造、计算机辅助设计与制造为数控技术提供各类技术支持,数控技术为其他专业提供应用场景。企业经营管理专业群以市场营销为核心专业,以工商企业管理、物流管理和会计专业为支撑。

(二)双核心协同型专业群

双核心协同型专业群指以两个优势专业为核心专业,各自带领几个非核心专业,形成协同发展的两个子专业群。核心专业之间主要有相融、相通、相补三种关系,如图1-2所示。这类专业群的优点是能避免优势专业独占资源,双核心专业共同发力,可以覆盖更多职业岗位,满足产业集群对人才的需要。但由于存在两个核心专业,资源建设过程中需要经常进行协调和沟通,两个核心专业也有可能为了争取资源而引发恶性竞争,进而牵制专业群的发展。

① 武学超. 模式3知识生产的理论阐释——内涵、情境、特质与大学向度[J]. 科学学研究,2014,32(09):1297-1305.

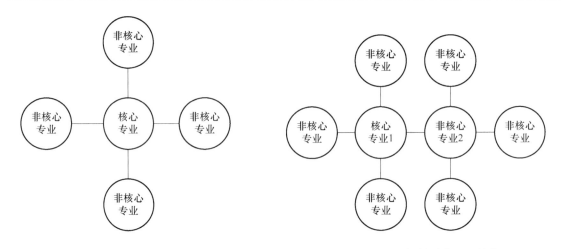

图 1-1 单核心辐射型专业群结构图　　　图 1-2 双核心辐射型专业群结构图

例如,以电子商务为核心专业,带动移动商务、网络营销和会计 3 个专业形成商贸信息服务子专业群;以现代物流管理为核心专业,带动物流工程技术、商贸物流、采购与供应管理 3 个专业形成商贸实体服务子专业群,两个子专业群协同发展形成一个大的企业经管专业集群。九江职业技术学院的船舶工程技术专业群以船舶工程技术专业为龙头,服务面向船舶建造过程的数字化设计、智能化建造与信息化管理岗位群;以电气自动化专业、数控技术专业、工业产品质量检测技术专业为支撑,服务船舶配套关键设备及零部件的加工与检测、船舶检验以及智能装备、智能产线的装调、维护与管理等岗位。船舶工程技术专业和船舶动力工程技术专业为两个核心专业,并通过“以群建院”的模式实现了“强产业聚焦”“强学科技术”“强组织管理”。

(三) 多核心链式专业群

多核心链式专业群以产业链为基础,将相关专业按链式结构组织起来,共建、共享专业资源,促进整个专业群发展,如图 1-3 所示。由于此类专业群与产业发展联系紧密,专业之间关联性强,各有侧重,在专业群中的地位差距不大,便于调动积极性。但这类专业群的弊端在于由于核心专业不明显,资源的共建、共享难度较大。

图 1-3 多核心链式专业群结构图

例如,依据造船、行船和管船的产业链,将轮机工程技术、船舶电子电气技术、航海技术、港口与航运管理等专业链接起来,组建水上运输专业群。浙江机电职业技术学院的机械制造及自动化专业群就是多核心链式专业群,它面向现代制造业产业链,涉及精密模具设计、多轴数控加工、系统集成和生产过程数据分析等职业域,各专业处于同一产业链条中,面向汽车关键零部件行业、智能农机装备行业、现代五金行业等相关制造业。

总之,不论是何种类型的专业群,或是按不同逻辑划分的专业群,都有一定的共同之处。

其共通性首先表现在组群逻辑上,即适应产业集群发展的需要,对接"产业链""技术核""职业域"。其次,从组成数量来看,专业群至少由 3 个或 3 个以上的专业组成。从入选"双高计划"的 253 个高水平专业群建设方案来看,各个专业群通常由 3～5 个专业组成,以便于管理和发挥协同效应①。最后,从专业群的建设举措来讲,其具有"通专融合""宽基础"和"个性化"的特点。

第三节 专业群的类型构建

专业群的构建是高水平专业群建设的实践起点。将不同的专业组织为专业群意味着资源和利益的再调整与再分配,这种体制机制的变化也涉及资源和利益重新分配及成本的重新分摊②。换言之,专业群作为高职院校和职业本科建设发展的、具有明确目标和独特结构的教学系统,其存在与发展既受系统的目标、结构的影响,也受外部制度环境的影响。因此,专业群的构建是一种动态演进的过程,它表现为专业群形态的塑造、结构的变化和功能的调整。同时,这一过程中所蕴含的矛盾或冲突也将促进专业群的变革。从组织社会学的视角来看,专业群构建受内外多种因素共同作用,其既要适应产业发展的变化,又要满足高职院校和职业本科发展的需求。作为一个复杂的系统,专业群构建可以视为职业教育内部的一次"脱胎换骨",是对系统结构的分化整合和功能优化。在专业群具体表征上,不同类型的专业群构建遵循的大逻辑是相通的,比如核心专业通常选择建设基础最好或发展前景最佳的专业,但具体方式方法有所差异,下面将分别介绍。

一、单核心辐射型专业群的构建

单核心辐射型专业群的构建相对简单,因为只确定一个核心专业,资源和利益的再调整与再分配成本相较其他类型更低。但是,由于资源将集中向核心专业倾斜,而建设成本却可能分摊到专业群的各个专业中,因此如何协调核心专业与非核心专业、各个非核心专业之间的内部关系以及专业群组织与外部的关系就是构建的重点与难点。

单核心辐射型专业群有两种组建方式。第一种方式是基于"技术基础相通(技术核)"构建专业群,所谓技术核即产业链或产业集群中的核心技术。判断各个专业是否技术核相通的最简单方式就是看其是否属于同一个专业大类,即依据专业目录大类中的二级专业类设置专业群。比如在最新的高职专业目录中,电子与信息大类(51)的通信类(5103)共有现代通信技术(510301)、现代移动通信技术(510302)、通信软件技术(510303)、卫星通信与导航技术(510304)、通信工程设计与监理(510305)、通信系统运行管理(510306)、智能互联网络技术(510307)、网络规划与优化技术(510308)、电信服务与管理(510309)等专业,可根据学校发展的实际情况,选择先期基础最好或发展前景最广阔的 1 个专业为核心,将剩下的

① 王亚南,成军,王斌.高职教育专业组群的逻辑依归、形态表征与实践方略——基于 253 个高水平专业群申报资料的质性文本分析[J].高等教育研究,2021,42(04):84-93.
② 方乐.司法供给侧改革与需求侧管理——从司法的供需结构切入[J].法制与社会发展,2017,23(05):40-52.

专业设置为一个专业群,如图1-4所示。

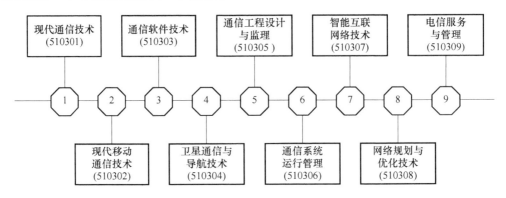

图1-4 基于"技术基础相通(技术核)"构建专业群

从253个高水平专业群的申报资料来看,在同一专业类下构建专业群的仅有36个,跨2个专业大类组建专业群的有89个,跨3个专业大类的也有46个,甚至还有个别专业群跨越了5个专业大类。由此可见,在专业群建设的实践中,在同一个专业类下组建专业群的情况相对较少,专业间的交叉融合已经成为专业群构建的实践。

单核心辐射型专业群的第二种组建方式是基于"职业岗位相关(职业域)"构建专业群。职业域不完全等同于行业,其由职业、企业、生产和工作共同构成。同一职业域的职业具有工作场景、工作职责、工作任务、工作对象或工作流程上的相关性,比如汽车4S店的各个职业就具有工作场景和工作流程上的相关性。专业群要与产业协同发展,就需要对接职业域,尤其是国家、区域发展急需的职业岗位和复合型创新型技术技能人才能获得较高报酬的职业岗位[①]。职业域的提炼要基于技术核,比如汽车产业链所对应的技术核是汽车装配与调试技术、汽车制造工艺设计模块、新能源汽车维修技术、传感器技术、汽车试验技术、机器视觉技术、自动化控制技术、工业软件技术、数控编程与加工技术、产品检验与质量管理等10个技术核,依据这10个技术核可以提炼道路测试员、组装测试员、研发助理、汽车检测维修技师、汽车服务顾问、智能新能源汽车装调技术员、新能源汽车设计研发助理、工艺和工装夹具设计人员、工业机器人系统运维员、工业机器人系统集成技术人员、工业机器人系统操作员、智能制造工程技术人员、产品质量检验员、成型工艺员和模具设计员共15个职业域。

基于"职业域"确定专业群的核心专业体现了专业交叉,它可能会打破专业的大类,更注重复合型人才培养。重庆电子工程职业学院智能汽车技术专业群就是典型的单核心专业群。由于汽车制造行业在转型升级过程中对新一代信息技术的需求增加,职业岗位需要更多的复合型和跨界人才,因此,专业群根据职业岗位群的变化情况将汽车制造与试验技术、新能源汽车技术、汽车电子技术、智能网联汽车技术跨学科交叉专业组成智能汽车技术专业群,如图1-5所示。

基于"职业域"构建的单核心辐射专业群内的各个专业一般具有共通的技术基础,专业间存在较高的职业关联度和技术关联度。这种构建模式需要专业群所服务的区域中有居于产业

---

① 徐小容,朱德全.职业教育质量治理:公共之"道"与理性之"路"[J].西南大学学报(社会科学版),2019,45(01):90-98,195.

链主导地位的大中型企业,产业发展成熟度较高,产业内部岗位分工比较精细完善,对复合型创新技术技能人才需求较高。比如重庆市正在建设万亿级汽车产业集群,两江新区有 10 家整车生产企业和 200 余家核心零部件生产企业,西部(重庆)科学城也正在构建"车、路、云、网、图"全产业生态体系,汽车产业发展成熟度较高。重庆电子工程职业学院智能汽车技术专业群根据重庆智能汽车产业集群的类型与特征和集群内部职业域关系所构建,能有效契合区域汽车产业转型升级的需求。

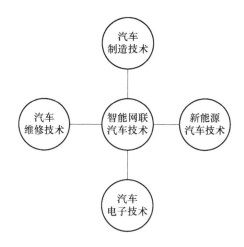

图 1 - 5 基于"技术基础相通(技术核)"构建专业群

二、双核心协同型专业群的构建

双核心协同型专业群的构建与产业集群的形成、演化密切相关。产业集群使特定区域的大部分企业围绕同一产业或紧密相关产业,从事产品开发、生产和销售等经营活动,突破企业和单一产业的边界,使具有竞争和合作关系的企业、行业协会、政府等实现良性互动,对多样性技术技能人才需求量大。双核心协同型专业群则围绕产业中互补、互联的技术核提炼职业域,其重点和难点在于如何确定两个核心专业,这两个核心不仅具有先期建设基础好、发展前景大等单核心专业群中核心专业的特点,两个核心专业间还具备相补相通相融的关系。例如,电子商务专业和现代物流管理专业分别对应电子商务现代物流产业集群中两个相补的关键产业;电子与物联网专业集群中的物联网应用技术和电子信息工程技术属于核心专业相通,两个核心专业协同发展升级专业集群能级。

以某校汽车类专业群构建为例,该校为适应新能源汽车快速发展的趋势,根据纯电动、插电式和增程式汽车产业中的"技术核",将新能源汽车技术专业和汽车电子技术专业两个相融相通专业作为专业群中的双核心专业,并面向汽车智能化和网联化的发展趋势开设智能网联汽车技术专业和智能交通技术专业等。

这类专业群各个专业间具有共通的"技术核",所对应的职业域也聚焦于某一特定行业,且其职业域与单核心专业一样具有相通性。但是,与单核心辐射型专业群不同的是,双核心协同型专业群基本能够涵盖整个产业集群中紧缺的、急需的或高价值的技术技能型职业岗位,其跨度范围相对更大,在先期调研时必须要深入挖掘区域产业集群对复合型创新性技术技能型人才的需求,尤其关注区域内产业集群中各个产业部门的技术或经济关联度,产业集群的产业组织结构和时空集中度,以及产业集群中各个产业部类是协作关系,还是上下游关系,亦或是提供不同产业服务的并行关系。通过调研厘清两个核心专业间的协作关系,以便于专业群内部师资、教学资源和实习实训基地的共建、共享。

三、多核心链式专业群的构建

多核心链式专业群的组建方式是以产业链为纽带,产业链上的每个环节设置对应专业,将这些专业连接起来构成专业群,以满足产业链上下游不同节点对人才的需求。如果该专业群所面向的区域产业集群内部链条完整,职业域跨度不大,可根据行业产业链上中下游不同职业域来构建专业群。产业链是以某种产品或服务为核心的,从其研发设计到生产制造再到实现商业价值的顺序性纵向链条[①]。但是,产业链所涉及的技术领域和职业岗位集群比专业群所涵盖的范围显然要更大,因此,多核心链式专业要依据学校自身基础和特点,以及知识生产传授的关系,将过去自发独立在相关产业链的专业重新组织,强化其相关性,从而构建起多核心链式专业群。

以广州番禺职业技术学院珠宝首饰技术与管理专业群为例,其紧扣珠宝首饰产业链,由面向产业链上端的首饰设计与工艺专业、面向产业链中端的珠宝首饰技术与管理专业和产业链下端宝玉石鉴定与加工等专业组成。该专业群可以满足珠宝首饰产业链对设计、生产、鉴定、营销等不同环节的人才需求,具有非常强的产业服务能力,如图1-6所示。

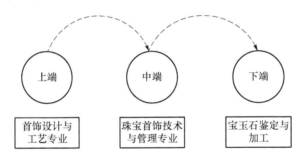

图1-6　多核心链式专业群构建示意图

又如轨道交通专业群的构建。轨道交通专业涉及高铁、城际铁路和城市轨道交通等组成的产业集群,其中,城市轨道交通是轨道交通行业成果最直接的体现方式,已形成一条相对完整的产业链,包括上游的城轨设计和施工,中游的各种装备制造,以及下游的运营管理和各项增值服务。在产业升级和城市轨道交通布局优化调整下,产业链上各个领域的交叉融合愈发明显。仅上游的设计施工就涵盖了交通和建筑两个专业大类,中游装备制造领域正在向智能化和集成化的方向发展,集合了BIM、人工智能和物联网等智能技术,与信息化产业高度复合,原有的轨道交通类专业对技术技能人才的培养体系已不适应城市轨道交通未来的发展方向,需要从供给侧调整专业群结构,进行前瞻性规划设计,以满足设计咨询、建设施工、装备制造、运营管理、增值服务的轨道交通全产业链的人才需求,如图1-7所示。

---

① 董磊,张克让,等.全球产业链中的我国产业升级问题研究[J].经济理论研究 2007,(03):94-95.

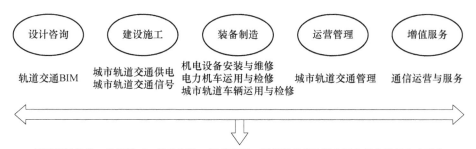

图 1－7 轨道交通全产业链的人才需求

综上,专业群的构建不是专业 1＋专业 2＋……专业 N 的简单加法,而是既遵循组织外部的业务技术环境和制度环境的规则,即面向所服务的区域产业集群上不同职业岗位群[①],尤其是高价值岗位对人才的综合能力要求,同时还受组织内部效率机制与合法性机制的约束,即在构建专业群时要秉持效率最优而非自身原有结构适应,且能够适应组织既定的制度形式。换言之,从组织内部来看,专业群的构建要基于先期专业建设的实力和未来专业发展的情况,以提升专业群构建效率,并使新的专业群能够适应高职院校既定的"以群建院"的制度形式,规避"临时抱佛脚""新瓶装旧酒""学科化"等悬浮表征和误区,强化核心专业,完善缺失专业,补足新兴专业,面向职教本科动态升级演化。

① 王亚南. 打造高水平专业群重在专业资源整合［EB/OL］. (2019-05-07)［2022-08-10］. http://www.jyb.cn/rmtzgjyb/201905/t20190507_231503.html

第二章　专业群的建设路径

"双高计划"使专业群建设迈入快车道,在具体的建设路径上主要聚焦深化产教融合、创新人才培养模式、重构课程体系、开发课程资源、创新教材与教法、打造高水平双师型队伍、建设实习基地、建设协同创新中心、促进职业教育国际化九个维度。通过这九个方面,实现教育链与产业链的耦合,超越传统专业建设的路径依赖,彰显专业群的高水平特征和品牌特色。

第一节　深化产教融合与校企合作

专业群建设的最终旨归是提升人才培养的适应性,产业集群化发展对复合型人才的需求是专业群建设的逻辑起点,深化产教融合与校企合作是专业群建设中所遵循的核心原则。

一、产教融合的内涵意蕴

产教融合是我国职业教育的基本政策,它不是一蹴而就的,而是经过实践探索,渐进发展的;正确认识产教融合内涵,科学把握产教融合的特征,是专业群建设的必要前提。

(一)产教融合的脉络梳理

党和国家高度重视深化产教融合与校企合作,2017 年出台了首个针对"产教融合"的专项意见,即《关于深化产教融合的若干意见》;2019 年通过《国家产教融合建设试点实施方案》进一步细化了产教融合的实施方式,此外国家还有系列关于"校企合作""产学研"等的相关政策。在一系列的政策引导下,产教融合得到了学界和业界的重视,并取得了显著成效。值得注意的是,对国家而言,产教融合政策并不是教育发展的目的,而是为了更好地促进产业链与教育链的耦合,通过政策协调政府、企业、院校和行业协会等多主体形成利益共同体,提升职业教育培养人才的适应性。

"示范建设"时期,《国务院大力发展职业教育的决定》提出,"形成前校后厂、校企合一的办学实体"[①]。2010 年,国务院印发的《国家中长期教育改革和发展规划纲要(2010—2020 年)》提出,将"推进政府统筹、校企合作、集团化办学"作为改革试点工作之一[②]。2011 年,在《国务院办公厅关于开展国家教育体制改革试点的通知》中,明确要"发挥行业优势,完善体制机制,

① 国务院.国务院关于大力发展职业教育的决定[EB/OL].(2005-11-09)[2023-04-27].http://www.gov.cn/zwgk/2005-11/09/content_94296.htm.

② 国家中长期教育改革和发展规划纲要(2010—2020 年)[EB/OL].(2010-07-29)[2023-04-27].http://www.moe.gov.cn/jyb_xwfb/s6052/moe_838/201008/t20100802_93704.html.

促进行业高等学校特色发展,培养高水平专门人才"[1],同年印发的《国务院办公厅关于加快发展高技术服务业的指导意见》也明确指出,推动建立各具特色的高技术服务产业创新联盟,完善以企业为主体、产学研用相结合的创新体系[2]。2014 年,在《国务院关于加快发展现代职业教育的决定》中规定了制定促进校企合作办学的办法[3]。"示范建设"期间,政策表述上更多使用"校企合作"一词,重点在推进校企合作的制度化建设、职业教育双师型队伍建设和职教集团办学模式。

然而,随着职业教育实践的发展,校企合作的模式已经不能满足产业发展的实际需求。相较于产教融合,校企合作更多的是以"教育立场"来要求企业履行自身的社会服务职能,忽视了产业发展的经济属性[4],校企合作也因此陷入了"校热企冷"的尴尬局面。迈入"双高计划"阶段后,国家已经看到了校企合作的局限性,在政策文件中转而使用"产教融合"一词。2022 年新《中华人民共和国职业教育法》第四条、第四十条等多条目、高频词、大力度对产教融合的制度化进行了法律意义上的规制[5],再一次提升了产教融合的地位。当然,这并非符号的同义替换,而是对产业和教育发展所做出的制度化和系统化的顶层设计。相较于校企合作的相关政策而言,产教融合更加关注办学主体、形式、体系与相关的制度安排。

从校企合作到产教融合,职业教育政策的变迁意味着产业链和教育链的长效耦合发展,是职业教育参与主体不断多元化的具体表征。由是观之,对专业群建设而言,产教融合既是基本建设思路,也是专业群建设的目标旨归,更是中国职业教育探索本土创新的实践探索。

(二) 产教融合的内涵外延

产教融合是产业与教育融为一个人才培养系统,其基本标志并非是产业与教育的简单叠加,而是出现新的融合体或新的增长点。早期产教融合被理解为一种高等教育界和产业界高度参与的关系,为了在实践中学习技能,加强和丰富教育过程,也为了让产业界获得一定的人力资源和智力支持,高校和产业界开始建立合作关系,开展合作活动[6]。

波兰尼曾指出,经济是从属于社会、政治关系的,但在市场的活动中社会为了继续正常运转会产生自我保护机制[7],从而使经济的运行产生出一种"嵌入"的状态。格兰诺维特在波兰尼的基础上强调了这个过程中结构的重要性,即组织机构的行动总受微观和宏观双重关系网络的影响[8],主体、客体和嵌入方式共同构成了这张嵌入(Embedness)的流动网络。嵌入性理论具有一定理论抽象性和广泛解释力,能够有效地阐释产教融合。将产教融合置于嵌入性理

① 国务院办公厅关于开展国家教育体制改革试点的通知_2011 年第 2 号国务院公报_中国政府网[EB/OL]. (2011-01-20)[2023-04-27]. http://www.gov.cn/gongbao/content/2011/content_1786411.htm.

② 国务院办公厅关于加快发展高技术服务业的指导意见[EB/OL]. (2011-12-12)[2023-04-27]. http://www.gov.cn/gongbao/content/2012/content_2034726.htm.

③ 国务院关于加快发展现代职业教育的决定[EB/OL]. (2015-05-16)[2023-04-27]. http://www.npc.gov.cn/zgrdw/npc/zfjc/zfjcelys/2015-06/28/content_1939726.htm.

④ 石伟平,郝天聪.从校企合作到产教融合——我国职业教育办学模式改革的思维转向[J].教育发展研究,2019,39(01):1-9.

⑤ 中华人民共和国职业教育法[EB/OL]. (2022-04-21)[2023-04-27]. http://www.gov.cn/xinwen/2022-04/21/content_5686375.htm.

⑥ 徐同文,陈艳.英国大学应用型人才培养机制探析及启示[J].高等工程教育研究,2013(04):111-115.

⑦ 卡尔·波兰尼.大转型:我们时代的政治与经济起源[M].刘阳,冯钢,译.杭州:浙江人民出版社,2007.

⑧ 马克·格兰诺维特.镶嵌:社会网与经济行动[M].罗家德,译.北京:社会科学文献出版社,2015.

论,是一种由嵌入理论和产教融合实践行为耦合而成的理论和实践模式,关系性嵌入即职业院校和行业企业作为双主体如何在互动间形成融合的关系网络,以一种混合开放的姿态调适人才供给侧与需求侧的关系。

(三)产教融合的特质要素

职业教育链和产业链的嵌入,亦即产教融合,其特征在于:首先,它表现为认知性嵌入,即意识理念的融合,协议合作就是一种典型的认知性嵌入,企业与学校之间通过合作谈判、合同协议等形式来建立合作关系,形成有效化的合作联盟。职业教育是人力资源的供应者,合作企业是人力资源的需求者,通过认知性嵌入避免了供大于求和供不应求的弊端。其次,它表现为利益性嵌入,其产教融合层次更深,涉及职业院校和行业企业间的实体进行关系性互动,例如订单班、现代学徒制、集团化办学等。通过此类产教融合可以提升职业院校人才培养的适应性,也可以促进学校在组织层面、教学内容和资源以及师资队伍层面做出一定变革。就企业而言,这种嵌入也并非站在"教育立场"要求企业进行"公益"事业,企业在学校建立企业实践操作基地,让校中含厂,厂中有校,企业向学校投资,学校给企业输送人才,可以有效解决企业"用工难"的问题。再次,它表现为组织性嵌入,其稳定性更高,职业院校与行业企业的关系性互动程度更深入,会体现在组织机构的制度建设、治理模式和内设机构等方面,产业学院就是典型的组织性嵌入式产教融合。最后,它表现为文化嵌入,其稳定性更高,产教融合摆脱对行政路径的依赖,作为"使命"内化为教育链和产业链的行动自觉,形成产教融合命运共同体。

二、产教融合服务专业群建设的价值意义

(一)产业转型嵌入专业群组群逻辑

专业群的诞生不单是对职业教育政策制度的路径依赖,其目标是通过优化专业结构、集聚教育资源以培养适应产业未来发展所需要的创新型、复合型技术技能人才。目标决定着行动方略,只有通过利益性嵌入、组织性嵌入和文化性嵌入的产教融合才能使专业群的组群逻辑精准匹配产业结构的动态调整。一方面,通过深度产教融合,专业群组群逻辑才能够具备合理性和前瞻性,能够适应产业较长生命周期内的需求,避免陷入"专业-专业群-专业"表象调整的窠臼;另一方面,专业群尤其是高水平专业群有较好的既往职业教育资源,通过产教融合可以放大职教资源的外溢效应,服务区域产业集群发展。

相较于既往的专业建设,专业群在组群伊始就从利益性层面嵌入了产业链。虽然专业与学科的生成逻辑不同,但既往职业院校在进行专业建设时还是受普通高等教育学科建设思路的桎梏。专业群是产业链映射在教育链的产物,产业融合在专业群建设中也就表现为制度化的行动者,使产教融合发挥专业群建设中规范化、常态化和规约化的作用。产教融合的制度化既包括了正式制度,也包括非正式制度。在专业群建设中,一方面高职院校与行业龙头企业共建产业学院,推行师资协同机制,使专业群中的产教融合具有规则性的特征。另一方面,专业群建设通过技术技能创新、能工巧匠培养、教师企业实践、企业项目运营和创新创业孵化等实现产教深度融合,对组织的观念、价值和行为产生潜移默化的影响,产教融合成为专业群发展中的认知与行为规范、行动协调与文化认可,最后发展到文化性嵌入的层面。

（二）协同创新提升专业群发展效能

协同创新是提升产业创新力建设创新型国家的重要举措，也是专业群提升发展能级的重要目标。现阶段经济发展面临着各种挑战，生产要素及投资要素的驱动乏力成为阻碍我国技术产业高质量发展的重大问题。克服这一问题需要通过合作与创新来提升产业的竞争力，以创新促进合作，以合作激发潜力，最终加快经济发展方式的转变，实现以合作-技术-创新为支撑的高质量经济增长。

产业群与专业群的协同创新是现阶段我国产教深度融合的必然结果。高职院校是我国应用技术创新的重要源泉，高职院校具备实现技术创新的专业人员及设备，是持续推动我国创新发展的坚实基础。随着经济持续发展对技术创新水平要求的不断提高，传统短平快式的松散产学研合作方式已难以满足现阶段发展需求。基于高职院校专业群与市场产业群协同创新的产教深度融合校企合作新模式应运而生。

专业群与产业群的协同创新有利于产教融合、校企合作的健康发展。早期的短平快式合作中各方以自身利益为主要考虑，缺少持续的激励，继而导致合作基础不牢，投入—产出比不高。专业群与产业群协同创新模式下，各方以一体化的创新发展为共同目标，不再是松散低效的合作关系，而是作为一个合作整体服务于协同创新。这种持续高效的合作模式也会最大化各方利益，保障专业群与产业群的持续健康发展。此外，产业创新倒逼专业群加强内涵建设，实现要素重组优化，使教育链的知识成果与产业创新的技术成果通过开放式、共享化的平台进行联结转化，缩短技术转换周期，提升专业群发展效能。

（三）产教融合优化专业群治理模式

专业群是高职院校产教融合的基本载体，产教融合是专业群治理的首要逻辑。

在时间维度，产教融合通过内外部一系列政策制度和项目平台嵌入专业群内生逻辑中，统一专业群建设中的各个行动单元的行动，使专业群的治理主体、治理形式和治理过程受到职业精神的规约，使行业企业成为专业群建设的利益相关者。换言之，专业群的制度规范、运行过程和质量评价都需体现企业的利益关切与表达诉求。

在空间维度，产教融合的组织架构、运行机制使专业群在不同场域竞合中能够具有稳定性。对大部分高职院校而言，专业群建设打破了原有的利益边界，"边界是存在于不同组织之间的障碍，不能有效跨越就会导致组织反应迟钝、不灵活、缺乏创新。"[①]产教融合本身就是一种破除边界的行为，可以提升专业群治理的有效性。在教育系统内部打破组织壁垒，在外部打破学校与企业间的壁垒，实现协同合作，共同培育人才。

在价值维度，产教融合实现了专业群建设的行动者网络去中心化的资源共享。产教融合与专业群建设的相似之处在于其内部有诸多有着不同诉求但又利益攸关的多元主体。而多主体的实践虽然能提升系统的复杂适应能力，但其异质性的冲突也会阻滞专业群的建设。通过产教融合调谐多主体间的矛盾，使其围绕共同的知识生产互补交融。基于产教融合，知识生产的要素资源能够联结不同主体，专业群建设中的行动者同步存储、共享和复制专业群行动者网络中的各个行动者。同时，这种去中心化的资源分布与流通也更容易消解产教融合的行动者困境，打破校企合作的"壁炉困境"。

---

① 罗恩·阿什克纳斯.无边界组织[M].姜文波，译.2版.北京：机械工业出版社，2005.

三、产教融合推动专业群建设的路径策略

（一）利益性嵌入：职业教育集团

我国的职业教育集团化办学始于 20 世纪 90 年代，为深化产教融合，各级政府加大政策支持，职教集团化办学跨越式发展。截至 2021 年初，全国已建成各类职教集团（联盟）近 1 500 个，覆盖 90% 以上高职院校、近 50% 中职学校，近 3 万家企业参与，遴选确定了两批共 299 家国家级示范性职业教育集团（联盟）培育单位；21 个城市申报国家产教融合型城市，63 家中央和民营企业被认定为国家产教融合型企业名单，2 340 家企业纳入地方产教融合型企业建设培育库[①]。

国内职教集团化办学基本上都形成了以职教集团或联盟形式命名、由若干具有独立法人资格的职业学校及相关企事业单位组成的职业教育办学联合体。依据牵头主体不同，职教集团化办学模式主要有政府主导型、院校主导型、企业或行业主导型、自愿联盟型及中介主导型[②]。分析国家级示范性职业教育集团（联盟）牵头单位（详见表 2-1），国内职教集团绝大部分为院校主导型，企业、行业协会的主导优势尚有提升空间。

表 2-1 国家级示范性职业教育集团（联盟）培育单位牵头单位分析

牵头单位类型	政府部门	院 校	企 业	企业＋院校	院校＋企业	院校＋行业协会	"双高计划"第一轮建设单位
数量	5	272	3	4	12	3	127
占比/%	1.67	90.97	1.00	1.34	4.01	1.00	42.47

其中，院校主导型职教集团以职业院校为牵头单位，以专业或专业群为纽带，联合多元主体组建，合作企业、兄弟职业学校作为主要构成单位，政府相关部门、行业组织、科研机构等通常为辅。牵头职业院校对职教集团以出资、融资等方式实施主导性管理与运行，参与的职业院校和企业采取投资的方式协助管理与运行，而政府则采用投资、购买服务和政策支持等方式保障和激励职教集团的运作与发展[③]。目前职业教育集团的组织机构特点如下：大部分集团设立理事会、常务理事会和秘书处等，部分集团下设工作组；职能机构专职较少，以兼职为主，一般挂靠在牵头院校某一职能部门，比如挂靠在院长办公室、发展规划处、科技处、校企合作处、招生就业处等部门；集团按照《章程》，以合同、协议等契约的形式将各方参与者组织起来，但《章程》相关内容无实际的约束与监督机制[④]，从集团成员的联结方式和紧密程度来看，多属于松散的契约联结型组织。

职教集团具有异质性资源和技术技能型人才培育原动力，是高职院校进行高水平专业群建设、深化产教融合的重要载体，几乎所有的高水平专业群建设单位均牵头或主要参与相关职

① 教育部.关于政协第十三届全国委员会第四次会议第 0340 号（教育类 039 号）提案答复的函[EB/OL].(2021-10-15)(2023-08-07).http://www.moe.gov.cn/jyb.xxgk/xxgk_jyta/jyta_zcs/202204/t20220402_619875.html.
② 匡瑛.职业教育集团化办学模式的国际比较研究[J].外国教育研究,2008(06):63-68.
③ 刘殿红,徐龙海,徐洪祥.院校主导型职教集团内涵、特质与实体化运作路径研究[J].中国职业技术教育,2021(04):86-89.
④ 崔炳辉.职业教育集团化办学运行机制研究:现状、问题与对策——以江苏省高职教育集团化办学为例[J].职教论坛,2019.

教集团,以双高建设单位牵头的国家级示范性职教集团占比达 42.47%。近十年来,职教集团发展态势良好,内涵不断提升,积极推进本地区、本行业职业教育发展,服务国家或区域发展战略。但不可否认的是,"行业企业参与积极性不高、集团化办学在促进教育链和产业链有机融合中的重要作用还没有得到充分发挥"等问题犹在,深化产教融合、探索体制机制改革仍是职教集团发展的重要课题。

未来,职教集团主要发展方向有两个:一是坚持校企合作的模式创新和实践,开发具有产权属性的实体化项目,共建产教融合平台型项目并实施,推进高水平专业群建设,为人才链匹配产业链找到落点、筑牢基础;二是进一步完善顶层架构和内部治理机制,发挥企业的主体功能、主导作用,探索实体化运作机制,推进集团化办学持续发展。

(二)利益性嵌入:产教融合实训基地

产教融合实训基地是院校与行、企业之间联动的桥梁,是拓展职业技能的教学实践平台,是专业群对接产业链、培养高素质技术技能人才和实现科教融汇的重要载体。早在 2005 年,教育部、财政部出台的《中央财政支持的职业教育实训基地建设项目支持奖励评审试行标准》就明确支持和引导各地职业教育实训基地建设工作。2019 年,国务院印发的《国家职业教育改革实施方案》提出"建设若干具有辐射引领作用的高水平专业化产教融合实训基地,推动开放共享,辐射区域内学校和企业"。近年来,职业院校在"双高计划"的指导下,职业教育以专业群为着力点,依托"政、行、企、研"多元平台,共建、共享、共用产教融合实训基地,推动区域经济、社会协同发展。

据 2022 年统计数据,在"土地+财政+税收"政策激励下,职业学校与企业共建实习实训基地 2.49 万个,年均增幅达 8.6%,逐步形成专业共建、人才共育、过程共管、资源共享、责任共担的校企合作新局面。职业院校大多根据本校自身特点围绕专业发展需求、校企合作模式、人才培养机制、师资队伍建设、课程资源扩充、实训设备更新、社会服务、创新创业等形式多方协同建设产教融合实训基地。在建设产教融合实训基地过程中,通常采用多元性的合作建设模式,院校融入政府、行业、企业、科研机构,对标专业前瞻性技术或典型职业技术技能,探索多方互利共赢的机制,不断动态调整人才培养模式和社会服务内容,开拓教学、技术、管理创新,最终实现多方协同长效育人的模式。产教融合实训基地建设特点如图 2-1 所示。

图 2-1　产教融合实训基地建设特点

杭州科技职业技术学院产教融合实训基地建设通过教学实训、科研、展示、社会服务、创新创业、管理等六个方面，建立六位一体的产教融合实训基地[①]。以高水平专业群为建设目标，充分发挥学校在建设和运行中的主体地位，努力地完善基地的运行机制体制。湖州职业技术学院以服务地方经济社会发展为逻辑起点，按照"做强高职教育、做大开放教育、做特农民教育、做活社区教育"的四位一体办学特色[②]。对接地方行业企业，实现学校与企业之间人才、资本、技术和教育服务四大要素的双向流转。辽宁省交通高等专科学校基地按照"学校育才、企业用人、开放共赢"的机制，深化产教融合，打造校企命运共同体。通过"请进来，走出去"把企业实践与学生实训紧密结合，使教育链与产业链在功能耦合的实践学习场所完成链接[③]。

产教融合实训基地大都采用院校与行、企业优势互补，资源共享，协同发展，合作共赢的合作理念，深度整合多方主体的人、物资源，融入新工艺、新内容、新规范教学内容，让产教融合的模式永葆生机，焕发活力，最终能持续为区域产业输送高端技术技能型人才，为行业的新需求、新变化、新动向做出快速反应。

（三）利益性嵌入：产教联盟

高职专业群的根本属性和存在特征使其对与产教联盟的建设效果产生天然的依赖，产教联盟的持续创新发展也必须依靠专业群为其提供源源不断的活力要素。在职业教育发展史上，产教联盟是校企合作、产教融合的高级阶段，双方在利益层面深度耦合。这种利益性嵌入具体体现在合作目的具有战略性，资源禀赋上具有互补性，合作要素充满技术性和知识性。专业群内部的数量及教学范围和教学题材都必须根据所依托的产业链的差异化需求，同时尤其要考虑校企合作之间的程度与深度，依托校企之间切实地一对一对话和面对面沟通来确定专业群建设目标，使学校专业链对接地方企业产业链，体现职业院校"量体裁衣""因势利导"的办学核心竞争力。产教联盟是专业群教学实训的基础平台。高职教育对学生的技能和动手能力要求较高，学校的实训条件和资源有限，而最先进的技术和设备及行业关键人才都在企业内部，只有通过产教融合校企合作，行业、企业的技术优势和资源优势才能为学校教学实习所用，在校学生才能接触区域经济或行业企业最先进的技术和技能[④]。产教联盟与专业群建设是命运共同体。产教联盟在职业院校人才培养模式上天然的话语权促使职业院校必须要将向企业提供急需的技能人才，增进其劳动力素质、降低教育培训成本等作为整体教学质量考核的重要因素，如此也使得校企合作之间的忠诚度和耦合性上升。无独有偶，高校在产教联盟中可以获得关于专利、劳务等相关激励，利用所获得资金吸引更多校企主体参与本地区职业教育共享资源平台建设，实现区域内教育格局的扩大化和教学资源的规模效应。表2-2列举了10个具有代表性产教融合联盟，涵盖了智能制造、电子信息、智慧城市、智慧物流等10个产业领域。

① 於磊，严元."双高"背景下高职专业群产教融合实训基地建设与管理——以杭州科技职业技术学院新零售管理专业群为例於磊[J].安徽电子信息职业技术学院学报，2022，21(02)：98-101.

② 崔剑生，仪玉莉.高职旅游管理专业产教深度融合实证研究——以辽宁省交通高等专科学校·华住酒店管理集团产教融合实训基地建设为例[J].辽宁省交通高等专科学校学报，2022，24(02)：59-63.

③ 关于印发《职业教育与继续教育2019年工作要点》的函(教职成司函〔2019〕32号)[EB/OL].(2019-05-06)[2023-08-07].http://www.moe.gov.cn/s78/A07/A07_sjhj/201904/t20190412_377623.html.

④ 阳勇.高职专业群的产教融合潜质及其基础平台作用分析[J].山西青年，2022(12)：38-40.

表 2-2　产教融合联盟表

序　号	产教联盟名称	牵头单位	依托产业群	成立日期
1	黄河流域产教联盟	山东省教育厅、济南市人民政府、济南职业学院等	智能制造、电子信息、智慧城市、智慧物流	2021.05.21
2	大湾区产教联盟	广东省高等学校毕业生就业促进会	视觉传媒、电子制造、汽车制造、轨道交通	2020.12.19
3	成渝地区双城经济圈汽车产教融合联盟	四川省经济和信息化厅、重庆市经济和信息化委员会	智慧车联、汽车制造、汽车智能技术	2022.07.14
4	山东软件行业产教联盟	浪潮集团、海尔集团、山东大学、山东师范大学（山东省教育厅、省工信厅、省人社厅指导）	软件工程、金融科技技术	2021.04.09
5	长三角纺织产教联盟	江苏省纺织服装职业教育行业指导委员会、江苏工程职业技术学院、江苏南通国际家纺产业园区、海安常安现代纺织科技园、南通纺织工业协会等	纺织服装	2021.12.11
6	中国机器人职业教育产教联盟	黄河水利职业技术学院联合开封市人民政府、哈工大机器人集团	智能机器人、工业机器人	2019.01.12
7	全国高铁装备制造职业教育产教联盟	全国高铁制造与机电技术企业、科研院所、行业协会与湖南铁道职业技术学院等部分高校	轨道交通、高端制造	2019.12.25
8	5G应用产教融合联盟	长沙航天学校、南师范大学工程与设计学院、湖南信息学院、湖南工业职业技术学院等	智能网联、通信工程、工业机器人	2020.07.15
9	全国性跨境电商产教合作联盟	浙江工商职业技术学院、浙江万里学院、杭州师范大学、阿里巴巴（中国）网络技术有限公司、亚马逊公司、Ebay公司、宁波赛尔集团有限公司等	跨境电商、电子商务	2017.09.22
10	全国信息安全产教融合联盟	中国电子学会、中国职业技术教育学会、北京信息职业技术学院等	信息安全、云计算	2018.07.20

（四）组织性嵌入：产业学院

产业学院是产教融合的重要实现形式与职业教育改革的重要载体，在国家的高度重视下，获得快速发展。这些院校作为践行国家政策以及创新探索职业教育未来的先锋力量，在多维实践中取得了阶段性成果，对于产业学院建设也有着更深层次的布局和实践。早在 2020 年 7 月，教育部等部门就联合印发《现代产业学院建设指南（试行）》，提出经过四年左右时间，建设一批现代产业学院。同年 9 月，教育部等九部门联合发布《职业教育提质培优行动计划（2020—2023 年）》，产业学院建设进入国家级示范项目推动的新阶段。

2022 年，重庆市教委发布的现代产业学院名单中有 27 所高职院校；四川省教育厅公布了首批省级现代产业学院名单，共有 10 所高职院校的现代产业学院上榜；广东近两年又涌现出了十几所颇具特色的产业学院，其中广州现代信息工程职业技术学院一所院校就建设了 4 所产业学院,以专业群对接产业链的模式开展了合作共建。还有宁夏、甘肃、安徽、福建等 15 个地区的高职院校建设了多所现代产业学院,比如宁夏民族职业技术学院的奶业现代产业学院、甘肃工业职业技术学院的快印客产业学院、安庆医药高等专科学校的现代医药产业学院等。产业学院的建设涵盖了智能制造、电子信息、智慧康养、物联网等专业群。可见高职院校已成为产业学院的主力军①。

目前我国产业学院主要有校企共建、校地共建和校行企共建三种办学模式。其中,校企共建是最普遍的共建模式,指高职院校和民营企业联合举办,高职院校主要投入师资、场地等要素,企业主要投入设备、资本等要素。在办学主体中,一般是一所高职院校和一家民营企业(1＋1),也有一家高职院校对应 N 家民营企业(1＋N);校地共建是指高职院校与地方政府发挥各自优势共建产业学院,实现资源共享和优势互补;校行企共建是指由高职院校、企业和行业协会共同创建产业学院,行业协会作为政校企的合作桥梁,发挥了重要的作用。

产业学院作为高职教育与区域产业经济融合的产物,主要以对接区域产业发展需求为目的,为行业培养高素质技术技能型人才,根据区域产业布局特点,依托自身优势专业,整合行业企业各方资源,打造符合区域经济特色的优势专业。推动专业集群式发展,围绕产业构建专业群,实现多专业交叉融合,支撑同一产业链的若干关联专业快速发展,搭建"特色专业群＋产业学院"的育人机制。

(五) 组织性嵌入:专业指导委员会

专业指导委员会由专业群与行业企业共同组成,作为一个指导性机构,由行业企业和学校以及行业协会等社会组织共同指引、咨询和评估专业群的建设。为了全面提高学校教育质量,配合课程改革和专业建设,专业指导委员会应运而生,其以政府、行业、企业、院校等多方共同参与形成多元综合性主体,主要职能有研究分析本行业领域职业教育高质量发展与教学领域的重要理论问题,跟踪行业政策,广泛联系职业院校指导专业建设,课程建设,指导企业深度参与职业教育规划等。

随着职业教育改革持续深入,各地方职业院校迅速领会中央相关文件精神,配合地方区域经济特色优势和产业链结构特点,陆续出台文件成立行业指导委员会,指导本校专业群发展。面对当前专业群的一体化建设,委员会要立足自身办学特色,找准校企共同利益,提升产教融合层次,开展校企之间长效对话机制,逐步使得专业群建设与现代企业管理制度相适应。首先,以行业为主的委员会要结合学院发展情况提出人才培养目标、培养模式、专业调整意见和发展规划,强化行业在现代职业高质量发展中的作用。学习党和国家关于职业教育的决策部署,落实教育部关于职业教育工作的部署要求。其次,专业指导委员会要聚精会神服务区域经济,因地制宜发挥区位优势,兼收并蓄将本校宝贵经验和外校产教融合产物结合起来,相关优秀成果可向全国行指委进行上报,将成功经验推而广之②。最后,专业群建设需要定期对其过程成果进行监测评价。专业指导委员会以独立第三方的视角,结合社会评价服务组织的反馈,

---

① 职校产业学院建设"火力全开"! 它们获官方鼎力支持! 聚焦职教[EB/OL]. (2022-07-21)[2023-08-07]. http://www.zjteachers.com/article.php? id=5079,2022.

② 杨磊. "双高"背景下行业职业教育指导委员会对于高职院校专业群建设作用研究[J]. 天津商务职业学院学报,2020,8(04):83-87.

为具体院校筛选科学合理的评价指标和评比要素,构建科学合理的评价体系。以期引导职业院校不断自我革新、自我提高,动态调整专业群内建设以减少资源错配。要聚焦专业群的建设与指导,促进企业方技术产业创新设计,加大对高技术的领军人才的需求量,同时要提升职业院校复合型技能人才的供给量,为产教融合下的职业院校的专业群建设提供立得住、站得稳、走得远的现实性实施方案。表2-3列举了10个具有代表性专业指导委员会,涵盖了交通运输、建筑设计类、规划园林类、土建施工类等20多个专业群。

表2-3 专业建设指导委员会表(部分)

序 号	专委会名称	牵头单位	依托专业群领域	成立日期
1	江苏联合职业技术学院交通运输专业建设指导委员会	江苏联合职业技术学院	交通运输专业群	2021.01.11
2	上海市高职高专土建类专业教学指导委员会	上海城市管理职业技术学院	建筑设计类、规划园林类、土建施工类	2013.07.12
3	广东省高等职业院校艺术设计类专业教学指导委员会	广东轻工职业技术学院	艺术设计类	2021.03.27
4	物理科学与智能工程学院专业指导委员会	济宁学院	电子信息工程和材料科学与工程	2021.12.05
6	国际商学院专业建设指导委员会	苏州高博软件技术职业学院	国际贸易、电子商务	2021.06.18
7	青岛高新职业学校专业建设指导委员会	青岛高新职业学校	旅游管理专业、服装设计与工艺、汽车检测与维修技术、机电设备技术等	2020.11.22
8	临床医学专业指导委员会	湖北三峡职业技术学院	临床医学	2015.06.17
9	生物科学专业建设指导委员会	榆林学院	生物科学	2021.09.27
10	汉语言文学专业建设指导委员会	贵州工程应用技术学院	汉语言文学	2012.09.25

(六)组织性嵌入:产教融合园区和市域产教联合体

产教融合园区是专业群进行社会服务、科教融汇载体的高维度表现,也会进一步刺激专业群提升"内功"。产教融合园区是在一定区域,聚合政府、学校、行业企业等多种力量,集教育、生产、社会服务等多种功能于一身的综合体①。有形式相似的提法,如"产教园""产教融合园""产教融合园区",也有形异质同的提法,如"科技园""产业园""创业园"等。相关职业院校借鉴了大学科技园的发展模式,由学校独资或联合政府、企业出资成立运营公司管理园区,并招募企业入驻,以促进科技成果转化和创业公司孵化,开展专业群配套建设、学生实习实训、产业人才培养、产教融合企业培育等工作。园区内产业相关度和集群化程度不断提高的现实趋势要

---

① 蒋良骏,焦世奇.江苏高职院校产教融合园区现状及功能分析[J].职教通讯,2017(8):5-8.

求专业建设要与产业集群同向发展。职业院校要密切关注园区内龙头企业的创新革新动向，其带来的领头羊效用可能引导园区内相关企业进一步配套升级。因此，人才培养要跟得上企业革新的脚步，人才的技能要适应技术革命的需要，人才的储备要满足产业链升级的要求。目前产教融合园区的建设以江浙、沿海、成都等地最为突出，表2-4列举了6个具有代表性的产教融合园区。

表2-4 产教融合园区表

序号	产教融合园区名称	区域	简介	建设情况
1	济源产教融合园区	河南济源	示范区基础设施及公共服务十大重点工程，也是河南省重点工程。项目总投资约38.77亿元，按照本科院校规格建设，可容纳在校学生2万人左右，有效地整合济源的产业优势和职教优势	在建中
2	成都高新区产教融合基地	四川成都高新区	基地主要围绕高新区主导产业，聚焦电子信息、ICT信息通信、自动驾驶、信息安全四大方向，致力打造以产业需求为导向的人才产业服务实践空间。首批已确定四大培养计划，即依托电子信息产业功能区产业优势，聚焦集成电路头部企业和高校资源，培养集成电路领域人才；联合华为培养ICT信息通信领域人才；联合百度培养智能网联领域人才等	已运行
3	广东（岭南）产教融合产业园	广东清远	园区将引入大批大健康上中下游生产性企业入驻，共同致力于打造"集大健康特色职业教育大学产业园区与健康产业企业生产研发基地于一体的国际性、现代化广东省科教产业融合清远示范园区"	已运行
4	江苏产教融合科技园	江苏镇江	江苏产教融合园区以大数据、云计算、物联网为代表的新一代信息技术产业，以航空航天、高端装备为代表的特色产业，以及以新能源、生物医药等为代表的新兴产业已经形成产业集群，重点发展电子信息、生物医药、智能装备、汽车零部件、新材料等主导产业，已成为推动高质量发展的创新能级	已运行
5	枣庄产教融合型园区	山东枣庄	总投资13亿，占地约291万平方米，建筑面积30万平方米，围绕"6+3"现代产业体系和市中区四大主导产业，依据本地企业人才需求，精准开办有关专业，实行校企"订单制"合作，与本区产业发展"同频共振"，切实将学校办成集人才培养、科学研究、科技服务为一体的产业性经营实体	在建中
6	黑龙江工商学院长三角产教融合园区	江苏南通	黑龙江工商学院长三角产教融合园区位于江苏南通（海安）上湖创新区，规划用地面积约113万平方米，项目总投资约10亿元人民币。目前，学校首批600余名大四学年学生已入驻园区，正式开启在长三角地区实践研学之旅	已运行

市域产教融合体比产教融合园区在组织性嵌入的维度上更进一步，其由政府统筹、企业牵引，发挥学校和企业双主体作用，打造兼具人才培养、创新创业、促进产业经济高质量发展功能

的联合体。相较于产教融合园区,联合体所能整合、统筹和调动的资源范围广阔,更注重创新驱动,通过企业、职业院校、高校和科研院所等的资源共用、人员互通、利益共享,促进技术、知识和创新成果的转换,为高水平专业群建设科教融汇和人才培养提供更强的动力和支持。在产教联合体内部,由龙头企业牵头搭建人才培养平台,为技术技能人才提供实习、实训、实践以及就业机会,增强学生技术技能,满足企业用人需求。第一批入围国家级市域产教联合体名单见表2-5。

表2-5　第一批入围国家级市域产教联合体名单

序号	联合体名称	依托园区	牵头学校	牵头企业
1	北京集成电路产教联合体	北京经济技术开发区	北京电子科技职业学院	北方集成电路技术创新中心(北京)有限公司
2	天津滨海高新技术产业开发区信创产教联合体	天津滨海高新技术产业开发区	天津大学、天津电子信息职业技术学院	麒麟软件有限公司
3	天津经济技术开发区生物医药产教联合体	天津经济技术开发区	天津科技大学、天津医学高等专科学校	天津国际生物医药联合研究院有限公司
4	唐山高新技术产业开发区产教联合体	唐山高新技术产业开发区	唐山工业职业技术学院	中信重工开诚智能装备有限公司
5	大连金普新区(大连经济技术开发区)市域产教联合体	大连经济技术开发区	大连职业技术学院	通用技术集团大连机床有限责任公司
6	长春市汽车产业集群产教联合体	长春汽车经济技术开发区	长春汽车工业高等专科学校	中国第一汽车集团有限公司
7	佳木斯国家农高区现代农业产教联合体	佳木斯国家农业高新技术产业示范区	黑龙江农业职业技术学院	北大荒集团建三江分公司
8	上海闵行经济技术开发区产教联合体	上海闵行经济技术开发区	上海电子信息职业技术学院	上海三菱电梯有限公司
9	苏州吴中经济技术开发区机器人与智能制造产教联合体	苏州吴中经济技术开发区	苏州市职业大学	苏州汇川技术有限公司
10	无锡市集成电路产教联合体	无锡国家高新技术产业开发区	无锡科技职业学院	华润微集成电路(无锡)有限公司
11	常州新能源产教联合体	武进国家高新技术产业开发区	常州工业职业技术学院	万帮数字能源股份有限公司
12	杭州经济技术开发区(钱塘科学城)产教联合体	杭州经济技术开发区	杭州职业技术学院	杭州钱塘新区产业发展集团有限公司
13	合肥(新站)高新技术产教联合体	安徽合肥新站高新技术产业开发区	合肥职业技术学院	科大讯飞股份有限公司
14	芜湖市产教联合体	芜湖经济技术开发区	芜湖职业技术学院	奇瑞控股集团有限公司
15	晋江市域产教联合体	晋江经济开发区	泉州职业技术大学	福建盼盼食品有限公司

序号	联合体名称	依托园区	牵头学校	牵头企业
16	赣州稀有金属市域产教联合体	赣州经济技术开发区	江西应用技术职业学院	江西金力永磁科技股份有限公司
17	济南市智能制造与高端装备产教联合体	济南高新技术产业开发区	济南职业学院	临工重机股份有限公司
18	潍坊国家农业开放发展综合试验区产教联合体	潍坊国家农业开放发展综合试验区	山东畜牧兽医职业学院	山东亚太中慧集团有限公司
19	武汉中国光谷产教联合体	武汉东湖新技术开发区	武汉软件工程职业学院	烽火通讯科技股份有限公司
20	株洲市产教联合体	株洲高新技术产业开发区	湖南铁道职业技术学院	中车株洲电力机车有限公司
21	深圳市域产教联合体	深圳市高新技术产业园区	深圳职业技术学院	华为技术有限公司
22	佛山市"两高四新" 产教联合体	佛山高新技术产业开发区	广东轻工职业技术学院	瀚蓝环境股份有限公司
23	广西（柳州）汽车产教联合体	广西柳州市高新技术产业开发区	柳州职业技术学院	上汽通用五菱汽车股份有限公司
24	西部职教基地产教联合体	永川高新技术产业开发区	重庆电子工程职业学院、重庆水利电力职业技术学院	长城汽车股份有限公司重庆分公司
25	成都市航空航天产教联合体	成都青羊工业经济技术发展区	成都航空职业技术学院	成都飞机工业（集团）有限责任公司
26	德阳重大技术装备制造产教联合体	德阳经济技术开发区	四川工程职业技术学院	东方电气集团东方电机有限公司
27	黔南州磷化工及新型储能材料产业市域产教联合体	福泉－瓮安千亿级产业园区	贵州工业职业技术学院、黔南民族职业技术学院	贵州磷化（集团）有限责任公司
28	西安航空高端制造产教联合体	西安阎良国家航空高技术产业基地	西安航空职业技术学院	西安兴航航空科技股份有限公司

（七）组织性嵌入：行业产教融合共同体

与其他的产教融合体相比,行业产教融合共同体多由龙头企业牵头,跨区域融合为典型特征,是全面深化产教融合的一种新型产教合作组织。其可促进专业群产教深度融合,优化资源配置,提升人才培养质量,推动技术创新和产业升级,以及加强国际交流与合作。由于行业产教融合共同体是以企业为主导进行申报的,能够更好地调动企业参与其中的积极性,也展示了企业在技术技能人才培养、实训基地建设、课程资源开发和技术创新服务等方面的能力。通过"校长-董事长"负责制,专业群对接产教融合共同体,形成常态合作＋一事一议的快速响应治理架构。校企双方共同成立专业建设委员会,政行校企一体化设计人才培养方案和课程资源,实施联合招生招工。

在新发展环境下,行业产教融合共同体应逐步整合、接轨职教集团,并与市域产教联合体错位发展。市域产教联合体重在整合市域跨行业的资源,促进产教融合跨行业发展;行业产教融合共同体则打破地理局限,强调产业链的上下游资源联通和产业集群的优势发挥。通过专业群定位,集中资源,提供面向特性产业集群的高质量产教融合服务。表 2-6 所列为部分行业产教融合共同体。

表 2-6 行业产教融合共同体(部分)

共同体名称	成立时间	牵头单位
国家轨道交通装备行业产教融合共同体	2023.07	中国中车股份有限公司、西南大学、江苏常州铁道高等职业技术学院
中国柑橘行业产教融合共同体	2022.10	重庆三峡柑橘集团有限公司、西南大学、重庆三峡职业学院
全国人工智能行业产教融合共同体	2020.12	科大讯飞股份有限公司、上海交通大学、重庆城市职业学院
工业和信息化产教融合共同体	2023.06.15	工业和信息化部人才交流中心

第二节 创新人才培养模式

人才培养模式是指在一定的现代教育理论、教育思想指导下,按照特定的培养目标和人才规格,以相对稳定的教学内容和课程体系,管理制度和评估方式,实施人才教育过程的总和。人才培养模式包括国家、学校、专业群和专业四个层面。在国家层面,我国的职业教育人才培养模式主要是工学结合,学校层面主要体现学校总体的办学理念、发展道路与办学特色,而专业群则是人才培养的载体。现代产业的转型升级,必须依靠劳动者素质的提高,复合型、创新型等高素质技术技能人才是产业发展不可或缺的资源,人才培养不是一蹴而就的,需要系统构建服务产业数字化转型升级的培养体系[1]。专业群人才培养模式的构建和改革的主要目标是培养复合型、创新型高技能人才,加快职业教育自进化,促进职业教育和产业协同发展。

一、国内外人才培养的历史经验

目前,主流的职业教育人才培养模式中主要有三种,分别是德国双元制、北美能力本位教育(CBE)模式和澳大利亚职业教育与培训(TAFE)模式,对研究专业群创新人才培养模式有一定的参考意义。

(一)德国双元制模式

双元制即学校和企业合作办职业院校,师资共享,学生共培,利用教育资源优势和产业技

---

① 孙卫平.匠师协同 "双能" 支撑 孵扶联动——重庆电子工程职业学院 "能工巧匠" 培养模式的创新与实践[J].中国教育报,2022,5(27).

术优势培养兼具理论知识、专业技能和实际问题解决能力的技术技能人才教育制度[①]。"德国制造"享誉世界,作为现代工业的标杆,与其双元制的技术技能人才培养模式不无关系。学界早已指出,德国经济强势的根本原因,在于其建立了统一和卓越的职业教育体系。[②]

德国双元制对专业群创新人才培养模式的启示有三:第一,专业群的组群逻辑和结构应以产业发展为导向,在基于市场调研和可行性分析的基础上前瞻性地确定专业群结构,提前为企业培养人才,以免不匹配产业发展生命周期;第二,专业群的发展要坚持产教融合,从利益性嵌入向文化性嵌入演进,校企共同制定专业群人才培养方案,重构专业群课程体系,设立课程标准与考核方案、建设产教融合实训基地,提升专业群人才培养适应性;其三,专业群的教学要推行实现导向的教学模式。将职业域上的真实工作流程分解为课程体系和教学内容,培养学生解决实际问题的能力,养成良好的职业能力。

(二)北美能力本位教育(CBE)模式

能力本位教育(Competency-Based Education,CBE)模式主要盛行在美国和加拿大等北美地区,已经有过半个世纪的发展,采用该教育模式不仅能够培养学生的关键能力,还可以降低教育成本,提高办学效益。CBE 的核心理念是基于学生的能力和技能来评估和认证其学习成果,而不是通过传统的学时和学分。首先,CBE 模式以学生的学习为中心,注重学生个性化学习和个性化发展。在 CBE 模式下,学生不再被学时和学分所束缚,而是按照自己的学习进度和学习能力进行学习和评估。其次,CBE 模式注重学生的能力和技能的培养,将学生的能力和技能作为学习成果的核心评估指标,即强调"做中学"。通过设立能力标准、任务设计和成果评估,CBE 模式能够更好地反映学生的实际学习水平和能力。再次,CBE 模式注重按照行业标准来进行实践教学和项目学习,更加注重学生实践操作能力的培养和实际问题解决能力的提升。最后,CBE 模式重视反馈和改进,通过及时反馈和调整,帮助学生在学习过程中不断完善自己的能力和技能。

对专业群创新人才培养模式而言,首先,CBE 注重培养学生解决实际问题的能力,这与当下专业群创新人才培养模式的目标高度契合。高职专业群的培养目标是培养既有职业素养和实践技能,又能适应不断变化的市场需求和科技发展的创新型复合型技术技能人才,而 CBE 强调学生的实践能力和解决问题的能力,可以帮助学生更好地达到这个目标。其次,CBE 强调在产业链上"技术核"中真实能力的实践,通过基于问题和"做中学"的方法让学生在解决实际问题中学习知识,这与专业群创新人才培养模式的实践教学理念相契合。高职教育注重学以致用,强调实践教学,让学生在实际操作中掌握技能和知识。再次,CBE 强调学生的自主学习和反思能力,这与专业群创新人才培养模式的学生主体性和能动性要求相符。创新性复合型技术技能人才要求提升学生的自主学习和创新能力,让学生成为能够自我学习和自我成长的人才。而 CBE 注重学生的自主学习和反思能力,可以帮助学生更好地成为主动学习和自我成长的人才。最后,CBE 强调学生的能力评估和反馈,这与专业群强调能力评价和反馈机制相呼应。高职教育注重学生的能力评价和反馈,让学生能够及时发现自己的不足,及时改进和

① 徐锦佳,左强,陈平等.德国双元制职业教育的历史、现状、未来[J].现代职业教育,2018,(21):20-21.
② 袁靖宇.中德职业教育模式比较与借鉴[J].江苏高教,2015(06):144-147.

提高。而 CBE 注重学生的能力评估和反馈，可以帮助学生更好地发现自己的不足和提高空间，进而不断提高自己的能力水平。

（三）澳大利亚 TAFE 模式培养学生关键能力

TAFE（Technical and Further Education）是澳大利亚的技术和继续教育体系，旨在为学生提供实用技能和职业培训，以适应快速变化的劳动力市场需求。一，TAFE 模式注重实践能力的培养。除了日常课程学习外，还要通过实验室、工作室和实地考察等活动，使学生掌握实际工作中所需的技能和知识，培养学生的实践能力和解决问题的能力。二，TAFE 模式强调创新能力的培养。这种教育模式注重学生的主动学习和思考，鼓励学生在实践中寻找新的解决方案。学生通过参与创业竞赛或科学研究项目等活动培养学生的创新能力和创业精神，提高他们的创新意识和创造力。三，TAFE 模式注重团队合作和领导能力的培养，强调实际工作中的团队合作和领导能力，鼓励学生与同学、老师和行业专业人士合作共同解决问题。例如，学生可以参加小组项目、研讨会和企业实习等活动，这些活动都有助于培养学生的团队合作和领导能力，提高他们的沟通技巧和协调能力。

TAFE 模式注重理论与实践相结合的教育模式。目前，我国高职专业群在人才培养中虽然弥补了实践教学不足的既往缺陷，但容易转向理论教学和强调职业素养的问题。TAFE 模式通过将理论知识与实践技能结合起来，为学生提供更加完整和全面的教育体验。因此，中国高职专业群可以借鉴 TAFE 模式，注重理论与实践相结合的教育模式，使学生获得更为全面的知识和技能。TAFE 模式强调职业教育和培训的特点。目前，我国现行人才培养模式对既往传统教育理念有较高的理念依赖，与企业紧密合作的实践机会只能覆盖少部分学生群体。同时，TAFE 模式主要针对咖啡师、糕点师等技工类人才的培养，更强调技术的职业性。TAFE 模式注重学生个性化发展。虽然专业群采用了"大专业进，小专业出"的人才培养模式，但仍比较注重学生能力的标准性和统一性，学生的个性化需求往往得不到充分的关注和培养。

二、专业群人才培养的现实困境

"双高计划"下，职业教育的类型定位也已明确，产教融合的深度较之既往进一步提升。但是，专业群的人才培养仍以教育链为中心，和职业域、产业链的有效联结还须进一步加强，导致育人成效不够理想。

（一）培养过程重视岗位能力，学生可持续发展能力有待加强

随着专业群建设的深入，各院校在人才培养过程中重视"岗课赛证"融通，高度重视技能大赛和创新创业竞赛。竞赛作为评价专业群育人成效，提升职业教育社会认同度的制度设计，得到了政府、行业企业和职业院校的高度重视和积极投入。诚然，"以赛促学""以赛促教"能够进一步促进专业群建设的产教融合，改变职业教育处于教育现代化改革弱势的地位。尤其是在"双高计划"下，由于技能竞赛作为专业群的一项重要考核指标，许多专业群都投入了大量人力物力扶持参赛项目，停课集训更是常规操作。这种重视岗位能力培养，将有限的优质资源合理

分配,能够保证"效率优先",取得一种典型的选拔性制度成效。但是,从长期来看,这种资源分配的"效率优先"工具理性极有可能引发马太效应。一方面,在学生中造就"强者恒强"的局面,在一定程度上失去了教学的公平性,且学生长期处于集训的状态容易产生技能倦怠,对其他非竞赛的知识学习有所迟滞,这在一定程度上违背了专业群"宽基础"的初衷。另一方面,"双高"专业群在师资、生源、备赛条件和经费等方面优于同类专业群,会导致专业群之间资源分配差距扩大化,出现赛区赛项垄断、设备服务费用高昂和评价不透明等弊端。

(二)教学过程趋向工具理性,学生解决复杂问题能力有待提升

在专业群建设中,人才培养方案和课程体系设置都提高了实践教学的比例,尤其强调"理实一体化"的教学内容。但是,在具体的实践内容和形式中仍然停留于单一技术操作,流程比较简单或固定。本身具有衔接性的课程在实际教学环节并没有得到很好接续,导致学生难以形成对产业链上的职业域的整体流程或整体技术的完整认知。在人才培养的实践中,学生往往只停留在职业域中的某个节点或技术核上的某一维度,这样既不利于学生掌握复合型创新型技术技能人才所需的复杂思维,也消散了人的主体性,导致技术与知识间的关联"断裂",与思维和经验"分离"。

此外,产业需求并不等于"就业导向"。目前,专业群育人的评价体系主要依靠就业率和企业反馈等短期指标,但能工巧匠和大国工匠的成长周期较长。因此,在评价专业群的育人成效与育人目标匹配度时,除了短期考核外也须用长期的调研访谈追踪来弥补。

(三)通专课程设置割裂,学生职业能力有待强化

专业群是职业教育"职业性"的主要表征,其人才培养过程中自然也要高度重视学生职业能力。但是,在专业群的课程体系设置中对职业能力缺乏深度分析与描述,人才培养方案中所描述的更侧重职业技能,对职业道德、创新精神和团队合作能力等隐性能力的培养有所不足。职业能力可以从产业链-职业域-技术核中析出,但将职业能力转换为课程内容还存在模糊性。换言之,不同职业能力应如何反映在不同课程内容及其关联性中[1],仍存有许多疑惑。目前,专业群在实现职业能力上的通行分配逻辑为专业基础能力通过平台课程获得,专业核心技能通过专业模块课程获得,但情感、态度和价值等能力却很难有相对固定的课程和课程资源来让学生习得。

加之受生源质量的限制,高职专业群的学生综合素养与普通高等教育学生的综合素养尚有一定差距,尤其是在自我管理、劳动能力和沟通能力等底层素养方面仍较为欠缺。专业群在培养学生的过程中要将学生转换为"准职场人",需要花费巨大精力来提升学生的底层基础,甚至需要通过晨跑、晚自习等手段来"涵化"学生职业能力。在课程设置上,学生职业能力还不能直接使其直面毕业后的职业情境,即使是有相应的课程设置,在实然情境中也容易流于形式。

---

① 匡瑛.究竟什么是职业能力——基于比较分析的角度[J].江苏高教,2010,(1):65-65.

三、专业群创新人才培养的路径策略

（一）专业群人才培养供给侧应与产业人才需求侧紧密连接

专业是为产业服务的，产业所需的人才直接决定了专业的培养规格与方式。在构建专业群人才培养模式时要考虑以下五个要素：一是产业的发展趋势与动态，即产业有什么新技术、新业态、新规范、新流程、新工艺。产业的这"五新"发展，会决定行业、企业组织产生什么样的生产、组织及用工方式的变化。二是产业的发展所导致的人才岗位的变化，在"五新"演变下，行业企业对人才需求的数量、规格与要求会产生什么新的变化。三是生源的变化，现在高职院校的生源主要是应往届高考生、中职对口升学生以及三类人员（退役军人、下岗失业人员、农民工和新型职业农民），这些人的社会经历、个性特点、知识文化素质差异较大，这都是在人才培养过程中需要考虑的问题。四是学校教学资源的现状，在构建专业群人才培养模式时，要统筹考虑现有教学资源，包括师资的数量与水平、实训教学条件、课程开设情况、教材的编写与供给情况等。五是统筹考虑群内各专业人才培养模式的共性特色，专业群一般由3～5个专业组成，在建设过程中，每个专业可能都有自己的人才培养模式，在提炼专业群的人才培养模式时，要把这几个专业的共性特征提炼出来。因此构建专业群人才培养模式时，必须考虑在现有条件下，针对生源现状，为满足行业企业的用人需求，在科学的教育思想和理念指导下，遵循职业教育和学生的成长规律，将各要素及教学活动进程有机整合起来，通过工学结合、订单式培养和现代学徒制等形式，紧密对接产业人才需求。

（二）创新人才人才培养应与"三教"改革紧密结合

人才培养模式的改革带来模块化课程体系的重构、师资团队的重组、教材的重编、教法的重新选取，其主要表现在以下三个方面：一是教学资源的聚集与共享，通过课程群的"基础共享、中层分立、高层扩展"，凸显专业群的适应性，发挥专业群在扩展新专业（方向）方面的集群优势，整体构建"公共基础平台＋专业群基础平台＋专业方向模块＋专业拓展模块＋公共拓展模块"的专业群课程体系。二是师资团队的重组与优化，以打造结构化教学创新团队为主，以"模组"为核心构建基层教学单位。所谓结构化，具体为要素结构化，即教师的来源、学历、职称、专长等均须考虑在内，进行优化；功能组合化，即改变传统以专业为单位建立教研室的模式，根据专业群课程结构，按课程组、项目组、工作室等功能来进行人员组合，建立相关教学组织，实现专业群各类课程的协同；任务项目化，即组建结构化的教学团队，完成模块式教学、完成科研任务、完成社会服务，以形成团队合力。三是校企合作平台的构建，通过校内外实训基地、虚拟仿真实训基地的建设，解决真实型或仿真型实训条件建设的问题；通过建立院士工作站、技能大师工作室，加强师资团队的共建共享；通过校政企产学研中心、协同创新中心、培训中心、考评中心的建设，促使专业群资源与政府、企业资源的共建共享，并将行业企业的案例引进教材。

（三）创新人才培养应以实践逻辑重组形式进行

专业群建设使零散的教学资源和培养逻辑重组，为人才培养过程中提供了多元的学习情境和学习形式。因此,在人才培养过程中应遵循技能实践的逻辑将松散的资源以高效形态聚合。专业群可以通过"过程一体化"的形式,依据专业群所对应的产业链设置人才培养方案,整合实习实训设备和布局创新协同中心,而非以"结构-功能"的逻辑。同时,以专业群为单元进行人才培养意味着学生入学时按"大专业进",毕业时按"小专业出",学生可以根据自身个性特征和职业生涯规划选择专业课程模块,以提升对复杂工作情境的适应力和就业创业创新能力,体现复杂系统的自适应特征。开发"1+X"证书的培训标准与教学资源,将职业能力标准与职业技能等级认证有机融入"平台+模块"的课程体系。以"1+X"证书制度为抓手,对模块课程内容实现重新筛选和有机组合,使多维模块课程与职业技能认证互动融通,构建以职业可持续发展为取向的能力结构,提升学生职业技能和职业素养。同时,促进职业技能等级证书培训与育人有机结合,面向社会人员开展培训和认证,扩大认证影响力,探索实施职业教育"学分银行",有序开展学历证书与职业技能等级证书学习成果的认定、积累和转换,实现双证融通。

第三节　重构课程体系

课程是实现育人目标的重要载体,课程体系是高职专业群在遵循人的发展规律和高职教育发展规律的基础上,以课程体系的模块化和平台化体现专业群这一复杂系统的聚合性和模组化特征,是将"立德树人""德技互融"落到实处,弘扬工匠精神,夯实理想信念教育根基,培养学生的完全人格的重要载体。重构课程体系不仅是"双高计划"的重点,也是未来职业本科类型化的典型表征之一。

一、课程体系服务高水平专业群建设的价值意义

(一)重构课程体系有利于专业群更好对接产业链

虽然高职院校一直以专业为抓手开发课程体系,但长期对传统学科中心观的理念依赖一直存在,加之受制于办学历史和产业发展周期,高职课程改革步伐一度相对滞后。因此,在"双高计划"期间,校企合作开发"平台+模组"的课程体系,将产业链的新技术、新工艺、新流程和新规范等融入教学,彰显专业群建设的"职业性"。以学科为中心的课程体系有助于学生形成"科学世界"的知识观,但"学科性"在一定程度上窄化了师生对"技术-个体"的理解。"学科观"作为职业教育课程体系建设的一种范式,在较长时间内得到了职业教育界的认同和实践,并促进职业教育课程体系建设迈入规范化、科学化的阶段。但随着社会结构变迁和产业发展,"学科观"的范式需要转换到"职业观"的范式,是职业教育革命性的变化。"职业观"的课程体系范式意味着"以生命为原点设计课程,形成生命形态的课程,即生活的课程、完整的课程、经验的课程、过程的课程和个性化的过程"[①]。换言之,专业群的课程体系建设要超越学科知识分割的桎梏,基于职业能力发展规律设置课程目标和课程教学内容,重视职业域中完成工作任务所需的整合性知识。

---

① 冯建军.从知识课程到生命课程:生命教育视野下课程观的转换[J].课程·教材·教法,2013,33(09):89-92.

（二）重构课程体系有利于理顺专业群建设的主体秩序

专业群建设要指向高水平目标，须通过重构课程体系厘清建设的主体秩序，发挥专业群的群聚效应。高水平专业群的改革不能仅仅停留在办学理念层面，唯有以"群"为口径，重构课程体系，才有可能充分发挥专业群的聚集与扩散效应。课程体系是一种有目的、有计划的人才培养过程，此即为"秩序"，它所涉及的主体有课程实施者、接受者、专家和行政管理人员等，而这些主体也恰是专业群建设中的秩序主体。具体来说，专业群建设的主体秩序首先受到政府规制，其是课程体系改革是否体现了"高水平"目标的规则计划制定者、解释者和执行效果评价者。换言之，专业群课程体系重构的目标、路径和资源是由政府主导规划的。另外，重构课程体系是因为不同秩序主体所拥有的知识经验是有限的[①]，只有通过企业和院校等多主体的协作互动才能达到教育资源的优势互补和文化层面的协作共鸣，比如企业为专业群提供实践教学的设备和空间，打造职业"课堂"。再者，课程体系的持久发展需要高职院校依据自身情况和教育规律将外在秩序与内在秩序进行协调。政府提供的制度环境和企业提供的行业资源还须根据职业教育自身情况来进行调配。课程体系的重构不是为了单纯追求产教融合或校企合作，而是通过这些手段和形式使职业教育的课程体系依据真实工作过程进行适度超前的结构变革[②]，进而有步骤、有节奏和有计划地推进高水平专业群建设。

二、国内外构建课程体系的历史经验

（一）国外职业教育课程体系开发经验

美国 KAS 培训法强调基于专业核心能力构建学校实习实训课程体系，要求课程体系开发根据产业链和职业域所需的工作能力构建专业群理论课程体系，根据职业域的核心职业技能设置职业等级证书相关的模块课程体系[③]。德国采用"项目教学法"来设计其职业教育的课程体系，在课程体系编制上由工会、政府部门、行业协会和职业院校等产教多方按"协商一致"的原则共同完成[④]，紧密围绕职业需求设置课程，打破传统的科系或专业边界，充分反映能力本位和职业导向。同时，在学年设置中遵循从宽到窄、从基础到提升的逐步深入原则，将宽泛抽象的职业技能渐进式培养为学习者的职业关键能力，并高度重视学生解决生产一线实际问题的能力[⑤]。日本职业教育课程体系的开发则强调学分互换。由于日本高等教育学制与我国有较大差异，他们的职业教育既有 2 年或 3 年的学制，也有 5 年的学制，类似我国中职和高职的概念，但又不能完全等同。为了使不同学制的知识结构得以贯通并获得社会认可，日本的职业教育课程体系实施学分互认制度，形成了所谓的职业本科和专业硕士课程体系，且与普通高等教育的课程体系互通互认。

①　[英]哈耶克.自由秩序原理(上册)[M].邓正来，译.北京：生活·读书·新知三联书店，1997.
②　许丽丽，朱德全.高职高水平专业群课程秩序的主体之维[J].大学教育科学，2022，No.192(02)：120-127.
③　左武荣.借鉴 KAS 培训法构建高职国贸专业群课程体系[J].中国成人教育，2015(03)：129-131.
④　Korpi T，Mertens A. Training Systems and Labor Mobility：A Comparison between Germany and Sweden[J]. Scandinavian Journal of Economics，2010，105(4)：597-617.
⑤　编写组.德国职业教育双元制中国本土化创新研究[M].北京：人民出版社，2017.

（二）国内课程体系开发经验

国内职业教育课程体系开发主要基于岗位群职业能力课程开发理念和学习领域课程开发理念两种范式[①]。岗位群职业能力导向的课程体系开发主要认为专业（群）要根据其对应的职业域所需的技术核进行全面分析，再依据教育规律和学生认知成长规律设置相应的课程[②]。在低年级阶段进行宽口径的课程设置以增强学生的综合能力，在高年级阶段的专业核心课程中则注重学生的核心素养和关键能力[③]。通过课程逐层递进使学生从初学者成为高级初学者（advanced beginner），再通过实践学习成为有能力者[④]，完成学生→新手→熟手→能手的成长过程。

学习领域课程开发理念则强调课程内容的技术性，是一种基于对典型工作任务的分析而建立的交叉融合、系统开放的共享课程体系[⑤]。具体来说，这种理念强调分析专业群面向的产业链中对应的生产—管理—经营—服务过程，基于这些工作过程设置课程内容，并把典型工作项目或工作任务作为组织课程教学的内容和实施步骤，形成以具体工作任务为中心、具体工作项目为载体的专业群课程开发体系[⑥]。

在国内外课程体系开发经验的指导下，各个高职专业群根据实然情况，形成了基于"平台＋模式"的"公共基础课＋专业核心课程＋专业选修课""通识课＋公共技术课＋专业技术课＋专业方向课"等课程体系开发模式。

三、重构专业群课程体系的路径策略

（一）德技互融，构建"平台＋模块"的课程体系

"平台＋模块"的课程体系是"大专业进，小专业出"人才培养模式在课程体系中的应用。在遵循人的发展规律和高职教育发展规律基础上，以课程体系的模块化和平台化体现复杂系统的聚合性、模组化特征，将立德树人、德技互融落入实处，弘扬工匠精神，夯实理想信念教育根基，培养学生的完全人格。在研究能力本位和工作过程系统化课程开发方法基础上，采用能力分析和典型工作任务分析的方法系统优化课程结构。按照"成果导向、通专融合、个性培养"的逻辑思路重构专业群模块化课程体系，以职业素养和职业能力为牵引，顺应市场需求，重点加强职业素养和理想信念的教育。将职业元素和课程思政融入专业群课程体系，把产业发展对职业岗位群的关键技术要求融入专业群教学资源中，创建"德技互融"的"2平台＋3模块"专

① 宋亚峰. 高职专业群生态系统的协同进化研究[D]. 天津：天津大学，2021.

② Rychen D S, Salganik L H. Defining and selecting key competencies. [J]. Hogrefe and Huber，2001，43(8)：118-126.

③ Zehrer A，Mössenlechner C. Key competencies of tourism graduates：the employers' point of view. [J]. Journal of Teaching in Travel and Tourism，2009，9(3-4)：266-287.

④ Rauner F，Bremer R. Bildung im Medium beruflicher Arbeitsprozesse. Die berufsp[J]. Ztschrift für Pdagogik，2004，50(2)：207-243.

⑤ Goldenberg E N. Teaching Key Competencies in Liberal Arts Education[J]. New Directions for Teaching and Learning，2010，2001(85)：15 – 23.

⑥ 王占九. 英语专业群"1＋X"教学模式下项目课程建设的研究与实践[J]. 教育与职业，2010(30)：123-124.

业群模块化课程体系（2 平台包括"全人"素质平台和专业群基础平台，3 模块包括专业方向模块、专业拓展模块、通识拓展模块）①。通过"平台＋模块"的课程体系将学生的专业技能、职业素养和道德修养有机融合，实现了德、智、体、美、劳"五育并举"的高素质复合型技术技能人才培养。

一般来讲，专业群的平台课程要对学生的职业基础能力有稳定的支撑作用，通常由 5 门以上课程构成，有根据国家政策和学校要求设置公共基础平台，可根据技术基础相通原则设置专业群基础平台。模块课程即培养学生某一职业岗位（群）能力或某一专门素质的一组相关课程集合，一个课程模块一般由 2～4 门课程组成。例如，可根据某个职业岗位（群）的能力要求，设计专业技术课程模块，由 2～4 门理实一体化课程和综合实训课程组成，一般设置 8～12 学分，具体如图 2-2 所示。

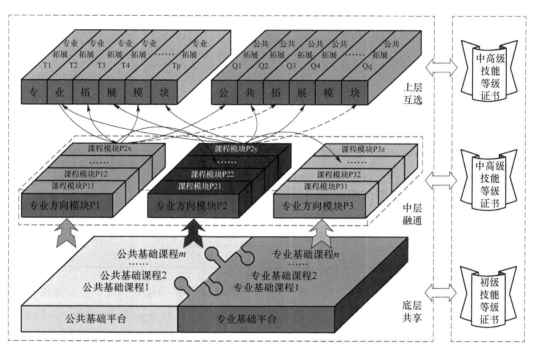

图 2-2 "2 平台＋3 模块"专业群课程体系

（二）构建"成果导向、通专融合"的课程体系

按"成果导向、通专融合"思路重构专业群模块化课程体系。通识教育与专业教育融合既是产业集群式发展对专业群建设提出的要求，也是专业群主动提升人才培养适应性所做出的回应。在研究能力本位和工作过程系统化课程开发方法基础上，借鉴能力分析和典型工作任务分析方法，以职业素质和职业技能为牵引，深度与行业、企业相结合，创新实践教学模式，形成由基础层、综合层、研究与创新层组成的多层次、立体化、开放式的对标职业能力的"通专融

① 丁锦箫，陈雅琨.基于复杂系统视角的高职专业群人才培养改革背景、逻辑与实践[J].重庆电力高等专科学校学报，2021，26（05）；48-51.

合"课程体系。

借鉴悉尼协议成果导向课程开发思想,以学生的学习成果为导向,开展深入广泛的行业企业调研,明确企业对岗位(群)最为关注的能力要求,开展毕业生调研、在校生调研,明确学生可持续发展的能力需求,根据人才培养目标,梳理出学生应具备的通识能力和专业能力,这些能力的体现作为人才培养的成果。为确保职业能力的可量化、可考核,通识能力细分为 8 个职业能力,专业能力分为 3 个职业能力,从而构成 11 个具体的职业能力模块,构建出模块化的能力框架体系,如表 2-7 所列。为确保各项职业能力的实现,重构课程体系时,所有课程都要对职业能力的培养起支撑作用,通识能力需要通识类课程和专业类课程同时支撑,以体现"通专融合"的课程设计思想,落实立德树人根本任务,确保人才培养具备较强的可持续发展能力。

表 2-7 职业能力框架

能力领域	职业能力	能力编号	权重/%
专业能力	专业基础能力	Z1	15
	专业技术能力	Z2	40
	专业拓展能力	Z3	10
通识能力(素质)	思想政治	T1	5
	体育国防	T2	5
	文化素养	T3	10
	科学素养	T4	3
	创新创业	T5	5
	职业素养	T6	3
	艺术素养	T7	2
	沟通合作	T8	2

在具体课程体系设置上,首先,进一步优化专业群的课程体系结构,提升通识类课程比例,并推动其与专业课质量监管的齐头并进。其次,打破通识教育和专业教育的壁垒。目前专业群课程体系中的通识类课程主要还是面向大一年级学生开设,应将这种按年级划分的形式转为纵向和横向的并行贯通,完善三年期间通识教育学程设计。最后,通识课程要与专业课程相呼应结合,打造具有"同心性"的课程[①]。依据专业群对职业能力的综合分析确定专业群内通识课程的教学内容,使通识教育既能有效融入专业,又保证了其跨学科、人文素养的公共性。

(三)建立动态调整的课程体系制度

为了保障课程体系动态调整的科学性、必要性、规范性和可行性,"平台+模块"课程体系需要进行新增模块课程、淘汰模块课程、更新模块课程调整时,模块或课程负责人须提出书面申请,经过教研室、二级学院、专业群建设指导委员会三级审核批准后才能实施。

一级审核即由该模块课程所归属的教研室负责审核,通过组织召开教研活动,模块负责人进行汇报后,由教研室骨干教师集中审核,审核内容包括行业调研报告、课程教材或讲义、实训

---

① 倪淑萍.高职院校通识教育与专业教育融合发展探索[J].教育学术月刊,2021,346(05):107-111.

条件、师资配备是否符合要求等,审核通过后由教研室主任签字确认。二级审核即由该模块课程所属的二级学院负责审核,通过学院党政联席会集中审核,审核内容包括模块课程目标定位是否符合学院的发展方向、模块课程开设的可行性等,审核通过后由学院负责人签字确认。三级审核即由专业群建设指导委员会负责审核,通过组织召开专业群建设指导委员会会议集中审议,参会委员须达到三分之二以上,审核内容包括行业调研报告的准确性、模块课程开设的必要性、模块课程内容的科学性等,审核通过后由主任委员签字确认。

第四节 开发课程资源

课程资源是课程体系在实施过程中的表现,也是学生和产业直接接触到的教育符号内容,是高水平专业群教学和教研综合水平的体现,直接影响高职院校的办学方向和办学质量。

一、国内外课程资源开发的历史经验

(一)国外开发课程资源的历史经验

20 世纪 60 年代后,加拿大经济得到了整体发展,各行各业的应用型人才、技能型人才需求持续增长,以社区学院为基础的加拿大高等职业教育也由此取得了长远而迅速的发展,大幅提升了劳动者的素质,有力地促进了国家经济的快速发展。同时,加拿大高等职业教育在不断发展的过程中也形成了鲜明的发展特色,先进的培养模式,合理的课程结构。其职业教育的主要宗旨是进行学生职业能力培养,从而促进了能力本位教育理论的形成。

基于职业能力的 CBE 能力本位教学模式,按照各项职业技能的难易程度有序安排教育和实习计划。CBE 强调以培养职业技能为教学基础来设计课程及相关教学环节;强调以学生为中心,着重培养学生的自我学习能力和自我评价能力;强调教学的灵活多样性和管理的严格科学性,真正体现重视能力和实际技能培养。在职业教育课程的开发方面,加拿大具有鲜明的开发特色,以 CBE 教学模式为基础进行 DACUM(developing a curriculum)课程开发,采用(1)成立 DACUM 委员会,分析市场需求;(2)编制 DACUM 图表;(3)开发教学单元;(4)设计"学习包";(5)课程的实施;(6)课程效果评估六个步骤进行课程开发。将学校教学、企业需求进行紧密结合,实现教学体系一体化,是 CBE 能力本位教学模式的关键。

美国高等教育及其资源建设模式主要有两种,一种是传统的课程教育,另外一种就是大规模开放在线课程。传统的课程教育包括传统线上教育和线下教育。传统线上教育是指高校通过 Blackboard 平台进行教学的一种教育形式。Blackboard 是一个由美国 Blackboard 公司开发的数字化教学平台,老师和学生可以在多媒体、网络组成的平台内进行各种课程方面的交流。Blackboard 在线教学管理系统,以课程为中心集成网络"教与学"的环境。教师可以在平台上开设网络课程,学习者可以自主选择要学习的课程并自主进行课程内容学习。不同学习者之间以及教师和学习者之间可以根据教与学的需要进行讨论、交流。Blackboard 平台为教师、学生提供了强大的施教和学习的网上虚拟环境,成为师生沟通的桥梁。学校每年用于 Blackboard 平台课程建设的投入至少为 3～5 万美元不等。这种教育主要面向校内学生,不对校外学习者开放。除了改革创新的因素外,学校经费紧张、教师缺乏,也是开展在线教育的原因之一。

近几年,美国的顶尖大学陆续建设网络学习平台,在网上面向全球学习者提供免费课程,最具代表性的是 Cousera , edX , Udacity 三大课程提供商,它们通过和国际顶尖高校合作,由高校提供高质量的视频课程对外发布,学生则可以在平台上学习知识。在 MOOC 风潮的带动下,国内高校也纷纷加入 MOOC 平台,截至目前,清华大学和北京大学加入了 edX 在线教育平台 ,复旦大学和上海交大加入了 Coursera 在线教育平台。

Cousera 在线教育平台由斯坦福大学两个教授于 2012 年联合创办。其旨在同世界顶尖的大学合作创建在线免费课程,向大众提供优质课程。它与以往传统的在线课程的区别在于它的互动环节,在众多 10 分钟左右的短视频课程中,学生被要求完成期间的习题与小测试,若在学习中遇到困难,学生可以通过线上与他人的互动来解决。Cousera 在创立一年内,就收获了来自全球 210 多个国家和地区超过 1500 万人的注册,在读的学生已经达到数百万人。

edX 在线教育平台同样于 2012 年由美国麻省理工学院和哈佛大学联手创办。该平台是非营利性在线教育平台,一方面向全球免费提供知名高校的优质课程,另一方面通过课堂在线混合模式重构校园教育,特别重视通过记录学习行为和学习过程的大数据进行教学法的探索和研究。该平台功能强大,通过先进的计算机和网络技术,按照学生学习的规律设计课程教学的内容与进程。该平台上的一门 MT 电路与电子课程有超过 160 个国家的 15 万名学生报名参与。

Udacity 在线教育平台由斯坦福大学的几个教授于 2012 年创建。该平台是营利组织,当学生在一门课程中的积分达到 1 级时就可以获得证书。一些课程还提供大学学分,这些学分在美国的许多大学是被承认和可转换的。

在大规模开放在线课程教育中,课程教学资源建设尤为重要。在项目申报、论证、设计、开发,资源使用、维护、运营和推广等方面,都需要进行统筹规划、科学管理和持续、充足的资金投入。以 edX 平台为例,edX 除提供平台服务外,如果参与课程设计制作,大学需要缴纳新课程 25 万美元,重复课程 5 万美元的费用。因此,建设数量齐备、质量优良,运营顺畅的课程教学资源,需要充足的资金保障。

(二)国内开发课程资源的历史经验

改革开放 40 年来,职业教育课程开发研究进程大致可分为两个历史阶段。

第一个阶段是 1978 年至 1999 年左右,以国外理论的译介和基本问题的思辨为主要特征。1981 年,《课程·教材·教法》创刊,以此为代表,研究者们开始了对国外尤其是美国课程设计、编制或开发研究理论成果的译介,并在这些译介成果的基础上,结合我国历史经验与现实国情进行了一系列深入的理论思考。这个阶段的课程开发研究可以分为两大方面:一是对国外课程开发理论的译介性研究,二是对课程开发一般问题的思辨性研究。对国外课程开发理论的译介、评述,我们对国外主要的课程开发理论有了一个较为充分的了解和认识,也为当时的课程改革实践提供了可供参考的指导理论。而对课程开发的一般问题的广泛思考,既为课程论学科积累了知识财富,又为课程实践贡献了理论智慧。

第二阶段是 1999 年至今,主要围绕校本课程开发展开。对校本课程开发的理论探讨始于 20 世纪 90 年代初期,并随着第八次基础教育课程改革成为学术热点。最初的校本课程的开发研究并不是专题性的,而是在评述港台校本课程开发实践探索时引出来的。对校本课程开发的理论研究主要涉及以下问题:校本课程开发该如何理解的问题,校本课程开发的理念与价值取向问题,校本课程开发的影响因素、条件与支持系统问题等。这些研究有力地推动了我国校本课程的开发实践。校本课程或者校本课程开发在定义上并未统一,但是经历了这么多年的探讨,其"为了学校,基于学校,在学校中进行"的核心内涵还是比较普遍认同的。

改革开放40多年,课程开发研究取得的主要成就:一是将国外具有代表性的课程开发理论系统地引介进来,让国内课程学界对国外主要的课程开发理论有了一个较为充分的了解和认识,补上了我国此前30年,因与西方课程学界近乎隔绝,而落下的课,使我们在课程开发研究方面重又与世界同步;二是对课程开发基本问题的广泛探讨,既为当时的课程改革实践提供了必要的思想引领和理论支撑,又为课程学的发展积累了重要的知识财富;三是促成了国外校本课程开发相关理念和理论与国内学校层面自发的课程改革探索的结合,极大地推动了我国校本课程开发探索实践的发展;四是确立了教师参与课程开发的合法性,提倡为教师赋权增能,促进了教师们的专业发展。

目前我国建成了世界规模较大的职业教育体系。全国职业学校共开设1 300余个专业和12余万个专业点,基本覆盖了国民经济各领域,可有力支撑我国成为全世界唯一拥有全部工业门类的国家。目前建立起涵盖中等职业教育(358个专业)、高等职业教育专科(744个专业)和本科(247个专业)的职业教育专业目录体系。目前还发布了中高职专业简介,包括19个大类、99个专业类、761个专业的普通高等学校高职专科专业简介;18个专业类,321个专业的中等职业学校专业简介。

此外,资源库是职业院校专业建设、课程改革及教材开发等方面重要成果的体现形式,主要表现为课件、电子教案、教学案例、视频、动画、试题、学习软件等方面的课程资源,能够起到优化课堂教学模式、提高教学效率、激发学生学习兴趣、提升教学质量等作用。

2003年教育部启动了高等职业教育国家精品课建设项目,2006年提出职业教育专业教学资源库建设,至今课程资源建设经历了"共建共享"阶段(2006—2013年)、"辅教辅学"阶段(2014—2015年)、"能学辅教"阶段(2016至今),名称和范围从精品课程、精品资源课程、在线资源课程、专业资源库等不断变化延伸,现课程资源已成为推进职业教育现代化发展的重要手段。截至2022年6月,已经建成国家级职业教育专业教学资源库660个,覆盖19个专业大类,有1 321所院校、31万家企业参与建设;建成了各类多媒体资源400多万条,127 TB的资源存储量,注册教师用户87万人、学生用户1 981万人,累计访问统计5.46亿人次。2022年3月,国家职业教育智慧教育平台正式上线,标志着我国课程资源建设进入了新阶段,共享理念更深入人心,访问用户覆盖五大洲146个国家。截至目前,国家职业教育智慧教育平台专业教学资源库累计上线1 189个,在线精品课累计上线6 628门,视频公开课累计上线2 222门,为全民学习提供充足数字资源。

二、专业群课程资源开发的现实困境

(一)管理体系存在路径依赖

课程资源的开发涉及教学管理体系的设计。虽然通过专业群建设将课程体系和教学组织的管理转向了扁平化的模式,但教学管理中仍存在对"经验"和"控制"的路径依赖,对"以人为本"的课程资源开发理念落地还不够深入[①]。在课程资源开发中,教师要严格遵守学校和教学平台的规则制度。这些资源为专业群课程资源开发提供了可供遵守的范程,但部分规则制度却不利于课程资源的动态更新和高效使用,反而加深了数字壁垒。另外,现行管理体制导致部分一线专任教师不愿意主持或参与课程资源建设,一方面出于保护知识产权的顾虑,另一方面是绩效和职称等考评体系支撑不足,没有将课程资源设计制作纳入工作量考核,或没有列入职称评定和晋职晋级的考评范畴。

(二)师生认知存在消极适应

第一,师生对课程资源的面向群体认知窄化。在职教改革的背景下,专业群课程资源的服务对象不仅只有专业群内学生,还有校内外非专业学生,即行业企业从业者和社会大众。但是,大部分教学资源的教学设计、传播载体和应用推广仍以群内学生为主,不符合行业企业等群体的需求。

第二,部分师生对教学资源的应用仍受传统教学理念的束缚。以某校"UI界面设计"课程为例,该门课程提供视频、文档和PPT等多类型的线上教学资源,但在实际教学中仅有25%的教师自觉展开线上线下混合式教学,部分师生仅是对标混合式教学考评指标完成相应任务,导致课程资源没有得到很好的运用。学生运用教学资源所需的主动学习能力和自我管理能力也有所欠缺,部分学生仅是为了完成考核要求而被动"刷课",并没有真正运用教学资源进行知识能力的拓展提升。

第三,有部分教师对课程资源的开发能力不足,缺乏制作课程资源的表达能力,或者直接将课程资源制作外包给公司,导致课程资源不适应教学要求、与实际内容不符。在运用课程资源过程中,教师对运用课程资源激发学生学习积极性、提升学生知识构建效能等方面仍有困惑,导致学生难以形成自主使用课程资源进行学习的内驱力。

(三)课程资源供给结构失衡

近年来,随着"双线融合"教学的深入推进,我国在线课程平台新增慕课5 000多门[②],课程资源的数量极大丰盈,但课程资源的内容结构仍存在失衡问题。第一,课程资源制作形式结构失衡,部分课程资源仅是通过录屏、面对屏幕演讲等形式将线下的内容转换为线上课程资源,缺少合理的教学设计和表达载体。第二,课程资源间结构失衡,部分课程的资源内容非常丰富,多达几十个版本,但有的专业或课程却难以推出高质量合适的线上课程资源。第三,不少负责主持课程资源开发的教师行业经验不足,大部分仍是从学校到学校,自然在开发过程中倚重既往教学内容和学习期间的学科知识,导致课程资源内容理论性过强、与产业结合不紧密。第四,课程资源开发建设仍以校内人员为主,行业企业参与度不高。一方面,部分企业出于知识产权泄露的隐忧,不愿与专业群合作研发课程资源;另一方面,企业所能提供的是最新的技

① 洪早清.本科教育新时代下的教学管理变革省思[J].中国大学教学,2019(11):75-80.
② 吴岩.应对危机 化危为机 主动求变 做好在线教学国际平台及课程资源建设[J].中国大学教学,2020(04):4-16,60.

术知识,而这些技术知识并不能完全满足学生的学习需求,从行业资源到课程资源之间存在着结构转换差。

三、专业群课程资源开发的路径策略

(一)课程资源开发原则

课程资源开发需要遵守以下六方面原则。一是目标导向原则,课程资源开发的目的是支撑课程人才培养目标,因此课程资源开发前需要思考培养什么样的人、培养内容、培养手段、培养方法、评价考核等。目标导向原则是课程资源开发的首要原则。二是适应性原则,其是课程资源开发原则中最重要的一项原则。课程资源的开发不仅要考虑典型学生或普通学生的共性情况,还要考虑到一些特定学生的特殊情况。如果要为特定的教育对象确定恰当的目标,只考虑他们已经学过的知识还是不够的,还要考虑到他们现有的知识、技能和情感目标。另外,在课程资源的开发中,不仅要考虑学生的情况,还要考虑教师群体的一些情况,比如教师资源的多与少,教师专业素养的高与低等,这些都会在有形或无形中影响课程资源开发的有效性。只有充分考查,课程资源才能得到更加专业的开发与运用。三是经济性原则,经济基础决定上层建筑,同样的在课程资源的开发中,经济性原则也是要考虑到的一个重要原则。无论是什么样的资源,它的开发和利用都要涉及一个经济问题,如果一项资源花费巨大,学校可能是无力承受的。因此,在课程资源的开发中,根据实际情况,尤其是根据学校的经济情况而去开发课程资源不失为一种明智的选择。四是丰富性原则,课程资源包含的内容很多,形式上来说包括音视频、动画、文本、图片、网页链接等,内容上来讲包括课件、教材、设备、器材、基地等实物的资源,也可以是教学标准、教案、教学内容、教学案例、项目任务、教育理念、教学模式等理论方法或者电子资源。因此,资源开发应尽可能丰富地提供一切能够支撑学生学习需要的资源形式。五是前沿性原则,时代发展带来技术更替。课程资源开发时,需要尽可能利用最新技术手段,注重资源的科学性、前沿性,避免陈旧资源重复挪用。六是特色性原则,因教育层次、授课对象、课程特色的不同,课程资源开发应有自己的特色性,避免千篇一律毫无亮点。

(二)课程资源开发机制

课程资源开发机制,其实就是课程开发得以正常运行的基本原理与动力体系,它包括学校课程的设置程序和运行方式,特别是课程规划主体的认定以及课程的编制、实施、管理与监督之类的问题。

从世界范围看,有三种基本类型的课程开发机制,即中央集权机制、地方分权机制和学校自主机制。中央集权课程开发机制是指中央教育行政部门或其代理机构作为课程开发的主体,通过国家权力负责对课程进行统一的研究、编制和推广,学校的课程计划、课程标准甚至教学材料和考试要求都有统一的规范。中央集权课程开发机制的确立所依据的思想基础属于国家本位或社会本位的教育取向,强调统一的国家基础和整体利益,追求全国范围内的课程基本统一。学科课程因为采用的是系统的学科知识定向,便于在大范围内对课程加以规范,所以适于在中央集权机制下得到发展。它的好处是确保受教育者至少获得各种重要学科的基本深度和广度,从而保证起码的受教育机会公平;形成教材使用的经济规模,缓解了某些教育资源严重不足的矛盾;便于在教育系统层次上进行全国性的统一变革等。

地方分权课程开发机制从理论上讲也是集权型的课程开发机制,是中央集权机制在地方上的翻版,只不过是课程开发主体从中央权力机构转移到了地方权力机构。与中央集权机制相比,地方分权课程开发机制的追求取向可能更多地带有所辖地区的特点,具体的地域适应性可能更强一些,因而也可以把它看作课程多样化的重要措施。那些在中央集权背景下的地方负责制往往套用中央集权的机制模式,就属于这方面的实例。不过,大多实行地方分权机制的国家,地方享有高度的课程决策自主权,而地方又往往授权学校在课程方面行使自主权。所以,地方分权更多的是一种介于中央集权与学校自主之间的中间型课程开发机制,它既可能朝集权型方向发展,也可能朝自主型方向发展。

学校自主课程开发机制,也叫校本课程开发机制,它以学校教师为主体对学校课程进行自主开发。学校自主机制或校本课程开发机制的确立所依据的思想基础属于人本位的教育取向,强调的是具体学校乃至具体学生个别差异的适应性问题。目前在专业群的课程资源开发中,学校自主机制也是常见的一种机制。

(三)课程资源开发流程

课程资源开发的第一步是组建课程资源开发和管理团队,组建起可能包括学科教师、课程专家、学校领导、学生代表、企业导师等的资源开发团队。凝聚各方力量和资源,分工明确,开展资源开发。第二步是确立课程资源开发目标,即依据课程服务对象,确定开发目标,并制定合理的开发计划,搜集整理相关资源。第三步是拟定课程资源开发原则,即依据课程服务对象、产业特点,办学特色等,确定课程资源开发所依据的教育学习理论、必须要遵循的开发原则等。第四步是开发课程资源,紧紧围绕学习对象的特点和资源开发目标,筛选课程资源,创建新的符合目标的课程资源。第五步是使用课程资源,将课程资源运用到教育教学中,一方面可以发现问题,有利于调整课程资源,另一方面也会形成师生共建格局。第六步是动态调整课程资源,由于产业发展、学习对象的变化或者技术手段的更新,不断优化调整课程资源。

此外,在开发组织具体的内容过程中,可能还会在课程目标(更加详细地论述到所形成课程的组织教材编制、教学内容等)、实施和评价、课程设置安排(教学对象、教学时间等)、实施与评价(教学形式、教学方法等)等方面有更详细的内容。

第五节　创新教材与教法

教育是一种"直面人、通过人和为了人"[①]的社会实践活动,专业群的高水平因此也体现在人才培养规格高和建设质量高两个维度。创新教材与教法,以学生为中心融入先进理念和技术,正是建设质量高的具体表征。因为人发展的需要而带来了专业群建设的需要和意义,推动专业群不断创新教材与教法。

一、教材与教法改革服务高水平专业群建设的价值意义

形成高水平人才培养体系涉及学科体系、教学体系、教材体系和管理体系等,而贯通其

---

① 余小茅,毛丹丹.试论叶澜人学教育学思想[J].基础教育,2019,16(06):5-11,26.

中的是思想政治工作体系。高水平专业群建设的中心工作是教学,创新教材与教法是核心环节。

(一)落实国家相关政策要求的必然结果

早在 20 世纪 80 年代,国家就开始实施"三教统筹""燎原计划"等政策制度,21 世纪后国家连续出台了系列涉及职业教育教材与教法改革的相关政策。如"推动教学方法改革,通过真实案例与真实项目激发学习者学习兴趣、探究兴趣和职业兴趣"[①],"深化教材与教法改革,推动课堂革","深化职业院校教师、教材、教法三教改革"[②]等系列政策。《关于推动现代职业教育高质量发展的意见》进一步明确了教材与教法改革的意义,"引导地方、行业和学校按规定建设地方特色教材、行业适用教材、校本专业教材""普遍开展项目教学、情境教学、模块化教学,推动现代信息技术与教育教学深度融合,提高课堂教学质量"。

从这一系列政策的所指来看,国家将创新教材与教法作为一项连续性的制度建设,是促进产教融合校企双主体育人的重要抓手,而专业群本身即为产教融合的具体表现。教材与教法改革和高水平专业群具有治理结构上的趋同性,即都会改变职业院校的组织方式、分布形态、组成结构和空间分布。专业群作为一种跨界开发的复杂系统,教材与教法改革是一种打破现有系统观念和结构平衡的制度性变革,制度变革的成效与制度和组织环境的关系密切相关。换言之,专业群创新教材与教法即是组织环境与制度的协同进化,反映了国家对职业教育系列政策的具体落实。由此可见,创新教材与教法是高水平专业群强化内涵建设进而推进职业教育高质量发展的突破口,高水平专业群通过具体改革路径促进产教融合和校企"双元"育人,逐步实现高职教育的"三个转变",夯实微观发展基础。

(二)增强高水平专业群适应性的必由之路

教育制度的变迁动力通常源于社会体制的变迁。教材与教法改革源起于 20 世纪 90 年代农村教育改革。当时,农村教育改革的重点在于消除文盲,因此教材与教法改革体现为"农科教结合",从而提升了农村职业教育的质量。当下,经济发展的重点在于补链强链和经济高质量发展,教材与教法就表现为服务于培养高素质劳动者、复合型创新型技术技能人才,提升专业群人才培养适应性。因此,教材与教法中改革的具体要求也发生了变化,更注重职业教育资源配置与产业发展需求的适应性,体现为教学资源库建设,新型活页式、工作手册式教材开发,线上线下混合式教学模式等。

(三)突破高水平专业群创新发展的"最后一公里"

教材与教法的改革最终体现为课堂教学的成效,而课堂教学正是专业群建设的"最后一公里"。同时,课堂教学也是衡量高水平专业群建设的关键所在,专业群发展到深处和实处表征为教法与教材的改革。高职教育历经 40 余年发展,尤其是"示范建设"的带动引领,逐渐形成

---

① 教育部.教育部等六部门关于印发《现代职业教育体系建设规划(2014—2020 年)》的通知[EB/OL].(2014-06-23)[2022-01-23].http://www.moe.gov.cn/srcsite/A03/moe_1892/moe_630/201406/t20140623_170737.html.

② 教育部.教育部关于印发《全国职业院校教师教学创新团队建设方案》方案的通知[EB/OL].(2019-06-05)[2022-01-23].http://www.moe.gov.cn/srcsite/Alo/s7034/201906/t20190614_385804.html

了基于岗位项目的教学内容和基于工作过程的教学流程的教法,但职业教育仍未从整体层面上摆脱刻板印象,其重要原因之一就是"最后一公里"尚未完全突破。教材与教法作为一种打通"最后一公里"的制度,为专业群建设提供稳定发展的规则约束和规范性的文化认知,并为专业群建设提供具体的活动和资源。教材与教法改革之所以能发挥作用,是因为相关的规则规范与促进了制度的生产、再生产和维持。譬如,专业群的评价指标中具有教学模式与方法改革、教材建设等相关的二级指标,这些指标在一定程度上规约了高水平专业群建设的路径与策略。创新教材与教法作为制度性变革,重新构建了管理人员、教师、学生、服务人员和行业导师等群体的关系,进而推进了专业群内部的制度改革,形成新的质量文化,推动具体改革项目的实施。

二、教材与教法改革的现实困境

(一) 教材体系滞后技术发展

职业院校的教材作为实施教学活动的指导性文本,与普通高等教育的教材在结构、内容和编排方式上均有显著区别。但是,不少教材仍是按章、节知识结构体系组织教材内容,而非项目—任务—案例结构组织教学内容。首先,从知识社会学角度来看,按章、节组织内容的教材仍受传统学科观的束缚,不能够反映职业域中具体的工作项目和工作内容,不利于培养学生的职业能力。其次,教材形式仍以单一的纸质教材为主,电子资源为辅。一方面,纸质教材出版修订周期较长,而产业发展中的技术革新则日新月异,教材开发的静态周期性与技术实践的动态更新性相背离。另一方面,纸质教材与电子资源存在不配套、"两张皮"的问题,二者的主客体关系紊乱。即使是在"职教20条"等一系列政策的指导下开发新形态教材也多以纸质形态为主,"纸数融合"教材等全媒体形态的教材开发较少。再次,高水平专业群建设期间出版的各类新形态教材在内容设置、课时分配和重难点安排等方面都不尽相同,即使是同一门课程之间也存在较大差异,导致新形态教材出现了"新瓶装旧酒"的问题,即内容逻辑碎片化,技能操作简单堆砌,缺乏科学性、严谨性和系统性[①]。最后,部分教材的职业教育类型特色不足,在项目和案例的安排上没有体现高职服务区域发展的典型特色,对应相应职业能力等级证书的内容不突出,书证融通有所不足。

(二) 教学方法难以适应学习要求

受制于传统教学惯性依赖,专业教学仍存在教学结构松散、师生互动不足和学生学习倦怠等问题。在具体教学实施中,教师的授课内容仍以教材为主,不能及时体现学生学习需求,教学资源更新周期也比较长。课堂活动中主要以教师已准备好的教学内容为主线,根据学情的调整反馈较弱,缺乏有针对性地引导学生,加之整个教育体系中师生主客体关系的约束,学生学习参与较弱。虽然"做中学""学中做"已逐渐从理念转向落地,但在实际教学中更多是"教师演示、学生跟做",导致学生的技能应用情景单一,在举一反三、灵活运用方面较弱。此外,数字媒介技术虽然拓展了教与学的边界,但大部分教学实践仍然是在教室和校内等传统的学习空

---

① 冯朝军.关于新时期我国高职教育新形态教材出版的思考[J].出版科学,2022,30(02):40-46.

间中展开,数字化资源建设与智能化教学技术手段准备不足,线上线下混合式教学中的线上并没有与线下深度融合,存在着滥用技术、忽视学生认知风险等问题。

三、创新教材与教法的路径策略

（一）校企合作开发新形态教材,创新教学载体

教材在专业群育人过程中具有载体性质,是课堂内容的依据和来源。

第一,高水平专业群建设中要研究探索新形态教材的内涵外延和具体特征,并选择适用于新形态教材的专业课程进行尝试,以规避新形态教材开发过程中知识碎片化、技能操作简单堆砌的倾向。新形态教材的开发需要校企倾力合作,确保教材内容的先进性、职业性和科学性。在新形态教材开发过程中,专业群、行业企业和联盟协会等构建利益相关共同体,以学校与企业双方的利益需求为导向,创建校企协作开发教材机制,实现校企"责任共同承担、项目共同选择、内容共同编撰、成果共同分享",破解校企合作开发教材难题,解决以往校企教材开发不深入、教材内容与产业发展脱节的问题,从而提升学生的综合职业能力,提升职业竞争力。

第二,要革新教材内容组织形式,实现知识技能与思政同步建构。建构主义知识观认为知识是学习者在一定的情境下,借助其他人(包括教师和学习伙伴)的帮助,利用必要的学习资料,通过意义建构的方式而获得的。在教材结构上,校企多方按照"W-H-D认知递进法"组织教材内容,同时"如盐入水"地融入思政内容,通过"做什么（What）、如何做（How）、具体做（Do）"三个步骤,反映行业最新技术技能,融入让学生自我建构知识技能体系和社会主义核心价值观的思政元素,实现思政内涵内化于心,知识技能外化于行,以及立德树人的育人目标。在教材内容上,要融入行业最新技术技能和典型案例项目,以及"1+X"证书对应的内容和课程思政元素,使教材内容与生产一线同频共振。

第三,新形态教材的开发要采用全媒体形式,以破解教材呈现形式单一、更新周期滞后行业发展等问题。新形态教材开发可以同步配套线上线下课程建设,同步研发数字化学习资源。同时,线上平台要加快审核资源的频率与频次,允许资源共建共用、边建边用边验收,使教材从纸质媒体转为线上线下全媒体形态的"云活页教材"和"电子教材"。

（二）协同打造课堂生态,创新教学方法

第一,推进现代信息技术与模块化协作教学深度融合。运用人工智能、大数据等信息化、智能化技术,为学生提供丰富的学习资源,推进专业基础课程模块、核心课程模块的线上线下混合教学。利用智慧教室、虚拟仿真实训中心、产教融合实训基地等教学信息化设施,以及智慧教学服务平台与大数据服务平台,为"平台＋模块"教学提供支持。加强学情分析、学业水平诊断,关注学生个性化需求,及时调整学习资源供给、教学策略和进度。

第二,推进思想政治教育与技术技能培养融合统一。秉承与行业技术同频共振思路,通过分析专业群所对应的产业集群,调研典型职业岗位,分析各岗位所需的通用能力和专业能力,并与对应技能等级证书考核要求结合,遵照职业工作过程课程开发方法,对接"1+X"证书,重构专业群德育核心与职业技能核心"双核引领"课程体系。课程体系以工程项目为载体,将政治素养、思想素养、道德素养等"思政元素"和社会能力、专业能力、方法能力等职业"技能元素"在专业标准、平台＋模块课程、社会综合实践课程三个层面进行全面融合,同步考核。采用德育核心与职业技能核心"双核引领"的方法,形成由基础层、综合层、研究与创新层组成的具有

可动态调整和自我完善等特征的课程创新实践体系。

第三,推进学生学习主体和教师教学主体融合互动。在宏观层面,为理实一体化课程、翻转课堂和 SPOC 课堂等创造必要的硬件条件,调动教师参与教法创新的积极性。在微观层面,通过建设"金课堂"、推行课堂革命等措施深入落实以学生为中心的教学理念,凸显学生在技能习得中的主体作用。在课堂教学中采用线上线下混合式教学、翻转课堂等教学模式,实施项目式、情景式、启发式和案例式教学方法,基于工作过程和学习成果导向进行教学设计,以实现教与学方法的多样化,激发学生学习热情。同时,通过"合作探究""做中学""学中做"等教学环节的设计来提升学生课堂获得感和学习成就感,从而强化学生动手实践能力。

(三)构建专业思政路径,贯通课程思政体系

课程思政作为一项系统工程,需要在学校—学院—专业群—课程上实现连续贯通,如图 2 - 3 所示。由二级学院党总支依据专业群所面向的职业域综合素质确定课程思政目标,由专业群党支部或系党支部聚焦所对应的行业职业道德确定课程思政主要内容,再由具体课程团队落实立德树人根本任务,确定具体教学思政方法,保证专业课程与课程思政相向而行,实现显性教育与隐性教育相统一,形成协同效应。通过学校—学院—专业群—课程的四级联动,党总支从"四德"中融入合适的内容,形成专业思政条目。党委做好课程思政体系设计,党支部再结合专业群具体技术核,有针对性地融入 3~8 条思政条目,最后由课程团队设计具体课程思政实施方案。四级联动体系,既凸显了专业群特色,也避免了在具体实施过程中思政内容重复和碎片化的问题,确保了课程思政方向不偏差、结构不失序、内容不失焦。

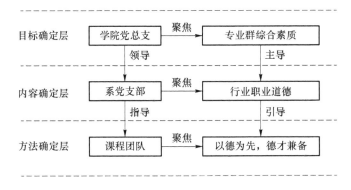

图 2 - 3 专业思政路径

第六节 打造高水平双师型教师队伍

"双师型"教师培养是目前职业院校发展的重要目标,是加强学校师资队伍建设,办好人民满意学校的基本保障。百年大计,教育为本,教育大计,教师为本。高水平的"双师型"教师队伍是高水平专业群建设的主体,是职业院校实现创新、特色、内涵发展的根本,也是提高教育教学质量、培养高素质技术技能人才的关键。作为培养技术技能人才摇篮的职业院校,对教师也提出了更高的要求,"双师型"教师的培养成为职业教育深化改革的必要措施

一、打造高水平双师型教师队伍的历史溯源

1990 年 12 月 5 日,上海冶金专科学校仪电系主任王义澄,在《中国教育报》发表了一篇名为建设"双师型"专科教师队伍的文章,这是"双师型"教师概念的首次提出。1991—2003 年,较多的院校呼吁建设"双师型"教师队伍,并且不断在实践中总结,是"双师型"教师队伍建设的起步阶段。1995 年,国家从政策上面明确了高职院校的师资队伍中要有双师型教师。在 21 世纪前后这一阶段,政策更多强调职业教育要打造双师型教师队伍,但对如何认定双师型、怎么建设双师型并没有具体阐释。

在 2001—2004 年期间,随着职业教育的发展,国家对双师型教师的内涵做出定义和阐释,为职业院校提升师资队伍力量指明了方向。在《关于开展高职高专教育师资队伍专题调研工作的通知》中明确解释了双师型教师队伍主要适用于工科类专业,且应具备以下两个条件之一,"(1)具有两年以上工程实践经历,能指导本专业的各种实践性教学环节;(2)主持(或主要参与)两项工种项目的研究、开发工作,或主持(或主要参与)两项实验室改造项目,有两篇校级以上刊物发表的科技论文。"在 2002 年的《教育部关于加强高职高专教育人才培养工作的意见》中将"双师型"教师解释为"既是教师又是工程师、会计师等"[①],此后的系列政策虽然在具体符号运用上不尽相同,但基本延续了"双证"的思路,即双师型教师应既具有教师资格证书,又持有职业等级证书或行业技能证书。2004 年的相关文件中,教育部又增加了新的要求,即增加双师型教师应有在企业一线实际工作经历,或参与成果应用转换研究,或参与实践教学设施建设提升相关工作等规定,从而进一步明确了双师型教师的内涵。这一阶段的政策为后续双师型教师的资格认定做出了明确规定,即双师型教师必须要有三个方面的素质:首先其本身是高校教师,其次教师有行业企业一项的相关工作经历,再就是应有相关专业的资格等级证书。

从 2005 年开始,国家进一步强化了打造双师型师资队伍的机制建设。尤其是 2011 年教育部连发 5 份相关政策,明确了高职院校双师型教师队伍建设的总体框架,还进一步做出了系统化精细化的安排,为双师型教师的认定提供了明确的操作指南。例如,规定建立每年两月的顶岗实践制度,聘请行业企业能工巧匠担任专业课教师等,这些文件指明了双师型师资队伍的准入资格、考核评估方式和结构来源。同时,在对职业院校评估的指导性文件中也规定了双师型教师所占比例,如想要在 2014 年的教育部评估中达到 A 类(即优秀水平),高职院校的专业基础课和专业课中"双师"素质教师比例则要达到 70% 以上。政策作为职业教育发展的指挥棒,对高职院校双师型师资队伍的来源、比例和结构都做出了相对详尽的规定,极大激励了高职院校重视双师型师资队伍的建设。尤其鼓励院校既通过科教融汇和顶岗实践等形式提升校内教师队伍的"双师"素质,又积极从企业引进兼具实践经验和理论技术的高级技术人员和管理人员,从师资队伍层面促进产教融合。

2017 年之后,由于创新驱动产业转型,政策又一次强调了双师型队伍建设。2020 年国家

---

① 教育部. 关于印发《教育部关于加强高职高专教育人才培养工作的意见》的通知[EB/OL]. (2002-01-07)[2023-04-18]. http://www.moe.gov.cn/s78/A08/tongzhi/201007/t20100729_124842.html.

层面出台了 6 份相关政策文件,在双师型教师的"体系建设""职前培养""职后培训"和"兼职教师"①等方面都做出了新的指引。同时,通过分阶段、分专业打造国家级职业教育教师教学创新团队,明确界定了双师型教师要以能力为导向。在这一阶段,各地也推出了相应的配套政策,安徽、江西和广西等出台了分级认定双师型教师的政策,如图 2-4 所示。部分高职院校也在实际探索中执行了这一套分级制度,并将其与教师的绩效考核与职称认定挂钩,定期考核,及时更新,契合教师发展职业规律,对畅通高职院校乃至职业教育教师专业化发展意义重大。

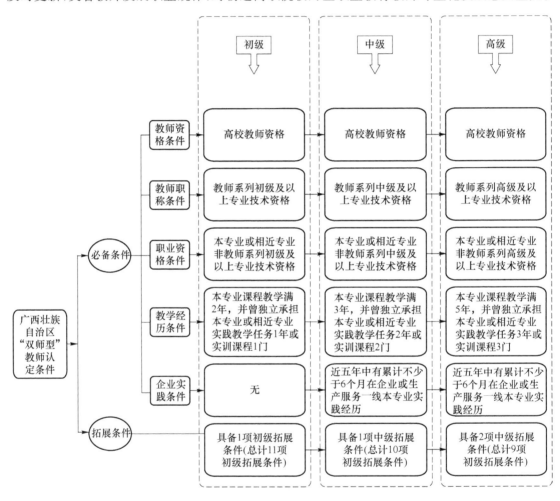

图 2-4　广西壮族自治区双师型教师认定条件

二、高水平双师型教师队伍服务高水平专业群建设的价值意义

(一) 高水平双师型教师队伍是提升专业群人才培养质量的核心要素

高水平双师型队伍不仅只有一线教师,还包括了专业和专业群(负责人)、行业企业兼职教

① 聂伟进.高职院校"双师型"教师队伍建设政策检视与反思——基于 2010—2020 年发布的 36 份政策文本的分析[J].江苏高教,2022,253(03):119-124.

师,肩负着优化职业院校人才培养、进行教学研究改革、开发课程资源和展开科研与社会服务等多重任务,是专业群建设的主体,也是建立健全现代职业教育体系的关键。专业群的人才培养与普通本科学科的人才培养不同,其主要是为了适应产业较长周期内的转型升级和产业结构高级化的需求,因此,专业群的课程体系、实习实践和科研教改等方面都更凸显职业性与技能型。虽然很多高职院校教师在人才培养过程中会依据这一点来调试教学内容和教学方法,但受制于"从学校到学校"的成长路径依赖,专业群人才培养质量没有得到根本性提升。通过在行业企业的顶岗实践、考取职业等级证书和参与社会服务培训等,教学管理人员和一线教师会加深对行业最新技术的理解和运用,将新技术、新工艺融入教学过程。同时,引进企业管理人员和技术人员,来指导学生获得未来岗位所需的核心素质和能力。

(二)高水平双师型教师队伍是专业群内涵式发展的关键保障

专业群发展为高水平专业群需要经历一个由弱到强的漫长过程。通过"示范建设""双高计划"等的不断积淀,我国高等职业教育的模式与特色在世界教育体系内也逐步得到了认可,德国、日本和新加坡等职业教育发展较好的国家也纷纷学习我国的发展经验。其中,专业群的组群逻辑和建设举措就是其他国家学习的重点。同时,中国职业教育的规模效应也日益显著,基本全国每个地级市都至少有一所职业院校①,一些较富裕的区县也积极兴办支持职业院校。随着职业院校数量和类型的增加,高职院校若再盲目进行规模扩张会增加边际成本,因此,只能通过品牌打造和特色凸显来提升质量,亦即从提升"增量"转为发展"存量"。而盘活用好"存量"的关键环节在于优化现有资源配置,其中双师型教师队伍就是承上启下的关键资源,能够起到以点带面的作用。

(三)高水平双师型教师队伍是职业教育转型增效的基本力量

在新发展格局下,职业教育能够为产业转型发展提供高素质、高可用的复合型创新性技术技能人才。但是,社会上对职业教育的刻板印象却非一朝一夕或政策推行可以快速转变的,要扭转这些刻板印象需要多方的长期努力,而其中的重要内容是通过双师型教师队伍建设推进职业教育师资的专业化。尤其是面向职业本科建设阶段,在确定职业教育类型定位的基础上明确职业教育师资的类型化特征。换言之,双师型教师队伍就是职业教育师资专业化的标准,即职业院校师资从进入职业生涯开始,通过认证成为符合专业标准的双师,最后获得相应的职业地位。通过教师队伍专业化程度的提升,促进高职院校转变传统的人事管理观念,通过科学方法和路径推动职业教育师资队伍整体素质的提高,从而推动职业本科建设的效能。

三、打造高水平双师型教师队伍的路径策略

在"双高计划"期间,高水平双师型教师队伍的建设取得了一定成效,但双师型教师队伍的建设仍存有不足。一方面,不同专业群在双师型的内涵外延和认定标准上不统一。大部分专业群在认定双师型教师时主要考察教师是否持有除高校教师资格证之外的其他职业等级证

---

① 王慧,施志刚.高职院校"双师型"教师队伍培养的困境及其破解[J].现代教育管理,2018,344(11):113-117.

书,但对职业等级证书的有效性和权威性研判不足。当然,这种认定标准有利于量化考核,但却导致教师以证书而非实践能力为导向。另一方面,专业群师资结构单一。职业院校教师的主要来源以高校应届毕业生为主,许多具有行业企业、丰富经验的技术骨干难以或不愿意进入高校职称序列。而专业群聘用的行业兼职教师在育人理念和教学经验不够丰富,对人才培养和专业群建设投入不足,更多地体现为评估报告中的数据。对此,专业群在打造高水平双师型教师队伍时应从以下几方面入手。

(一)打造教学创新团队

在专业群内由专业负责人、教学管理人员、专业教师、通识课程教师、思政教师、辅导员和兼职教师组建高水平教学创新团队,负责实施教研教改、开发模块化课程资源、技术技能培训和成果应用转换等多重任务,贯穿专业群建设的全过程和全环节。教学创新团队对成员结构和团队规模有着具体明确的要求,如团队负责人应是具有相关专业背景和丰富企业实践经历(经验)的专业带头人,行业、企业高级技术人员的兼职任教人数在中职至少为2名、在高职和应用型本科高校至少为3名等。团队建设协作共同体的建立反映了职业教育深化产教融合的发展导向,充分展现了校内教师在优良专业品行与优质教学能力方面的特征,以及校外师傅在熟悉行业规范与掌握岗位技能方面的能力,有助于增强"双高计划"高职院校与合作企业之间的人员交流与研究合作。在打造高水平专业群的进程中,推进专业设置与产业需求对接、课程内容与职业标准对接、教学过程与生产过程对接,进一步提高产业知识与产业技术在专业(群)建设过程中的转化效率,加速技术知识流动过程。教学创新团队结构的科学合理和建设任务的实践成效起到示范引领作用,带动广大普通教师积极参与专业群建设。

(二)构建双师协作共同体

结合专业群的模块化课程体系实施要求,与行业龙头企业共建教师发展中心,学校教师与企业产业导师实施"双向赋能",构建校企高质量协同打造的双师共同体。整合专业群所在区域的相关优质企业,由院校教师和行业骨干共同辅助所面向产业集群的中小企业发展,扶持区域中高职相关专业建设,引领区域同类院校全面提升双师型教师能力和服务产业发展能力,构想校企协同、校际协同的双师协同工作机制。创新企业"工匠导师"与学校"学业教师"双师育人的"双师制",与行业龙头企业和骨干基于校企法人契约关系,建立"固定岗+流动岗"的用人模式,推行"访问工程师"计划,基于"平台+模块"构建由工匠导师与学校教师组成的"双师"融合团队,使行业兼职教师可以深入参与专业群建设,也使专业教师可以定期深度融入企业实践一线,从而使高水平双师型教师队伍的建设从数据化、材料化和形式化转为实体化、融合化。

(三)推行"匠师协同"混编团队

"匠师协同"是学校与华为、腾讯云、百度等行业龙头企业,基于相互需求与利益共享,组建产业学院等实体,打造智能安全等模块化"匠师"混编教学团队。围绕真实项目或任务先后组建特色工匠工坊、卓越技能班等育训载体,落实"岗课赛证融通"育人机制,根据技术领域不同,合作开发"定制化"的课程模块、项目模块、任务模块,进行教学总体设计和教学组织实施等。"匠师"全面参与人才培养方案制定、课程标准开发、课程资源开发、课程结构再造、教学流程重构、学习管理评价等模块化教学全过程,不断提升教学质量效果,促进"匠师"混编团队深度协作教学。根据师生共同获取的行业高端认证、技能大赛奖项、专利、技术技能创新和科研课题论文等成效,对导师团队进行绩效考核,激励导师团队"内生动力",为企业提供"优质能工巧匠",孵化行业"创新创业团队"等,助力区域中小型企业技术创新。

第七节 建设产教融合实习实训基地

经过改革开放40多年的高速发展,我国经济实力、科技实力、综合国力跃上新的台阶,发展迈入新阶段。在新阶段,国家正在全国范围进行产业升级转型,产业升级中最核心的一环是对生产者生产能力的升级。特别是对一个拥有超过14亿人口的国家而言,任何行业生产力的提升都面临着需要对大量不同层次、不同阶段的人员,进行能力培养的挑战。高职院校作为我国最庞大的准生产者教育机构群,承担着为国家培养高素质技术技能人才,充实智力塔基,保障产业健康发展的重要责任和义务。在对接新经济、新业态、新技术、新职业,推进专业升级和数字化改造过程中,行业、企业的作用不可忽视。校企共建的产教融合实习实训基地,是产教融合的一个载体,也是高水平专业群建设的平台空间。

一、实习实训基地建设服务高水平专业群建设的价值意义

产教融合实习实训基地在专业群建设的人才培养、技能大赛、人才联盟、教材开发、顶岗实习、社会服务、职业证书和科研融汇等领域均发挥着重要作用,如图2-5所示。

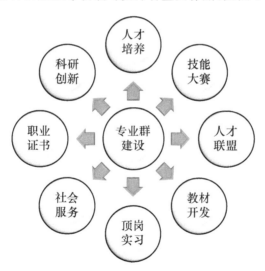

图2-5 产教融合实习实训基地服务专业群建设的维度

(一) 产教融合实习实训基地为人才培养提供实践空间

专业群是由职业岗位相关的专业共同组成的专业集合,无论采用哪种组群逻辑,专业群中的专业都有相同或相似产业链。与产业链内企业共建产教融合实习实训基地,对群内专业在专业定位、职业岗位能力分析、课程体系建设、教学模式改革等方面都有积极推进作用,从而整

体提升群内专业的建设质量。专业群依托产教融合实习实训基地,以职业岗位人才需求为目标,以工学结合人才培养模式为指导,积极推进实验、实训、实习教学改革。根据职业岗位分解能力需求,按照岗位工作过程重构课程体系,与行业企业共建产教融合实习实训基地,在真实环境中组织教学,根据职场需求实施职业技能鉴定,如图2-6所示,实现职业教育人才培养高质量发展。同时,依托产教融合实习实训等平台,可以采取现代学徒制、"订单式"、"2+1"校企联合等培养模式,为企业定向输送人才。

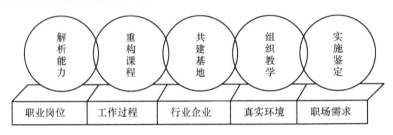

图 2-6 基于产教融合实习实训基地的人才培养模式

(二) 产教融合实习实训基地为技能竞赛提供平台空间

实习实训基地可以为专业群参与、承办和组织各类技能大赛提供空间。实习实训基地的建设以支撑产业链技术核的技能培养为核心,把智能化的设备融入先进的职业教育理念,根据各级各类技能大赛需要,打造职业技能大赛训练基地,实现实习实训基地建设主体多元化,满足学生学习专业知识、获得技术技能、参加技能大赛的需求。利用行业、企业优质资源,建立行业、企业联盟共建的人才联盟信息平台,实现学校、企业、学生三者之间交流对话的互通,在人才联盟平台中录入企业用人需求、学生个人信息等,充分发挥人才联盟优势,提高专业群学生就业质量、数量。在基地中,校企数据共享聚集资源,集合企业工程案例资源、科研项目资源、生产场地资源,形成了双方共享的教育教学、技术培训、技术创新资源库。校企共同开发工作手册式、活页式等新型教材,以真实工作过程为案例,达到"做中学""学中做"的教学目的。在实习环节,按照"依托行业、企业共建实习实训基地,立足真实环境组织一体化教学"的思路,以就业创业为导向,以真实的企业生产为主线,建设具有一定规模的"岗位认知-体验性实习-顶岗实习-项目实习-就业实习"的工学结合式顶岗实习基地,以满足专业群内各专业人才培养教、学、做一体化的教学要求,并且对学生的团结协作、交流沟通、处理问题的能力等职业素质进行综合培养。

(三) 产教融合实习实训基地为社会服务提供协同空间

依托产教融合实习实训基地,搭建技能训练、职业认证、培训服务、技术创新四类平台,建立健全基地对外服务架构和功能。面向区域内院校以及企业开展专业领域初、中、高级的资格认证和技能鉴定,包括企业员工培训、人社局新职业工种培训、职业资格认证培训、企业新型学徒制培训、国际化培训等项目,实现教育链和人才链有效衔接,提升专业群社会服务能力。产教实习实训基地作为"1+X"证书衔接融通的媒介,促进了"1"证书和"X"证书的相互衔接和相互融通。通过学校课程标准与企业岗位标准对接,课程内容与岗位工作内容对接,教学评价与员工评价对接,以产教融合为核心,根据专业群典型职业岗位及岗位能力要求,制定专业群产业人才能力标准,整合产教融合平台、学校教育平台,共建产教融合实习实训基地,共同开展学历与 X 证书培训教育相互融合的教育模式,形成具有"校企双元"特征的人才培养课程体系和相关教学资源。充分发挥学校专业群专家、技术、场地等资源优势,推进科技制度创新,有效汇聚科研资源与要素,以产教融合实习实训基地建设为契机,提高专业群与行业、企业发展需求的匹配度,推动科创与社会经济发展的深度融合,提升专业群的科研创新发展能力。

二、专业群建设实习实训基地的现实困境

(一)实习实训基地定位目标偏差

对专业群而言,实习实训基地在定位时仍以服务教学为主。但从产教融合的角度来看,实习实训基地的目标不单为教学服务,其还能够承接技术应用转化项目和科研项目等。但是在实际运行中,由于缺乏可借鉴的建设经验,实习实训基地在建设时目标不明确、功能定位不清晰,导致其在权责划分、管理机制和功能布局等方面存在不合理之处。

此外,由于实习实训基地的主要定位还是专业实践教学平台,导致基地建设中存在着数据孤岛的问题,各个平台间的兼容性、标准性不高,以致于后续实训平台技术设备在更新升级方面存在问题,所配套的资源不能完全覆盖产业链技术核的实际需求。

(二)实习实训基地设计维度单一

既往研究已表明,教育研究者和教学一线人员均认为专业群与企业合作的规模与实习、实训基地的建设成效成正相关。但究其更深层次原因,实习实训基地的建设成效是从建设模式、运行机制和运行环境这些中介变量传导来体现的。因此,在对实习实训基地进行整体设计时,专业群存在着过分追求合作规模的问题,重视引入多少家企业,或者是哪些龙头企业、骨干企业参与其中。而没有将企业和专业群所投入的规模转化为对人力、物力的设计,合作项目的开展等。

同时,由于企业在实习实训基地建设过程中参与程度不一,导致实训项目不能完全按照职业域岗位群的工作流程进行要求,实践教学的针对性和真实性都大打折扣。不少实训资源仍是教师基于职业教学规律搜集而来的,只能作为教学辅助,质量与产业发展有一定差距,且相对松散。实习实训基地的实训资源与课程教学体系的融合仍存在"两张皮"现象,融合程度不够完善全面。

(三)实习实训基地建设质量不高

由于专业群归属于不同的院系,出于考核指标等原因,各个专业群都争相建设实习实训基地,从而出现了重复建设和基地利用率不高等问题。另外,实习实训基地存在着马太效应,只有部分基地有充足的资金、设备和配套管理人员,而大部分实习实训基地的实训氛围薄弱。例如,某校汽车实训基地由于仅有学校资金支持,缺乏企业和政策的支持,难以根据学生人数和产业链实际项目购置配套车辆和设备,导致基地无法有效支持学生实践训练。此外,教师实践

能力有限,目前,高职院校的大部分教师是从高校毕业后直接入校任职,仅有部分教师来自企业,具有实践经验。因此,缺少企业经验的教师对实习实训基地中所需实践经验丰富的教学项目难以胜任,导致实习实训基地教学质量难以提高。

三、建设产教融合实习实训基地的路径策略

(一)基于特色专业群提升校内实训基地层次水平

建设校内实训基地时,依据高职院校专业群的品牌特色,须分层次分阶段推进提升校内实习实训基地的建设。以无锡职业技术学院为例,该校以"服务人才培养,服务企业需求,聚集校企引导动力,聚集技术发展动力,聚集政府服务动力"的"两服务·三聚焦"①思路,围绕数控技术专业群,升级数控国家级实训基地 1 个,建成教育部认定的国家级生产性实训基地 1 个,建成教育部认定的国家级虚拟仿真实验教学中心 1 个,建成智能制造工程中心 1 个。该校与行业龙头企业合作,共建具有工业视觉与检测、精密测量、五轴加工、雄克自动化工装、贝斯特智能制造单元等"高精尖新"特征的校内实训室 25 个以上,通过重点突出和特色优先的路径,以点带面提高校内实训基地的层次,提升产教融合校企合作的水平。

(二)基于工作导向和能力导向开发实训项目

高水平专业群建设的产教融合实习实训基地要以真实工作过程和职业能力为导向②开发实训项目,以校企合作方式科学地制定实训教学方案。基于实习实训基地建立多阶段的单项实训阶段、综合实训阶段和顶岗实习阶段,通过匠师协同和师生合作的单一项目学习—综合项目协作—工作岗位胜任的逐层递进环节,从仿真到真实,既可增强学生的竞争力与职业可持续发展能力,又可提升专业群的技术创新水平和社会服务能力。在实训项目的体系设计上,既要有诸如系统开发、技术支持、技术咨询和产品研发等培养学生工匠精神、解决实际复杂问题的技术类实训,也要辅以爱心捐赠、义务劳动、爱老助残、乡村振兴和公益宣传等社会服务,引导学生树立正确的人生观、价值观和世界观,在实习实训中培养"德技双馨"的复合型创新型技术技能人才。同时,将实习实训基地的相关项目按照教学规律开发为教育教学资源。

第八节　构建技术技能协同创新平台

"双高计划"在明确建设高水平专业群的同时,也特别强调要打造技术技能人才培养高地和技术技能创新服务平台。根据新目标、新要求明确学校新定位,双高学校需要把技术技能创新服务作为学校重要职责来抓,建好一批产业学院和协同创新中心平台,构建起强化技术技能创新服务的保障机制。高水平专业群是亮点,是中国特色高水平高等职业学校建设的重中之重。高水平专业群建设的核心内容可以归纳为三项:产教融合技术创新平台建设,高水平双师队伍建设,治理体系建设。主要的支撑条件可以归纳为七项:培养目标新定位,办学功能新定

①　张铮,刘法虎,陈慧.新时代职业教育专业群开发研究与实践[M].武汉:华中科技大学出版社,2021.
②　邓志革,侯建军,李治国,王伟力.高职汽车专业群建设与实践[J].中国职业技术教育,2016(13):62-65.

义,专业建设新模式,教师发展新要求,学校治理新水平,信息化教学新形态,国际化办学新站位①。这是国家层面第一次把打造技术技能创新服务平台纳入质量工程,并作为重要内容之一,与此同时,双高计划在提出的"一加强四打造五提升"十大任务中,第三条就明确了打造技术技能创新服务平台的要求,第七条又强调了提升服务发展水平,这是对高职学校和高水平专业群技术技能创新和服务能力的新要求,也是中国特色高水平高职学校和专业群建设的新亮点。

一、技术技能协同创新平台的内涵意蕴

双高计划文件中第三项任务就是打造技术技能创新服务平台,具体要求为"对接科技发展趋势,以技术技能积累为纽带,建设集人才培养、团队建设、技术服务于一体,资源共享、机制灵活、产出高效的人才培养与技术创新平台,促进创新成果与核心技术产业化,重点服务企业特别是中小微企业的技术研发和产品升级。加强与地方政府、产业园区、行业深度合作,建设兼具科技攻关、智库咨询、英才培养、创新创业功能,体现学校特色的产教融合平台,服务区域发展和产业转型升级。进一步提高专业群集聚度和配套供给服务能力,与行业领先企业深度合作,建设兼具产品研发、工艺开发、技术推广、大师培育功能的技术技能平台,服务重点行业和支柱产业发展"。

(一)加强服务企业技术研发和产品升级的平台建设

平台主要是指人们舒展才能的舞台,也指生产和施工过程中,为操作方便而设置的工作台。在计算机广泛应用过程中,平台一般是指计算机硬件和软件的操作环境。通俗地讲,平台泛指进行某项工作所需要的环境和条件。双高计划明确提出"对接科技发展趋势,以技术技能积累为纽带,建设集人才培养、团队建设、技术服务于一体,资源共享、机制灵活、产出高效的技术创新平台,促进创新成果与核心技术产业化,重点服务企业特别是中小微企业的技术研发和产品升级"。

服务中小微企业的技术研发和产品升级是目的。平台工作要服务区域内和行业中的中小企业,帮助解决技术研发和产品升级问题。双高学校的科研不仅要顶天,更要立地,要突出问题导向和应用性目标,体现出以服务求支持、以贡献求发展的理念。促进创新成果与核心技术产业化是目标。应该说,我国的高等学校一直是科研重镇,也是专利大户,还是获奖大户,但为什么在经济建设主线场作用不能充分体现出来呢?关键还是科研成果的转化问题,也就是产业化问题。因此,双高建设必须强调校企合作,促进成果转化和实现核心技术产业化,这样做,对教师(科研人员)、学校和企业是三赢的。以综合体建设为抓手突出功能复合。也就是说,平台的出发点必须对接现代科学技术新趋势,要立足于技术技能的积累和传承,更要把人才培养、团队建设、技术服务三位一体,平台既要突出主业主责是人才培养,又要着力技术服务,实现基本功能。平台的建设,有利于积累人才,形成开放式团队,从而实现多功能目标,实现资源综合利用和共享。

① 卢立红."双高计划"视野下高职院校高水平专业群建设的路径[J].大视野,2020(04):56-60.

（二）构建校政行企园技术技能创新服务合作机制

双高建设学校和专业群要提升技术技能创新服务能力，必须充分发挥自己的优势，激发基层和教师的潜能，提高团队的研发能力和水平，同时，更要研究合作机制，而合作机制的建立又是多元的、多方面的。

第一，加强与地方政府的合作。学校与地方政府的合作是最为综合的，也是最为全面的，如果能够形成全方位合作机制，则有利于技术技能创新服务更好地实现。

第二，加强与行业企业的合作。学校与行业合作更有利于专业特长的发挥，按照专业对接产业（行业）、课程对接岗位、教学过程对接生产（经营）过程的逻辑，由一个专业（群）或二级学院与一个行业，包括行业协会和企业集群合作，可更加有针对性地提升技术技能创新服务能力。

第三，加强与产业园区（特色小镇）的合作。产业园区建设是近年来产业特色发展的新事物，特色小镇建设更是一个新的形态，在技术技能创新服务平台建设过程中，如果一个学校或专业群能够与产业园区（特色小镇）合作，则更能体现其创新性、先进性。

第四，平台的综合性功能建设。平台功能最为理想的是带有综合性，也就是双高计划所要求的集科技攻关、智库咨询、英才培养、创新创业功能，同时做到充分发挥学校特点、专业特长，把区域经济发展和产业转型升级结合起来，这几年在发展过程中，已经呈现的一镇一个产学研中心、一园一个产学研合作学院的效果是比较好的。

（三）打造特色专业群与重点特色产业协同发展机制

双高计划采用高水平学校和高水平专业群两类布局，与双一流相匹配，有其科学性和先进性、合理性。双高计划文件提出的，"进一步提高专业群集聚度和配套供给能力，与行业领先型企业深度合作，建设兼具产品研发、工艺开发、技术推广、大师培育功能的技术技能平台，服务重点行业和支柱产业发展"，有其针对性并有前瞻性。

第一，学校要与地方重点产业集群建设相应的专业（群）。专业（群）对接区域内产业集群发展，围绕人才培养、员工培训、新技术开发研发等进行互动协作，真正使双高建设专业群做到行业离不开。

第二，学校要主动适应区域产业发展变化，调整和优化专业结构。具体可采用四象限分析法，也即市场需求大、学校办学条件好的专业大力发展，市场需求大、学校办学条件一般的专业积极发展，市场需求小、学校办学条件大的专业减弱发展，市场需求小、学校办学条件弱的专业放弃发展。如遇特殊情况，应在充分论证基础上确定发展政策，以便更好实现与区域、行业企业和园区的良性互动[①]。

二、技术技能协同创新平台服务高水平专业群建设的价值意义

（一）科教融汇是专业群服务社会与产业发展的重要职能

科教融汇是深入推进科技强国建设的重要抓手，通过融合汇聚科技和教育的力量，促进国

---

① 周建松.关于双高学校提升技术创新服务能力的思考[J].职教论坛,2020,36(08):77-81.

家科技事业与教育事业的发展。在此背景下,高职院校需要树立应用导向科研定位,强化科研与国家科技创新、教育改革创新的联系。

专业群职能的不断丰富,既是社会经济发展的需要,也是高等教育自身发展的需要,因为科学研究确实能反哺教学,有利于支持和促进人才培养工作更有质量、更有效率、更有水平地开展,而社会服务职能的履行,本身既包含人才培养和培训的内容,也包含科学研究成果的推广转化和应用,三者之间是有机的乃至是融合的。协同创新中心的科研定位与研究型大学不同,其以应用导向为主。要融入国家创新体系,专业群必须要面向市场、促进就业,必须以服务求生存、以贡献求发展,形成良性循环机制,促进专业群更好的发展。

(二)科教融汇是职业教育未来发展亟需弥补的短板

职业教育典型的发展逻辑是以市场为导向培养人才,在人才培养过程中注重行业调研,强调教师在企业挂职实践,建立以行业骨干为成员的专业建设指导委员会议事制度。近年来,产业发展迅速,在这种单向的适应模式下,职业人才培养规格已经无法满足产业需求,职业教育对区域和产业的服务支撑力显著不足,然而我国产业发展的技能偏好性明显。由此,职业院校应加强学科研究,创建技术创新平台,促进学科专业一体化发展。通过技术创新平台的聚合效应,整合校内外科技资源,聚焦企业新技术、新标准、新规范,开展前瞻性的研究,并及时将技术创新成果在教材、课堂内同步,反哺教学,引领专业和产业协同发展。聚焦前沿科技发展,搭建专业群人才创新服务平台。紧密对接"大智移云物区"等前沿科技发展趋势,以"政校行企"协同创新为纽带,整合政府、学校、行业、企业、园区、科研机构等优势资源,建好地方区域型发展研究院、专业学科特色研究所,重点服务区域经济与产业发展、中小微企业转型升级以及创新创业型精英培养,推动技术和技能成果落地转化[①]。

与普通本科和研究型大学重科研、轻教学相比,职业教育的科研很难作为独立实体存在。从专业群的人员构成来看,他们是围绕产业发展而组建的,在知识体系上并不一定来自同一学科方向,很难如大学一样组成以学科为基础的研究团队。同样的,专业群的科研也不可能是如普通高等教育一样"以学术为物质意义上"的专业。实际上,在既往的发展中,高职院校的科研弯路正是因为其试图仿照本科的路径模式产生的。从"为指标而科研"转向科教融汇,为产业发展和实际应用而科研,改善整个职业教育未来的科研生态,发挥职教特色。

在这几年的发展过程中,国家一直提倡高等职业院校要坚持以服务为宗旨、以就业为导向、走产学研相结合的道路,同时明确要求高职学校要坚持产教融合、校企合作,坚持工学结合、知行合一。但实践中校企合作存在一头热一头冷的现象,企业积极性不高。企业积极性不强,与高职学校比较普遍存在的科研水平不高,社会服务能力不强有一定的关系。合作往往是相互的,能解决对方诉求十分重要。高职之高,要体现在高水平的技术技能创新平台、高水平的技术技能创新服务能力、具备解决行业企业技术研发和产品升级能力,说到底,就是科技和服务能力高,解决区域和行业经济社会发展过程中技术进步、产品换代的能力之高。如果实现了这一要求,校企合作问题也就迎刃而解了。正因为这样,对进入中国特色高水平高职学校和专业建设行列的单位,国家强调打造技术技能创新服务平台,提高技术技能创新服务能力,就是使立项的学校和专业补上短板、做出榜样,带动整个高职战线实现高质量发展。

---

① 刘丽.高职院校高水平专业群治理研究[J].教育与职业,2022.

（三）提升专业群社会服务能力的必然要求

早在 2014 年《国务院关于加快发展现代职业教育的决定》（国发〔2014〕19 号）中，国家就明确强调了高职教育和高职学校的功能定位，国发〔2014〕19 号文件第五条"创新发展高等职业教育"条目明确提出"专科高职院校要密切产学研合作，培养服务区域发展的技术技能人才，重点服务企业特别是中小微企业的技术研发和产品升级，加强社区教育和终身学习服务"。在 2019 年印发的《国家职业教育改革实施方案》（国发〔2019〕4 号）中，国家再一次强调了高职院校的使命，在第三条"推进高等职业教育高质量发展"第二段中指出"高等职业学校要培养服务区域发展的高素质技术技能人才，重点服务企业特别是中小微企业的技术研发和产品升级，加强社区教育和终身学习服务。"几个文件中，高职院校服务企业技术研发和产品升级作为重要任务并且专门强调，可见高职学校提升技术技能创新服务能力的重要性。

为地方经济建设和社会发展服务是高职院校的重要任务。而在当前区域社会经济发展、产业调整升级换代过程中，行业企业对交叉型、融合型人才的需求更为迫切，单一的某个岗位能力或某一专业技能让个人在自身可持续发展上受限，单一的某一个专业在服务产业发展的广度、深度、效度等方面存在着明显的短板和不足。这就需要高职院校在校内整合资源，将属于同一产业链的岗位或岗位群对应的专业组成专业群，让底层核心课程能共享，让教学资源能共用，同时充分利用各种社会资源，积极打造产业有需求、行业有地位、与本地区经济社会发展相适应的高水平专业群，培养交叉型、融合型技术技能人才，以满足本区域对人才的需求，提升专业高水平服务社会的能力[①]。

三、构建技术技能协同创新平台的路径策略

提升高职学校和专业群的技术技能服务能力，既是一项新的重要的工作，也是当前高职教育面临的短板，又是今后一个阶段努力的方向。中国特色是高水平学校和专业建设计划要实现"同行都认可、当地离不开、国际可交流"的目标，必须要在打造技术技能人才培养平台的同时，着力在打造技术技能创新服务平台上下功夫；在推进高水平专业群建设的过程中，通过双平台转换，把学校的人才培养、科学研究、社会服务功能进一步增强，并以此带动文化传承与创新、国际合作与交流职能的实现，圆满达到面向市场、服务发展、促进就业的目标，建设成支撑改革、引领发展、中国特色、世界水平的高水平高职学校和专业。

（一）科教融汇：明确技术技能协同创新平台的职能定位

我国的高等职业教育经过四十年的发展，已经进入内涵建设和特色创新阶段，中国特色高水平学校和高水平专业群建设单位更是进入了一个探索建立中国特色高职教育制度、标准、模式的新阶段，明确了率先实现现代化的新方位，因此，必须肩负新使命、强化新定位。

第一，明确技术技能创新服务作为学校重要的职能定位。人才培养是学校中心工作，立德树人是学校根本任务。高水平专业群在双高建设中坚守为人民服务、为中国共产党治国理政服务、为巩固和发展中国特色社会主义制度服务、为改革开放和社会主义现代化建设服务的方

---

① 卢立红."双高计划"视野下高职院校高水平专业群建设的路径[J].大视野，2020.

针,致力于培养中国特色社会主义建设者和接班人。具体地说,就是要首先把培养服务区域经济社会发展行业发展需要的高素质技术技能人才作为主要任务,同时要贯彻双高建设发展要求,履行好党中央和国务院赋予高职教育的职责和使命,把科学研究、社会职能切实履行起来,从高等职业教育特点出发,切实把科学研究、社会服务和人才培养、文化传承与创新于一体的技术技能创新服务纳入重要议事日程,真正认识到位、抓紧抓好、做细做实。

第二,建立与科教融汇相适应的组织框架。对高等职业学校的组建机构设置,是从模仿普通高校特别是普通高等专科学校开始的,事实上,一直到目前为止还是这样。既然认识到了发展新阶段技术技能创新服务的重要性,就应该在组织框架上进行优化和调整。从近几年关于纪检、审计的机构可以看到,其往往有非常硬核的措施,但对于科研、社会服务、校企合作的职能部门和研发机制仍然处于弹性状态乃至可有可无的状态。作为双高建设学校,国家明确要扩大自主权,社会服务处、国际交流与合作发展处,协同创新这样的组织机构应该切实保障。

第三,建立与职责履行匹配的科研管理队伍。统筹兼顾,把一定的指标和资源配置到开展科教融汇、技术技能创新和社会服务职能中去,形成走出去请进来的强大力量,推动科学研究成果转化、社会服务提质高效的开展,以帮助学校实现打造技术技能创新服务平台、提升创新服务能力初衷。

(二) 服务引领:遵循技术技能协同创新中心的建设原则

培养高质量技术技能人才是专业群组建的初衷以及核心价值取向,在生源素质多样、需求多元的背景之下,可建设专业群技术技能平台实现学生个性化培养与可持续发展,但对传统以班级授课制和固定专业建制的专业教学模式提出了新的挑战。《中国教育现代化2035》提出,利用现代技术加快推动人才培养模式改革,实现规模化教育与个性化培养的有机结合,现代化的信息技术手段支持下的教学平台能够为学生设计自我课程体系与未来职业选择与发展提供全方位的技术支持。高职院校应积极探索更多功能的技术技能平台,提高高职院校教学质量。通过平台建设,提高教学质量,促进学生评价的科学性,实现群内资源共享,深化校企共建共享,加强社会服务能力。同时,平台的使用应以促进学生"增值"为目标。世界高等教育评价改革的趋势就是以学生学习为中心的评价为主流,强调以"学"为中心的增值性评价视角,促进学生积极投入学习之中,因此高校需要完成从单纯关注对院校的资源投入、办学条件,到注重学生的学习过程及成果的转变。所有的以专业群建设为中心的输入必须转换为有"增值"效应的输出才能说明专业群组建真正取得了实效,而"增值"即是学生能够在专业群的平台下学到什么以及习得的技能水平如何[①]。

第一,着力建设一批技术特色研发中心。校企合作既可以通过综合平台来推进,也可以通过特色性专门化平台来实现,技术技能创新服务更是如此。围绕核心技术、围绕职业技能等级证书、围绕特定产业园区、围绕特色小镇,专业群通过校企合作可以通过校政行企的合作,建立专门性协同创新中心,如浙江轻工技术研发中心、浙江制鞋技术研发中心、浙江服务万亿金融产业协同创新中心、浙江跨境电商技术协同创新中心等,从而达到特色化发展的目标。

第二,积极探索混合所有制实体化产学研协同创新中心。混合所有制是新时代构建现代化经济体系的重要途径之一,推进职业教育混合所有制办学、吸收更多更大社会力量支持办学

---

① 周娜. 高职院校专业群的组建逻辑研究[D]. 秦皇岛:河北科技师范学院,2022.

也是国家职业教育改革的重要内容。为了把技术技能创新做强做大做特,专业群的管理人员、教学人员和科研人员应当进一步解放思想,积极探索以资本为纽带的责权利相结合的共同体,用混合所有制的方式,通过吸收技术人员、骨干教师入股的方式,积极推动技术技能创新服务,努力把蛋糕做大切好,更好地激励教师,充分调动教师积极性和创造性。

湖南某高职院校的高水平专业群建设中产教融合命运共同体构建示意图见图2-7。该校成立了学院理事会,形成政、校、行、企产教融合决策层,在理事会这一机制的共同治理下整合研究院、产教融合技术应用创新中心、职教集团这三个平台,分别设立了科技研究委员会、专业建设委员会、团队建设委员会、创新创业委员会、国际合作委员会,承担着人才培养、科技攻关、团队建设、技术服务、国际合作、智库咨询的责任,形成了一个联盟管理、资源共享、协同教学研究、信息发布的信息共享平台,使得产教融合技术应用创新平台从抽象走向具体,从难以落实走向可操作。学校以办学资源及人力资源组建实体运作机构,企业以优质的技术研发成果及技术创新资源参与产教融合平台运作,把合作平台提升到校企命运共同体的新高度,使校企合作、产教融合有了新的深度与宽度,构建起良性的产教融合生态圈,实现了教育链、产业链、创新链与人才链的融合,助力地方特色产业结构转型升级,为区域经济发展提供了标准和方案。

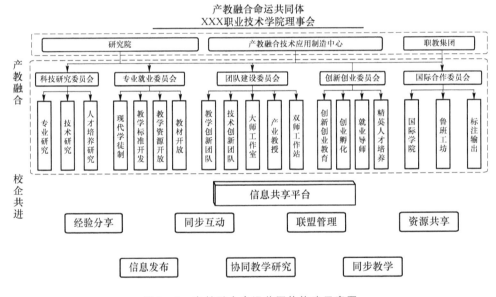

图2-7 产教融合命运共同体构建示意图

(三)制度建设:强化技术技能协同创新中心的保障机制

提升双高建设学校技术技能创新服务能力和水平,思想认识到位很重要,强化机制保障也十分必要,具体来说要做好以下三点。

第一,专业群要加强对市场和需求的调研。要突出需求导向,围绕致用目标来搭建平台、建立组织。为此,双高学校要通过建立校内专门队伍,动员教师走出去,将行业企业技术骨干请进来等途径,构建需求调研和市场状态的长效问诊机制,努力按需求导向开展相关工作。

第二,专业群要切实做到服务学生成才和教师成长相结合。技术技能创新服务的直接目标是为中小企业技术研发和产品升级服务,同时为区域经济社会发展服务特别是产业结构优化、产品升级和产业转型服务,为高端产业、产业高端、国家重点产业、区域支柱产业和战略新兴产业服务。但学校不同于专门的科研院所,必须贯彻人才培养为中心理念,必须服务服从于学生成才、教师成长理念,切实在技术技能服务中培养学生、成就教师、实现经济效益和社会效益的和谐统一。

第三,专业群要努力改革优化考核和奖励激励机制。开展技术技能创新服务工作,与学校原有的"早九晚五"工作节奏和"45分钟课堂"等工作量计算办法可能会发生矛盾和冲突,也会影响常规工作秩序。专业群要解放思想、更新观念,用改革的思路研究新情况和新问题,采用鼓励和激励的方法支持教师和专业技术人员积极开展技术技能创新研究开发和社会服务,以此扩大学校的社会合作面,履行学校的社会责任,努力把专业群建设、师资队伍建设提高到新的水平。

第九节 促进国际交流与合作

"双高计划"明确提出了高职教育要进行"国际化"建设,专业群国际化的水准本身也是考核专业群是否达到"世界一流"水平的重要指标。可见,促进国际交流与合作是专业群面向职业本科未来发展的必然选择。因此,本节从专业群促进国际交流与合作所面临的机遇挑战、内涵共识和路径策略进行分析,以期理论明晰、实践可依,使理论与操作有路径可循。

一、国际交流与合作促进高水平专业群建设的价值意义

(一)促进专业群内资源要素的系统升级

对专业群自身的发展而言,国际交流与合作可以倒逼专业群优化各类教学资源配置,更新治理结构,从而提升"内功"。对世界各国的职教体系而言,通过国际化的发展战略将国际化实践融入学校教学科研与社会服务,从而系统提升专业办学能力[1]。相较于普通高等教育而言,由于专业群是聚焦于产业链上的教育系统,更能够依托技术梯度差异实现"走出去"和"走进去"。尤其在东非、东南亚等地区,由于殖民历史,这些国家的普通高等教育体系仿照英美等国体制,并不算落后,但由于其产业层次不高,产业结构不完善,产业链相对低端,无法支撑本国职业教育的发展。前缅甸驻华大使吴帝林翁就曾表示缅甸急须加强职业教育,相比于对学士、研究生的需求,缅甸对经过学习后能直接参加工作的人员需求更迫切[2]。因此,专业群进行国际交流与合作,就要既体现高水平的特色职教模式,也要解决当地中资企业技术技能人才紧缺的问题。在"走出去"时,专业群的资源要素不可能直接移植到国际上其他国家和地区,必须要结合区域风土人情和产业发展情况进行适应性的改革。这种"走出去"改革的过程本来就是对专业群内部资源要素的盘活、升级和利用,促进专业群进一步和中资企业深度合作,在助力当地职业教育高质量发展,为当地企业提供高素质、高可用的技术人才的同时,促进专业群自我

---

① 陈德云.全面国际化:美国高等教育国际化发展的新动向[J].全球教育展望,2014,43(12):110-118.
② 环球时报.缅甸驻华大使吴帝林翁:"中国是缅甸的真朋友"[EB/OL].(2019-01-02)[2023-04-20].https://baijiahao.baidu.com/s?id=1621505779139514261&wfr=spider&for=pc.

更新、系统升级。

（二）促进职业教育发展的理念升级

通过"引进来""走出去"并行，升级职业教育面向未来发展的理念，在人才培养、技术转换上助力新发展格局，走中国特色职业教育国际化新路径。新中国成立后，我国职业教育基于革命年代的历史经验，通过"学苏联""学德国""学世界"的过程，形成了本土化和国际化相结合的职业教育发展理念和体制机制。近年来，国家通过一系列顶层设计，指导职业教育的国际化逐渐从"引进来"转向"走出去""走进去"。《国家中长期教育改革和发展规划纲要（2010—2020年）》提出，"要开展多层次、宽领域的教育交流与合作，提高我国教育国际化水平，培养大批具有国际视野、通晓国际规则、能够参与国际事务与国际竞争的国际化人才"[①]；《推进共建"一带一路"教育行动》则要求进行多层次、多类型的职业教育国际合作，要大力提升教育对外开放治理水平；在近期出台"双高"文件中提出建设"世界一流"目标，其本质是高质量形成"高职教育国际品牌"，不应仅停留在备忘录签订、短期交流和外事接待层面，还应把全球的，跨国界、跨文化的理念融入高职教育的目的、功能或服务，推动与中国企业"走出去"相配套的职业教育发展模式，培养出具有家国情怀、国际视野、通晓国际规则和能胜任国际事务的国际化技术技能人才，呈现高职教育跨界开放属性和类型教育特征，并以此指向高职教育未来的发展重心，即走国际化发展、提升国家影响力、服务人类命运共同体的建设。

（三）推动全球教育治理的效能提升

专业群的国际化是教育体系国际化的重要内容，通过职业教育的国际交流与合作构建主权国家在全球治理的主体地位和话语权，展示"有为大国"构建"有效秩序"的责任担当，是新发展格局下中国职业教育高质量特色发展的应然指向，也是推动全球教育治理体系的实然要求。学界普遍认为，职业教育参与全球治理的主要内容包括提出新的职教理念，制定国际职业标准和教学标准，进行双边或多边的人文交流，展开国别类的职教研究和推动当地产业融合等内容[②]。实际上，这些活动也正是"双高计划"以来专业群国际交流与合作的实践范畴。同时，这些实践活动就提高专业群国际化水平而言，也是对全球职业教育秩序和全球产业发展利益的维护。在教育国际化的漫长历程中，发达国家通过先发优势集聚教育资源，借此占据全球教育治理体系的主导权[③]。专业群积极进行国际交流与合作，打破了这种"唯发达国家论""唯西方论"的一元结构，为全球职业教育发展和全球教育治理提供了新的方案。

二、专业群国际化的机遇与挑战

（一）专业群展开国际交流与合作的机遇

第一，全球技术技能人才缺口较大。依据商务部、国资委、联合国开发计划对"一带一路"

---

① 国家中长期教育改革和发展规划纲要（2010—2020 年）[EB/OL].（2010-07-29）[2023-04-21]. http://www.moe.gov.cn/srcsite/A01/s7048/201007/t20100729_171904.html.

② 顾明远,唐虔,秦亚青,等.全球教育治理[J].清华大学教育研究,2021,42(4):1-17.

③ 菲利普·阿特巴赫,姜川,陈廷柱.全球化与国际化[J].高等教育研究,2010,31(2):12-18.

合作伙伴中资企业及利益相关方的调查发现,"走出去"企业在技术溢出地区面临着专业技术工人匮乏的问题,而这些地区大多职业教育还相对滞后①。这种技术技能人才的缺口意味着我国高职院校服务的市场主体业已拓宽,既要为技术溢出地区的当地人民培养技术技能人才,也要为"走出去"企业培养国际化技术技能人才。近年来,各个高职院校的专业群与中资企业合作成立产业学院、鲁班工坊等正是基于上述原因,如天津渤海职业技术学院在泰国的"鲁班工坊"是中国在海外设立的首个"鲁班工坊"②。此外,由于近年来我国对非洲等区域的援外项目较多,也有不少专业群依托援外项目展开国际性的技术技能培训和社会服务,如宁波职业技术学院依托国家援非项目,在非洲贝宁设立贝宁学院。由于专业群是紧密聚焦产业链的,在国家政策的大力支持下,能够根据产业国际化发展来制定人才培养方案,培养国际化视野的技术技能人才。

第二,欧美教育强国先发优势逐渐式微。高素质技术工人是世界新一轮技术革命必备的生产要素,但高职教育并无一个世界统一的标准。因此,欧美国家在职业教育领域的优势主要基于工业革命早,工业化程度高。但近年来,随着国际格局的变化,以及全球价值链布局和贸易利益分配体系重构③,高职教育领域中欧美国家的比较优势并不显著,反而我国在此领域有着专业标准、教育规模和资源集约等方面的比较优势,有成为世界职业教育标准引领者的潜力。在可预见的未来,欧洲、北美和澳大利亚的留学吸引力将逐渐向东亚永久性倾斜④,这些都为我国高职教育掌握话语权提供了"弯道超车"的机会。因此,高职院校应抓住这一机遇期,确立一套适用于人类命运共同体的职业教育标准,以提升在世界职教体系中的话语权。

第三,政策红利推动专业群"走出去"。高职教育的类型化特征之一就是要服务区域和区域产业发展⑤,高职教育的国际化自然也要以区域战略和区域产业"走出去"的需求为中心。就重庆高职院校的专业群而言,一方面,在重庆加快内陆开放高地建设背景下,高职对外开放作为其中一环也能享受到"重庆市政府市长奖学金"等政策红利。另一方面,重庆重点培育的"芯屏器核网"全产业链和"云联数算用"要素集群为高职国际化提供了建设方向,地方高职院校可优先推动智能产业相关的专业群和专业"走出去"。此外,随着疫情影响的消弭,专业群能更深入地走出国门去开展境外交流与合作,而非仅在线上云端。

(二)专业群展开国际交流与合作的挑战

第一,"信任赤字"导致教育国际合作制度性危机。各国间的信任裂痕扩大,英国"脱欧"、美国对华"有目标的脱钩"、欧洲对美国信任的日益衰退都是"信任赤字"的具体表现⑥。专业群进行国际交流与合作的要素——人员、资源、资金和项目的国际化流动都严重受此影响。

① 智研咨询.2021年中国对"一带一路"沿线国家投资合作、对外承包工程及"一带一路"倡议对我国国际贸易的影响分析[EB/OL].(2021-09-04)[2023-04-21].https://www.chyxx.com/industry/202109/972654.html.

② 网信静海."鲁班工坊",携工匠精神走向世界[EB/OL].(2022-04-16)[2023-04-21].https://baijiahao.baidu.com/s? id=1730202179049206188&wfr=spider&for=pc.

③ 朱兆一,姜峰.中国数字服务贸易出口推动全球产业结构升级了吗——基于资源错配的视角[J].国际商务(对外经济贸易大学学报),2022,No.207(04):88-104.

④ Altbach,P. G. & de Wit,H. COVID-19:The Internationalisation Revolution That Isn't[EB/OL].(2020-03-14)[2021-04-13].https://www.universityworldnews.com/post.php? story=20200312143728370.

⑤ 吴一鸣.扩招推动下高职教育类型发展的动力与路径[J].教育发展研究,2020,40(Z1):83-89.

⑥ 德媒:新冠疫情使欧洲对美国的信任崩塌[N].参考消息,2020-07-01.

第二,专业群的国际交流合作流于表面。一方面,专业群的国际化行为是对考核政策路径依赖的外在表现,不少国际合作并非出于教育资源国际流动的实际需要,而是应对考核指标的结果。另一方面,大部分国际交流合作都停留在线上合作的维度,或者是宣传报道、揭牌仪式等层面,教师和学生真正深入到境外合作办学点的少之又少。虽然线上教育合作具备时空灵活、资源共享和数据评测等优势,但教育本质是一种人与人社会关系的形式,纯粹线上的国际化行为成效有限。

三、深化国际交流与合作的路径策略

(一)引进来,借鉴国际先进教育资源,促进专业群高质量发展

第一,以专业群核心专业为主,集聚国际化优质教学资源,打造优质中外合作办学项目。通过加强与世界高水平大学、特色学院和优势学科专业的国际合作与交流,建设高水平示范性的中外合作办学机构和项目。职业院校通过开展中外合作办学,借鉴国际先进的教育思想与教育经验,引进先进职业教育办学理念、人才培养模式、专业课程、辅导教材等优质职业教育资源,引入外方教师到校任教、指导教学,共同开发专业标准和课程体系,进一步深化教育教学改革,提升教学水平及人才培养质量,进而培养具有国际思维、国际视野的高水平技术技能人才。同时对相关专业或专业群,以及其他非中外合作办学专业建设形成辐射和发挥借鉴作用,逐步扩大先进的教学方法和课程的应用范围,职业教育"引进来"具有明显的社会效益。

第二,引进国际通用职业资格证书,深化专业建设,推动专业发展与国际接轨。引进发达国家国际通用职业资格证书,推动专业发展与国际接轨,提高人才培养水平和就业竞争力。以专业群为单位,主动衔接国际通用职业资格证书人才培养的需求,积极引进发达国家强势专业、"双师型"教师和工程师、先进仪器设备和管理经验等,共建实习实训基地,开设理实一体化课程、实训课程,切实提高学生实践操作技能水平和社会就业竞争力,实现复合型应用型能工巧匠、大国工匠的人才培养目标。

第三,强化技能特色、突出专业方向课程模块,培养既懂语言又懂技术的来华留学生。充分发挥职业院校职业教育的本质特色,以产教融合、校企合作为导向,不断创新和完善来华留学生培养体系,强化技能特色,凸显应用型人才培养。以"语言+文化"为基础,突出专业特点,以"课程+实践"为途径,促进产教融合,实现留学生的汉语水平、人文交流、职业技能、实践能力全面提升,增强来华留学生的综合竞争力,为"一带一路"合作伙伴培养一批具有国际视野,掌握汉语语言,了解中国文化和国际规则,专业知识与实践技能兼具的全方位高素质创新型人才。

(二)走出去,拓宽国际交流领域,深化专业国际合作形式

第一,推进学生海外留学,通过拓展课程模块,强化学生专业技能。海外留学生开阔视野、提高自立能力、培养跨文化能力的同时,通过拓展课程模块,以"专业+语言"方式来解决"懂语言不懂技术、懂技术不懂语言"的问题。该方式是专业群国际化建设的重要组成部分。同时学生参与海外留学项目,接触到不同国家的教育体制,可以学习到国际前沿的专业课程和技术,参与丰富多彩的文化交流活动,体验到不同的校园文化,强化专业技能、创新思维模式,进一步

明晰未来职业生涯规划。

第二，以专业群英才培养为基础，鼓励学生参与重要国际技能大赛。通过"赛训结合""赛教融通""以赛促学""以赛促改"，国际技能大赛促进专业群开展技术技能培训、课程开发、标准制定、技能开发和技术创新等各项工作。在专业群英才培养中把国际技能大赛科学的训练方法、先进的设备和技术工艺转化到技能教学中，把国际技能大赛先进的理念、标准和严谨的组织方式融入专业课程，以提升教育教学质量，实现教学与企业岗位的对接，进一步提高职业教育水平和对学生专业技能的综合检验能力，对标国际，培养更多具备创新能力和国际化视野的复合型人才。

第三，整合专业群资源，以"产业学院"为载体，在海外开设"工匠工坊""工匠学院"等具有职教特色的国际品牌。职业院校紧密围绕"一带一路"建设和国家产业发展需求，服务走出去的中国企业和国际产能，开设海外"工匠工坊""工匠学院"等具有职教特色的国际品牌。与企业深度合作，通过海外"工匠工坊""工匠学院"将企业的国际化标准、工匠精神等融入人才培养方案，同时与企业合作在教学设计、课程设置、教材开发、师资培训等方面整合专业群资源，共同构建相关课程体系，或是聘用国外高水平专家为学生授课。比照世界发达国家先进产业标准，厘清相关产业对不同层次人才的需求，对接职业技能培训、高等职业教育、应用型本科技能人才的培养目标，体系化设计人才培养路径，积极培养合作国家经济产业发展亟需的本土化技术技能人才。

我国职业教育正在迈向世界舞台中心的路上，中国职业教育的实践和成就获得了国际广泛认可和赞许。中国职业教育正在"走出去"，而教学标准的输出是中国职业教育走出去的重要举措。专业群主动对接国际产业发展和技术进步，参与制定职业教育国际标准，开发国际通用的专业标准和课程体系，推出一批具有国际影响的高质量专业标准、课程标准、教学资源，有效推动了职业教育中国标准走进合作国的国家教育体系，提升职业院校国际化办学水平，提高国际人才培养质量，让世界共享中国职教优质教育资源，把优秀职业教育成果输出国门与世界共享。

第三章 专业群的质量评价

新修订的《职业教育法》规定职业院校应"建立健全教育质量评价制度,吸纳行业组织、企业等参与评价"。专业群建设质量评价体系是围绕人才培养模式创新、课程教学资源建设、教材与教法改革、教师教学创新团队、实践教学基地、技术技能平台、社会服务、国际交流与合作、可持续发展保障机制等方面开展系统化监控、评价和诊断,用以保障专业群人才培养目标有效实现,提高专业群发展水平的质量管理系统。专业群质量评价体系考察专业群在"面向需求,突出重点,彰显特色"的专业群建设原则性,"产业链""技术核""职业域"的对应性,关注专业群组织体系、核心专业引领、模块化课程体系构建、产教融合、师资队伍、实训条件、课程教材、人才培养能力、技术研发与社会服务能力、社会声誉等方面的成效。

第一节 专业群质量评价的价值意义

一、专业群质量评价的脉络梳理

随着双高计划的深入实施,质量评价是专业群面向未来、提升质量的主要抓手和核心环节。在宏观维度,专业群质量评价是"双高计划"和职教本科治理的重要组成部分,在推动职业教育整体可持续发展、推进职业教育结构性改革和促进整体教育资源优化配置中具有重要意义。在中观层面,通过质量评价提升专业群的人才培养方案的针对性,面向产业未来发展优化课程体系和资源,从而提升专业群的治理水平和品牌效应。在微观层面,强化师资队伍建设,形成"以生为本""以人为本"的评价理念,激发师生主观能动性。

考察专业群建设乃至整个"双高计划"的投入产出比例,主要目的是促使专业群通过质量评价后发现问题和改进不足。正如 Stufflebeam 所言,评价的主要目标正是为了改进[①]。换言之,专业群的质量评价是通过评价促进专业群的建设改进,再以专业群建设改进促进高职院校的发展。

同时,专业群作为与产业链对接的产物,其发展轨迹应与产业对技术技能人才需求变化轨迹相匹配,故专业群在不同阶段的特征、举措和绩效都不尽相同。专业群的治理结构会影响专业群的生命周期,使专业群的发展轨迹在理想曲线上游移。因此,学校对专业群建设规律的理解程度在很大程度上影响了专业群生命周期的发展轨迹。通过质量评价,可以纠正专业群唯指标化的倾向,或是改善重视外部资源投入、忽视内部创新等问题。

---

① Stuflebeam, Shinkfield. Evaluation Theory, Models, and Applications[M]. San Francisco: CA Josey-Bas, 2007.

二、专业群质量评价的本质特征

专业群质量评价体系是现代质量管理理论在职业教育领域的运用,也是高职院校面向职业本科升级转型的进阶,其根本任务在于通过调控专业群的质量水平来提升人才培养质量,提升职业教育的社会认同度和适应性。专业群的质量评价既是基于"个人、学校和产业的价值观的多维概念"[①],也受到"政府传导的外部压力"和"教育系统持续追求的内在品质"等多层次、多主体的诉求[②]。专业群质量的认知和评价具有多元性与复杂性,一方面,专业群是教育系统与产业集群耦合的产物,通过产教融合、人才培养、课程体系设置、课程资源开发和师资队伍建设等一系列活动,促进教育系统与产业集群的耦合。另一方面,由于专业群的质量评价涉及多元主体,且这些主体的利益诉求均有不同,对专业群的质量评价就不仅限于评估其是否实现了目标,还包括多主体是否实现了利益均衡和利益最大化。综合现代质量管理理论,可以将专业群质量评价理解为以专业群的建设目标为依据,以参与建设的利益为主体,基于产教融合的共识,运用质量评价工具,为以专业群的可持续发展为目标的系列评价评估活动。

(一) 组群逻辑:高水平专业群的布局评价

高水平专业群的组群逻辑是质量评价的重要内容,是从宏观层面评价高职院校专业群建设规划是否合理的重要内容。专业群组群逻辑是影响高水平专业群建设效率和效益的主要因素。一方面,一个合理科学的专业群组群逻辑,有利于集约化专业群建设的人力、物力和财力,推进专业群建设的进程,从而保障高职院校专业群建设的基本效率。另一方面,科学合理的专业群组群逻辑直接关系高职院校"高水平"的有效性。专业群建设的成效涉及高职院校人才培养的质量和社会服务能力等一系列问题。因此,专业群组群逻辑的科学性与合理性是构建专业群质量评价体系的重要内容。首先,合理的专业组群逻辑能够形成"宽基础＋活模块"的课程体系以及"大专业进＋小专业出"的人才培养方案,解决高职院校中人才培养与产业用人需求不适应的矛盾。其次,专业群并非是固定的行政科层制机构,可以依据区域产业结构发展和行业企业需求及时调整优化组群逻辑,相对灵活地应对外界变化。最后,合理的组群逻辑能够提高资源共享的效率,解决教育资源配置成本问题,提升专业群的规模效应。

(二) 资源配置:高水平专业群的过程评价

组群逻辑是从宏观层面来评价高水平专业群的建设规划,但更重要的是持续性的过程评价,即从资源配置角度审视专业群的建设过程。高水平专业群的建设是人、财、物和数据的聚合过程,而过程中各类资源的利用度和效用度直接涉及专业群建设的成效。因此,通过过程性评价规范专业群建设的过程,保障"双高计划"实施的效率和效益统一,促进专业群集约型发展。在"双高计划"下,财政和学校自身都对专业群投入了大量资金,集中了各类资源。通过过程性评价,促进高职院校走集约型发展之路。过程评价要充分挖掘专业群建设中的各种资源,形成系统效应,提升资源利用率,力求办学质量的最大化。将过程评价作为考察专业群建设的

①　简·奈特.激流中的高等教育:国际化变革与发展[M].刘东风,陈巧云,译.北京:北京大学出版社,2011.
②　邬大光.高等教育:质量、质量保障与质量文化[J].中国高教研究,2022(9):18-22.

重要评价尺度,从资源配置角度对专业群建设做出指导,有利于保障专业群建设的效益。

(三) 产教融合:高水平专业群的效果评价

评价的最终目的还是考察成效,也是组群逻辑和资源配置的因变量。评价专业群建设的结果,要综合考虑专业群建设的投入系统数量比率和理念系统的比率,重点体现在产教融合的深度和广度上,亦即产教融合的集成度。集成即将分散学校、企业等多主体的资源化零为整,由分散到集中,将损耗、干扰降到最低程度[①]。对专业群进行效果评价时,要考察专业群对校内外育人资源的整合情况。校内资源不仅包括教师,还有教学管理人员和学生;整合校外的行业、企业资源,则要结合职业教育的实践特征与应用特征,为学生实习实践提供机会,为专业群技术创新和社会服务提供支持。评价高水平专业群建设的效果时,产教融合的集成度也是对专业群建设中资源配置成效的评价。通过对专业群产教融合集成度进行考察,来保障高职院校专业建设的效益。

三、专业群质量评价的主导逻辑

主导逻辑是专业群质量评价过程中应遵循的原则,也是专业群评价标准在抽象维度上的体现。主导逻辑不仅会影响质量评价结果,更关系着评价工作的效用。专业群质量评价的主导逻辑会影响评价的形式和标准,形式和标准则会产生结果,自然也会产生相应的问题。一套既定的评价逻辑,会对不同类型的专业群建设成效进行价值与等级的评判,虽然这种评判的目的主要不是区分好恶,但评价必然会通过标准来反映问题,这些问题就是影响评价结果的主要因素。与此同时,评价逻辑产生评价形式和结果。但是,逻辑的人文性、公正性与前瞻性,将会直接影响评价形式与标准的科学性和公信度。具体来说,专业群建设评价是对教与学和职业教育发展的价值判断,需要坚持人文、公正和前瞻的基本价值逻辑。

(一) 人文逻辑:彰显教育人性发展规律

专业群的质量评价首先应以人为本,遵循教育教学基本规律与师生合理诉求,用人文性来规约专业群建设与评价。首先,对专业群的质量评价要以培养人、发展人和服务人为核心尺度,充分尊重人的权利,开发人的潜力。此处的"人"不仅指学生,也包括教师和教学管理人员等。专业群的建设要为师生成长发展提供一条合理路径。其次,专业群的质量评价是教育评价领域的重要内容,人文性的逻辑体现在关照"整体人"而非"个体人"的特殊诉求。换句话说,即追求公平公开的专业群质量评价。所谓的注重"整体人"的人文性,即按照职业教育的规律培养人的思路来进行专业群建设。通过发展"整体人"实现个人的学习成就、职业成就和人生成就。

(二) 公正逻辑:符合产业发展的人才诉求

公正逻辑在专业群的质量评价中体现为两个维度:一是理念上的公正性,如平等理念、自

① 林勇,马士华.集成化供应链管理[J].工业工程与管理,1998(5):26-30.

由理念和社会合作理念;二是现实上的公正性,如现代化进程和市场经济①。由此可见,高职院校专业群质量评价的公正逻辑,即评价程序与评价结果的公平,而且这种公平不仅要符合教育系统内部对公平性的理解,更要满足产业发展和社会公众对高职院校的人才诉求。首先,专业群质量评价的目的是提升职业教育的社会功能,即让高职院校更好地服务学生、服务产业和服务社会。其次,专业群的质量评价过程要公正,即从评价形式的设计到评价过程再到评价结果的一系列程序都应坚持独立、自主、客观、公开的原则,保证专业群质量评价结果的公信度。可通过第三方评价机构来提升评价的公正性。最后,专业群质量评价要体现差异平衡的公正性,公正不等于"一刀切"。在设计专业群质量评价指标体系时,应针对不同类型或不同地区专业群的评价目标设计分类分层分级的评价指标体系,同时,也要根据层次设计不同实施权变的评价守则。

(三)前瞻逻辑:满足职业教育未来发展的诉求

面向未来,聚焦职业教育对产业较长周期内可持续的发展进程,是专业群质量评价的重要逻辑。前瞻逻辑意味着使评价指标体系具有一定的前瞻性,作为指挥棒促进专业群建设。在"以评促建""以评促教"的过程中释放高职院校的服务社会功能,让专业群质量评价体系具有可持续发展的尺度,满足高职院校和师生的评价诉求。首先,专业群质量评价要通过"以评促建"保证专业群建设的成果可以服务于高职院校办学质量的提升。其次,通过"以评促建"既为教师的教学和职业发展提供良好的可持续发展环境,也为教师教学、科研提供决策依据,改进教学服务和促进科研成果产出。最后,通过专业群建设、课程体系改革和教材与教法创新等为学生的职业生涯提供更好的发展平台。以学生发展促进教师发展,带动学校发展,实现"三位一体"的共享共促发展。

第二节 专业群质量评价的现状分析

了解专业群质量评价的主要类型模式,分析现有的不足,才能为构建合理、高效、科学的专业群评价路径策略提供参考。"双高计划"以来,国内主要的专业群评价模式可分为"条状"与"块状"两大类。

一、专业群质量评价主要途径

(一)"条状"质量评价机制

"条状"评价机制的典型代表是山东省实施的《山东省高等职业院校专业(群)发展水平考核方案》。该方案将全省所有的专业群放在一起,每3年以同类专业群为单位进行考核。此类评价首先由学校进行自评,再由教育部门委托第三方机构进行评价,最后依据自评和第三方评

---

① 吴忠民.公正新论[J].中国社会科学,2000(4):50-58.

价的结果确定专业群的评价结果。

该方案设置了五个一级指标和一个加分指标,采用定性＋定量结合的形式,由学校自评报送和相关网络数据采集结合,具体如表 3-1 所列。指标是阐释何为"高水平"的重要内容,也为专业群后期的建设指明了方向。从该方案来看,专业群考核的核心指标仍是人才培养的成效,即从就业质量、证书获取比例和技能大赛获奖等方面进行考核。在特色创新中,也将学生参加世界技能大赛获奖和"互联网＋"竞赛获奖情况等作为重要考核指标。同时,产教融合和高水平师资队伍的建设也是重要的考核指标。尤其是强调了专业群在技术技能协同创新和社会服务方面的内容,以及教师获得技术能手和首席技师等实践类内容。较之以往的专业评价,该方案强调了专业群的国际化水平,尤其强调在境外办学和开发国际标准等输出中国职业教育理念模式的内容。

表 3-1 山东省高等职业院校专业(群)发展水平考核指标

一级指标	二级指标
一、质量效益(25分)	1. 就业质量(8分)
	2. 证书获取比例(7分)
	3. 学生技能大赛获奖(10分)
二、产教融合(25分)	4. 技术服务、各类培训及专利转化到款额(9分)
	5. 合作企业接收实习人数及留用比(8分)
	6. 平均共建共享生产性实训基地工位数(8分)
三、师资队伍(25分)	7. 具有相关行业企业工作经历教师占比(7分)
	8. "双师型"教师占比(9分)
	9. 教师教学创新团队数、教学名师数、技术能手数、首席技师数(9分)
四、课程与教材(15分)	10. 实践课程课时占比(5分)
	11. 使用省级以上规划教材和新型活页式、工作手册式及校企合作开发教材情况(5分)
	12. 普及项目、情景、模块化教学,广泛运用多种教学方法(5分)
五、国际合作(10分)	13. 师生国(境)外交流量(4分)
	14. 开发国际标准或承担国际合作平台(3分)
	15. 国(境)外办学(3分)
特色创新(加分项,20分)	获得省级及以上教学项目、科研项目、竞赛项目和奖励以及在省内外产生积极重大影响的创新成果(20分)

以山东省为代表的"条状"质量评价机制强调专业群建设的"高"和"强",尤其是单列特色创新定量指标评分办法,如表 3-2 所列。针对职业教育吸引力不强、质量不高等问题,通过赋分和权重设计来体现国家级各类成果和省级成果的高质量、品牌性意义。设置产教融合实训基地、教学成果奖等一系列标志性成果,体现了专业群建设的特色性。

表 3-2 山东省特色创新考核指标

序 号		标志性成果	计分办法
1	综合类	该专业(群)立项建设国家产教融合实训基地、国家级及省级公共实训基地	省级 2 分,国家级 2 倍权重
		该专业(群)牵头或参与职教集团(联盟)、国家行指委(教指委)、省专指委	省级牵头每个 2 分,国家级参与 2 分、牵头 5 分
		该专业(群)承担全省春季高考技能测试	省级每项 1 分
2	教师教学类	该专业(群)获得教学成果奖(第一完成单位)	省级特等、一等、二等每项分别计 3、2、1 分,国家级 3 倍权重
		该专业(群)有获得全国高校黄大年式教师团队	每项 3 分
		该专业(群)教师在政府部门举办的各类教育教学能力大赛获奖	省级一等、二等、三等分别计 2、1、0.5 分,国家级 3 倍权重
		该专业(群)牵头或参与开发国家级和省级专业教学标准、专业(类)顶岗实习标准、专业实训教学条件建设标准、职业培训标准	省级牵头每项 2 分、参与 0.5 分,国家级 2 倍权重
		该专业(群)牵头开发国家及省职业教育规划教材	省级每门 0.2 分,国家级每门 0.5 分最高不超过 4 分
		该专业(群)立项建设国家在线开放课程、省级精品资源课、国家专业教学资源库、省级专业教学资源库	省级课程每门 1 分,资源库 10 倍权重,国家级 2 倍权重,最高不超过 4 分
3	科研类	该专业(群)教师获国家级及省级科学技术奖、社会科学优秀成果奖(限前三位完成单位)	省级一等、二等、三等每项分别计 3、2、1 分,国家级 3 倍权重
		该专业(群)获批国家及省级科研创新平台	省级每项 2 分、国家级 2 倍权重
4	竞赛类	该专业(群)承办全省、全国职业院校技能大赛	省级每项 1 分,国家级每项 3 分
		该专业(群)学生在中国"互联网+"大学生创新创业大赛、"挑战杯"全国大学生课外学术科技作品竞赛、中国大学生创业计划竞赛及其省赛中获奖,学生在省大学生科技创新大赛中获奖	每项省级、国家级的一、二、三等奖分别计 0.3、0.2、0.1 分,1、0.6、0.3 分,最高不超过 3 分
		该专业(群)学生在世界技能大赛中获奖	金、银、铜、优胜奖分别计 5、3、2、1 分
5	其他	该专业(群)其他省级及以上项目、荣誉	专家认定赋分,最高不超过 3 分

一方面,"条状"质量评价的优势在于避免了不同类型专业"一刀切"导致的评价不公正和不人性的问题。因为,不同类型的专业群面向的是不同产业,而产业结构是不断变化的。相对而言,面向当下社会优势产业,或者是国家重点投资产业和紧缺产业的专业群更容易获得相应的发展资源,自然也更容易取得高水平的建设成果。另一方面,"条状"评价机制综合考虑了专业群建设的多方面内容,是一个周期性评价的过程,体现了专业群质量评价中的过程性逻辑,能够更全面地综合反映专业群实力,尤其是在同类专业群中的实力,评价结果更客观准确,也

更能够揭示专业群建设的科学规律。

（二）"块状"质量评价机制

相较于"条状"的质量评价机制，多地更常用"块状"评价机制对专业群进行考核评估，北京、上海和重庆等地均是如此。在《上海市推进高水平高职学校和专业群建设方案（2022—2024年）》中就明确提出要"加强对项目的跟踪、指导、评价机制建设，强化事前绩效设定、事中绩效监控、事后绩效评价，形成动态调整、滚动支持的建设机制"[①]。

实施"块状"质量评价机制大多从人才培养模式、课程教学资源、教材与教法改革、师资队伍建设和实践教学基地、技术技能平台、社会服务、国际合作与交流等维度进行评价。从指标的设定上与"条状"质量评价机制差异不大，多采用定性与定量综合的方法，结合学校自评、第三方评价等多维度评价。指标设定的主要差异在有的地区考察了专业群的治理结构，有的地区则将治理结构融合到其他指标中，重点考察专业群的标志性、创新性成果。

"块状"质量评价是比较法在更大范围内的运用，基于共性与个性辩证统一的原理方法考察区域内专业群整体的发展情况。相较于"条状"的评价机制，"块状"更多是站在宏观层面去考察专业群，自然也可以得到专业群彰"强"，提"高"的过程中所存在的共性经验和普遍性问题，是一种基于了解"森林"而更清醒认识"树木"的评价方法。同时，"块状"评价机制有助于消除专业群评价中认知性偏差。譬如，区位优势或建校时间不同的专业群在进行中期绩效评价时完全有可能处于不同的发展阶段，而"块状"评价机制则可以将某一发展阶段上不同专业群的建设举措与成效放在同一时期的天平上去进行衡量。

二、专业群评价的现实困境

（一）评价主体缺位

专业群评价是高职院校评价体系的重要组成部分。就现代质量管理体系的理念而言，专业群质量评价应从政府主导的行政化评价转向高校、教师、学生和企业等多元主体的共同评价，其中师生和行业企业积极参与评价是确保评价过程和评价结果公正合理且具有人文关怀的重要维度，这也是职业教育跨界开放的类型化特征决定的。专业群与本科的学科群设置不同，其是真实社会职业群或岗位群所需要的共同知识、技术和能力的科学编码，是职业行动体系归纳的结果。[②] 因此，在评价专业群的组群逻辑、建设过程和建设成效的整个体系中，企业的高效参与是保证质量评价的公正性和前瞻性的重要内容。

但是，由于产教融合制度平台构建的滞后，企业作为重要的评价主体却没有能够制度性地进入专业群质量评价体系中。虽然在"双高计划"的中期评价中都采用了教育主管部门委托第三方研究机构进行评价的形式，但企业的参与更多体现在个体层面，比如评价组中聘请几名来

---

① 上海市教育委员会. 上海市推进高水平高职学校和专业群建设方案（2022 — 2024 年）[EB/OL]. （2022-04-01）[2023-04-26]. http://182. 150. 59. 104：8888/https/77726476706e69737468656265737421e7e056d2373b7d5c7f1fc7af9758/lar/054be361ebd37299aa05574be34261b3bdfb. html? keyword＝%E4%B8%93%E4%B8%9A%E7%BE%A4%20&way＝listView.

② 姜大源. 职业教育教学思想的职业说[J]. 中国职业技术教育，2006（22）：1.

自企业的专家。行业企业在整个评价过程中很少以组织机构的形式贯穿质量评价的整个体系。因此,专业群的质量评价更多地还是体现在教育系统和行政系统,而产业并没有真正回答其是否认可专业群的建设举措和成效这一终极命题,导致了专业群质量评价的"闭门造车"。

(二)评价内涵矛盾

质量评价体系是衡量专业群建设的"指示器",其对专业群建设的多元主体间的利益博弈有协调作用。但是,我国专业群的评价是"国家—地方—学校"的纵向垂直化评价模式,评价指标体系的设计在很大程度上受到了行政权力的影响。虽然有一些第三方机构发布了相应的评价排行榜,但社会大众仍更愿意认可政府发布的评价结果。而教师和学生作为专业群建设的重要参与主体,他们的意愿和诉求却很难反映在专业群中,只能通过"填表""报数据"等形式被动参与,该方式呈现出一种功利化和数据化的特征。在这样的导向上,为了符合数据考核指标的要求,专业群内部常常忽视教师或学生的个性特征、专业专长,将教师学生直接跨专业地进行资源调配,导致了评价行为与评价内涵之间存在着人文性与工具性的冲突。

(三)评价维度单一

在对专业群的成效进行评价时整个指标设计有单一化的倾向。各地在中期考核时并没有拟定详细的可计量的指标,而是用一些质性话语进行描述。这导致各个单位在进行评价时没有一个相对统一的理解,在评价运用方面比较单一。同时,各个专业群的建设基础和建设模式均存在一定差异,无论是"条状"评价机制还是"块状"评价机制都存在着普适性不足的问题。同时,在指标体系设计的针对性层面还须进一步结合区域产业转型发展和人才需求进行设置,对普适性和个性化的兼顾平衡有所不足。

第三节　专业群质量评价的路径策略

一、优化专业群评价的顶层设计

教育行政管理部门作为专业群评价的主导部门,在第三方评价机制尚未完全形成的过程中,教育行政管理部门作为"元评价"单位要有意识转换观念,通过购买服务的形式培育和使用第三方评价机构,其职能更多的是做好评价政策的解释说明工作,对质量评价进行形式审查,审核第三方评价机构的资质等。有关部门要发挥好激励相容的作用,让职业院校和社会公众信服第三方评价的权威性、专业性和公信力。另一方面,第三方评价机构要通过多种途径和形式提升评价效能。第三方评价机构在评价的全过程中要做到评价标准透明、评价流程透明和评价信息公开,以得到专业群、教育行政管理部门、第三方评价机构、产业和社会公众的评价认同。此外,教育行政管理部门要鼓励第三方评价机构加强队伍建设,将教师、学生和行业企业技术骨干吸纳进评价的专家库中,并通过培训和交流等形式提升评价骨干的外部适应性,更好地为专业群建设提供具有国际视野和本土特色的提升建议。

二、转变专业群评价的运行理念

专业群的质量评价应与职业教育跨界开放的类型特征保持一致,有效发挥行业企业和教师学生在专业群评价中的主体作用。设计评价的运行结构时,应从"管评"转向"共评",思考专业群的人才培养工作、技术技能创新、社会服务及国际交流与合作如何体现多主体协同实施的有效性和高效性,通过完善评价组织管理体系保证专业群评价的公正性与前瞻性,将以行业、企业为代表的市场力量纳入专业群评价的运行机构,避免"内卷"的评价体系。比如金华职业技术学院就在学校和专业(群)两个层面均建立了专家指导委员会和产教融合平台,通过平台制度性吸纳行业企业力量,进行决策咨询和质量评价等工作[①]。

同时,当进行专业群的质量评价时要基于"融通"的理念。专业群的评价并不等于专业质量评价的累加,而是要基于融通的综合测评体系,从集约化和集成化的维度来考察专业群的建设举措与建设成效。要激发师生作为专业群建设评价主体的主观能动性,推动评价重心下沉,使专业群的负责人或带头人真正成为质量工程项目的第一责任人。金华职业技术学院从专业群建设目标与产业需求契合度、专业群资源投入与协调度、专业群运行实施与整合度、专业群建设成效和美誉度四个方面进行测评,体现了群内融合发展、群外教育系统与产业系统协调的评价导向[②]。

三、提升专业群评价的技术支撑

在专业群评价的微观层次,要基于评价目的,根据评价功能,形成全息科学的评价过程。首先,在专业群建设的初期要评价其是否具有可持续发展的条件,是否有科学的组群逻辑,亦或是仅将几个无法"关停转并"的专业通过名称更改的形式强行组建。通过评价专业群对接产业链的需求,是否符合院校发展规划,是否具有区域特色优势等维度衡量专业群建群的合理性。换言之,专业群的评价技术要凸显职业教育人才培养中的职业性特征,体现专业群建设中的决策科学性和整体效益。此外,在专业群的运行过程中要提升质量评价的及时性,根据评价反馈调整专业群建设的实践。在具体的实施中要充分运用情感计算、视觉识别、大数据和人工智能等新一代信息技术,全方位多角度监测专业群的建设过程,尤其是对一些视频图像等非结构化的数据要进行动态采集,给予专业群建设主体的数据决策权。同时,要提升职业院校负责进行专业群评价的职能部门的数据素养,以智能工具和测评数据为支撑提升质量评价和教学管理的能力。一方面,相关部门要意识到大数据所提供的更多是相关关系而非因果关系,对技术发现的问题要合理研判;另一方面也要规避"唯数字化"的倾向,注重技术的价值释放;避免一线师生仅停留在填报数据的层面,不注重对数据的分析运用,影响数据真正发挥其效用。

① 成军,王亚南,张雁平.高职院校专业群治理:内涵、现实困境及优化路径[J].高等工程教育研究,2021,187(02):141-147.

② 成军,王亚南,张雁平.高职院校专业群治理:内涵、现实困境及优化路径[J].高等工程教育研究,2021,187(02):141-147.

实 践 篇

第四章 高水平专业群的组群逻辑

重庆电子工程职业学院(简称学校)主动适应经济发展和产业升级,从市场需求侧和人才供给侧入手,变革教育资源组织方式,探索生产、教学、研发一体化的内在逻辑和功能耦合,以专业群建设为突破口和着力点,引领学校教育教学改革。自觉把握高水平专业群建设的内涵,自觉适应专业交叉融合发展的趋势,对接新一代信息技术、高端装备制造、现代服务业等战略性新兴产业和重庆支柱产业,按照"面向需求,突出重点,彰显特色"的专业群建设原则,对应"产业链""技术核""职业域",着力发展"芯屏端核网"为主的高端产业和产业高端需要的专业,突出电子信息和智能化特色。自觉遵循梯次发展的规律,按照"扶优扶需扶新"原则,将专业群整体分为率先冲击世界水平专业群"高峰"、巩固发展专业群"高原"、培育新兴特色专业群"高岗"三个层次进行建设,使学校专业群的整体办学水平显著提升,并在巩固发展专业群高原上"起高峰"。

第一节 专业群组群逻辑与构建模式

一、单核心辐射型专业群组群逻辑

学校14个专业群立足重庆现代产业体系发展和升级需求,适应工业化、数字化交叉融合的趋势,从产业研究和人才需求分析入手,包括专业群对接的产业链和生产环节、学生的就业岗位、职业能力的分析等,厘清产业业态与岗位群逻辑关系,按照"产业链→技术核→职业域→专业群"的组群模式,构建起与产业发展对接的单核心辐射性专业群。

单核心辐射型专业群由一个办学特色明显、影响力大、实力强、就业率高的专业为核心专业,若干专业基础相通、技术领域相近、职业岗位相关的专业组成。单核心辐射型专业群分为以下三种组群模式。

一是面向产业链基于技术相通构建专业群,即聚焦产业链的关键技术,分析产业链上下游的人才需求状况,明确对应的技术核,构建单核心辐射型专业群。例如,集成电路技术专业群对接重庆市"芯屏端核网"智能产业链的芯片和终端产业链,面向集成电路的设计、制造、应用、销售与服务这条产业链主线,构建以集成电路技术为核心专业,微电子技术、智能产品开发与应用和应用电子技术专业为支撑的专业群,物联网应用技术、信息安全技术应用、汽车制造与试验技术、飞行器维修技术等专业群都属于此类模式。

二是依托职业域构建专业群。例如,汽车技术服务专业群根据职业岗位群的变化情况,将新能源汽车技术、汽车电子技术、无人机应用技术和智能网联汽车技术跨学科交叉专业组成汽车制造与试验技术专业群,实现专业群建设与产业链人才需求深度对接。

三是面向岗位群构建专业群,即针对某个行业相近或相关的职业岗位(群)来构建。例如,根据职业岗位相关性原则,以虚拟现实技术应用为核心,联动数字媒体技术、影视动画、广播影视节目制作专业,各专业之间相互依赖促进,同时形成合力,服务于数字内容产业链对于"核心技术""基础技术""艺术表达""艺术创意"等互为支撑的多岗位需求,通过四个专业高耦合和优势互补组群,相互协同发展,形成一个完整的数字内容生产及应用系统,最大限度地发挥专业群的集聚优势,为企业提供打包式人才服务。通信系统运行管理专业群、金融科技应用专业群都属于此类模式。

单核心辐射性专业群重点发挥核心专业的统领与辐射作用,按照以"核心专业为依托,相关专业共发展"的原则,以平台+模块化课程体系构建为基础,建立跨专业的模块化教学组织,对专业群内外各专业资源进行有效整合,在师资、课程、合作企业、校内外实训基地等方面提升资源整合程度,打破群内专业壁垒,在核心专业发展的同时带动若干相近专业的发展,促进群内专业资源的互联共享,夯实专业群组群基础,有效提升专业群的1+1>2集群效益和服务功能。

二、双核心协同型专业群组群逻辑

学校在2021年5月学校根据新专业目录,按照"专业群对接产业群,数字经济与实体经济相融合"思路,深化专业群智能化改造,实现了"芯屏端核网"智能产业链全覆盖的目标,人工智能与大数据专业集群得到进一步优化;信息安全技术应用与人工智能技术应用2个专业建设基础最好,发展前景最佳,且仍具有相融关系,故作为专业群的核心专业;信息安全技术应用带动云技术技术应用、计算机网络技术、软件技术、密码技术应用和区块链技术应用,并面向职业本科增设信息安全与管理、软件工程技术和云计算技术;人工智能技术应用带动大数据技术、移动应用开发、嵌入式技术应用、工业软件开发技术,并面向职业本科增设大数据工程技术和人工智能工程技术。表4-1所列为专业群与对接产业情况。

表4-1 专业群与产业对接一览表

序 号	专业群名称	对接产业
1	物联网应用技术专业群	适应重庆市"芯屏端核网"智能产业全产业链发展需要,对接物联"网"产业链、智慧城市"物联网+5G"技术领域
2	信息安全技术应用专业群	适应重庆市大数据智能化产业发展需求,对接信息安全、大数据、软件技术、人工智能等产业
3	云计算技术应用专业群	对接云计算、大数据和人工智能等技术为主的新一代信息技术产业
4	集成电路技术专业群	对接"集成电路辅助设计""集成电路工艺制造""集成电路封装与测试""集成电路应用"等技术领域
5	通信运行管理专业群	对接新一代信息技术、5G网络及应用、数据中心等国家战略性新兴产业
6	汽车制造与试验技术专业群	促进重庆市制造业高质量发展,推动汽车高端化、智能化、新能源化转型,对接汽车制造业、新能源汽车和智能汽车产业、通用设备制造业、专用设备制造业、电气机械和器材制造业、智能消费设备制造业等

序 号	专业群名称	对接产业
7	飞行器维修技术专业群	适应重庆航空装备制造产业的发展需求,对接飞机维修、航线维护、飞机制造和无人机服务等产业链
8	建筑智能化工程技术专业群	适应建筑产业现代化的产业升级需求,对接数字建筑产业链
9	智能医疗装备技术专业群	适应重庆市健康科技与健康服务产业的发展需求,对接高端医疗设备、智能康复器械、机器人、健康体检、健康咨询、调理康复、休闲养老旅游产业链
10	虚拟现实技术应用专业群	适应重庆市数字产业转型升级需要,对接数字内容产业链全领域的数字游戏、影视动漫、互动娱乐、内容软件、虚拟现实设计开发、增强现实开发、交互设计、建筑效果图表现等数字内容产业链
11	环境艺术设计专业群	适应成渝双城经济圈文化创意产业链发展需要,对接文化创意产业链环境艺术设计、广告艺术设计等创意领域
12	金融科技应用专业群	适应重庆市以大数据智能化为引领的数字金融产业转型升级,对接风险防控、量化投资、数字资产管理、跨境金融结算、在线保险与定损理赔等金融科技产业链
13	现代物流管理专业群	适应重庆市以大数据智能化为引领的智能物流产业转型升级,对接无人物流设施设备运维、仓储配送方案规划与仿真、智能多式联运、物流大数据挖掘等智能物流技术产业链
14	电子商务专业群	适应重庆市着力发展高端服务业和建成中国西部地区电子商务发展高地产业转型升级,对接电商/跨境电商运营、智能零售、互联网产品管理等数字贸易产业链

三、学校高水平专业群的构建模式

(一)物联网应用技术国家级高水平专业群

1. 物联网应用技术专业群的构建

对接重庆市智能产业"芯屏器核网"中物联"网"产业链硬件制造、系统集成和运营服务全领域,围绕包含传感网、云存储、5G、SDN 等核心技术构成的技术域,调研分析并提炼出设备测试、系统开发、项目管理、网络优化等岗位职业域,构建以电子信息工程技术、通信工程设计与监理、移动通信技术、通信技术等专业为主体,物联网应用技术专业为核心的专业群,实现专业群建设与产业链人才需求深度对接。物联网应用技术专业群与物联网产业链对接关系如图 4 - 1 所示。

2. 物联网应用技术专业群培养目标

结合重庆优先发展智能产业的定位和作为国家物联网产业示范基地的优势,物联网应用

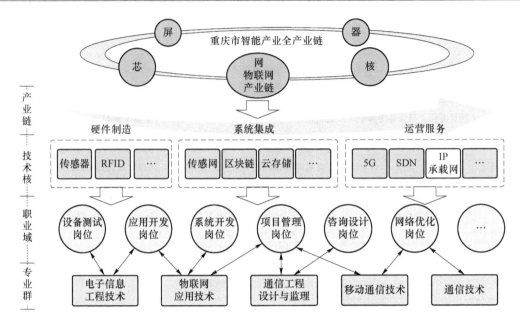

图4-1 物联网应用技术专业群与物联网产业链对接关系

技术专业群精准对接物联"网"全领域人才需求,培养德技并重,具备"智能终端开发、系统方案解决与工程实施、网络设计与运维"等专业技术能力,服务产业发展与区域经济的高素质技术技能创新人才。

3. 物联网应用技术专业群组群逻辑

根据由传感器终端构成的感知层、运营商通信网络构成的传输层,以及云存储等技术实现智能处理的应用层等三层物联网系统架构,衍生出硬件制造、系统集成和运营服务三大领域的物联网产业链。

由物联网系统三层构架之间密不可分的内在联系,映射硬件制造、系统集成和运营服务三个领域间相互依存与协同。与三大领域相对应的电子信息工程技术、物联网应用技术、通信工程设计与监理、移动通信技术、通信技术专业彼此间也存在很强的内在联系,各专业之间既存在相同的技术技能基础,又具有各自的技术方向,也具备密切的相关性。

电子信息工程技术主要面向智能终端产品相关硬件制造领域的传感器相关等岗位;物联网应用技术主要面向系统集成领域的系统开发和项目管理等岗位;通信技术、移动通信技术主要面向运营服务领域的网络优化、项目管理等岗位;通信工程设计与监理主要面向运营服务领域的咨询设计、项目管理等岗位。如同一个完整的物联网系统,专业间高度共享、协同发展,最大限度地发挥专业群的集聚优势。

(二) 信息安全技术应用专业群国家级高水平专业群

1. 信息安全技术应用专业群的构建

信息安全是涉及计算机科学、网络技术、通信技术、密码技术、信息论等多学科的综合性学科,同时,信息安全产业是重庆大数据智能化新一代信息技术产业的典型代表。以信息安全产业链为抓手,剖析现代信息技术产业集群具有典型和现实意义。依据《2017—2022 年中国信息安全行业市场发展现状及投资决策分析报告》,理出信息安全上、中、下游所构成的典型产业链,如图 4 - 2 所示。

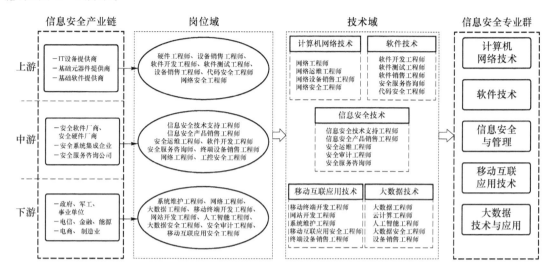

图 4 - 2　产业链和专业群岗位分析

基于信息安全上中下产业链和涵盖岗位域分析,把相关岗位所对应的技术域归类,形成由计算机网络技术、软件技术等 5 个核心技术元素组成的"技术域","技术域"中每个技术元素分别对应 5 个专业,这 5 个专业为专业群,见图 4 - 3。上游是软硬件基础性产业,下游是应用行业。上游和下游主要涵盖软件技术、计算机网络技术、移动互联应用技术、大数据技术与应用等专业技术领域,产业链中游主要聚焦信息安全技术应用专业技术,由此形成以"软件技术、计算机网络技术、移动互联应用技术和大数据技术与应用"专业为主体,以信息安全技术应用为龙头的专业群结构,有效对接产业链。

2. 信息安全技术应用专业群人才培养目标

面向新一代信息技术产业集群,依托信息安全产业为核心的产业链,按产业链上中下游顺序梳理出 25 个核心岗位,转化为专业群课程模块体系。通过专业方向模块化课程多元组合选修,不仅培养计算机网络工程师、软件技术工程师、信息安全工程师、移动互联网工程师和大数据工程师 5 个岗位方向人才,还可以培养大数据安全、移动互联网安全、软件编码安全和网络安全等多方向复合型创新人才。

3. 信息安全技术应用专业群组群逻辑

随着信息技术的高度融合与交叉发展,以大数据、智能化为代表的现代信息技术对信息安全的依赖程度越来越高。计算机网络技术专业的发展离不开"网络安全",软件技术专业的发展离不开"软件安全",移动互联应用技术专业的发展离不开"移动互联网安全",大数据技术与应用专业的发展离不开"大数据安全",因此形成以"安全"技术和应用为需求的信息安全技术应用专业群结构,如图 4 - 3 所示。

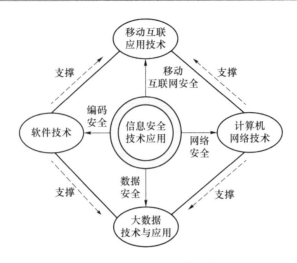

图 4 - 3　专业群逻辑组成

在整个专业群体系中,软件技术专业和计算机网络技术专业为基础支撑,信息安全技术应用专业作为专业群核心,发挥应用"安全"辐射作用,为软件技术专业提供"编码安全保证",为计算机网络技术专业提供"网络安全技术体系",为移动互联应用技术专业提供"移动互联网安全服务",为大数据技术与应用专业提供"数据安全保障"。最终形成以信息安全技术应用专业为核心,由移动互联应用技术、大数据技术与应用等构成的高耦合度专业群。

(三)汽车制造与试验技术省级高水平专业群

1. 汽车制造与试验技术专业群的构建

《成渝地区双城经济圈建设规划纲要》和《重庆市人民政府办公厅关于加快汽车产业转型升级的指导意见(2019)》等文件指出,重庆市汽车产业以发展新能源和智能网联汽车为主线,以推动汽车和先进制造等为主要途径,推动重庆汽车产业转型升级,成为全国重要的新能源和智能网联汽车研发制造基地。

建立高度匹配产业发展链条的专业群是实现人才培养目标的逻辑起点。遵循"从产业链到职业域的教育"逻辑路线,围绕汽车产业链对应的 10 个关键技术核,调研分析并提炼出研发助理、道路测试、组装调试等 15 个岗位职业域,构建以汽车制造与试验技术专业为核心,新能源汽车技术、机械设计与制造、工业机器人技术等专业为主体的专业群,实现专业群建设与产业链人才需求深度对接。所构建的专业群,涵盖汽车设计研发、生产制造、服务三大环节,聚焦汽车设计研发、生产制造、服务汽车全产业链,为重庆市汽车智能制造、智能网联与新能源汽车试验验证培养高素质技术技能人才,实现专业群建设与产业链人才需求深度对接(见图 4 - 4),助力重庆汽车产业提档升级。

2. 汽车制造与试验技术专业群人才培养目标

专业群以服务汽车制造业高质量发展为建设方向,对标 1 + X 职业技能等级标准,针对三类岗位群(辅助设计研发类、生产制造类、检验与售后服务类),构建"平台+模块"课程体系,融入课程思政要素,聚焦新能源及智能网联汽车技术,培养适应成渝地区汽车先进制造业所需德智体美劳全面发展,掌握汽车先进制造关键技术与应用能力,能从事新能源及智能网联汽车技术辅助设计研发、生产制造以及检修和销售服务等工作的高素质技术技能人才。

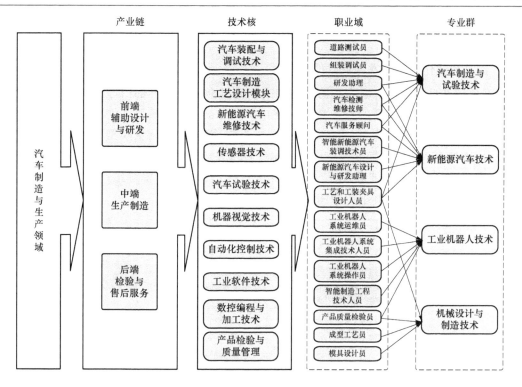

图 4 - 4　专业群与汽车制造产业链对接关系

3. 汽车制造与试验技术专业群组群逻辑

专业群的构建原则是专业基础相通、技术领域相近、职业岗位相关、教学资源共享。汽车制造与试验技术专业群内四个专业产业背景相通,该专业群围绕新能源及智能网联汽车"研发、制造、服务"产业链的三大环节而构建,包括新能源及智能网联汽车研发、测试、整车制造、车辆销售及售后服务,覆盖汽车产品全生命周期。汽车制造与试验技术专业群组群逻辑如图 4 - 5 所示。

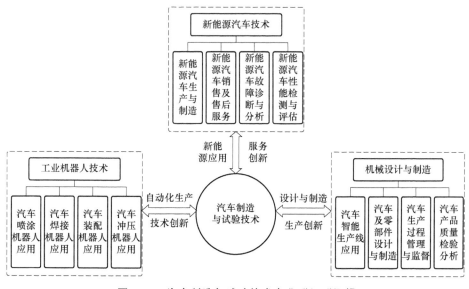

图 4 - 5　汽车制造与试验技术专业群组群逻辑

(四) 建筑智能化工程技术专业群

1. 建筑智能化工程技术专业群的构建

根据住房和城乡建设部联合国家发展和改革委员会等十三个部门印发的《关于推动智能建造与建筑工业化协同发展的指导意见》(建市〔2020〕60号)等系列文件精神,对接智能建造数字设计、智能生产、智能施工、智慧运维等全产业链,面向建筑信息模型员、智能楼宇管理员等岗位群,围绕 BIM 技术、智能设施应用技术等技术核,重构以建筑智能化工程技术为核心的专业群,实现专业群建设与产业链人才需求深度对接,服务重庆"智造重镇""智慧名城"建设。建筑智能化工程技术专业群组成如图 4-6 所示。

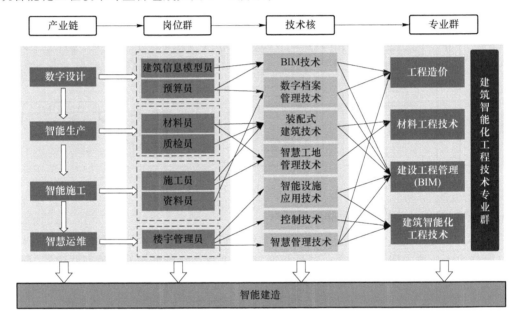

图 4-6　建筑智能化工程技术专业群组成

2. 建筑智能化工程技术专业群人才培养目标

依托学校电子信息办学特色,培养能适应新型建设方式、流程和管理模式,掌握新一代信息技术与建筑工业化技术,服务智能建造设计、生产、施工和运维各阶段,满足建筑信息模型员、预算员等主要岗位需求的理想信念坚定且具有大国工匠精神的高素质技术技能人才。该目标契合智能建造全产业链主要岗位人才需求。

3. 建筑智能化工程技术专业群组群逻辑

专业群聚焦智能建造产业,一是各专业紧扣目标岗位和技术要求,围绕智能建造上下游产业发展,培养从事建筑相关工作的毕业生,就业岗位紧密相关;二是依据"底层共享、中层融通、上层互选",重构专业群课程体系,即工程识图等底层通用基础知识各专业共享,BIM 建模等专业能力中层融通,PC 构件生产等岗位能力上层模块可选;三是各专业围绕智能建造产业集聚教学资源,构建的生产性共享实训基地、组建的双师队伍在群内实现高度共享,紧贴智能建造产业发展,协同开展科技创新与社会服务。群内专业既存在相同的技术技能基础,又具有各自的技术方向,也具有密切的相关性。其中,建筑智能化工程技术专业面向智慧运维岗位需求,重点培养学生建筑智慧管理等方面的能力;工程造价专业面向智能建造全过程造价咨询,重点培养学生数字造价等方面的能力;材料工程技术专业面向智能生产,重点培养学生 PC 构件生产等方面的能力;建设工程管理专业面向数字设计和智能施工,重点培养学生全过程信息化管理等方面的能力。各专业在模块课程建设、工程实训基地建设方面高度共享、协同发展,最大限度发挥专业群集聚优势。

第二节 结合重庆区域重大产业布局组建专业群,以群建院

智能化时代,产业结构出现了大规模相互交叉融合的趋势,产业集群是区域经济发展和产业发展的重要组织形式,专业群对接产业群是满足产业发展对复合型人才需求的必由之路。为了提高人才培养的适应性,重庆电子工程职业学院于 2017 年率先组建专业群,为适应产业变革与职业教育发展,学校的专业群历经了三次调整,以聚集资源打造专业群品牌。

2017 年进行了第一次调整。为了对接大数据、人工智能、物联网领域,契合重庆"6+1"支柱产业,"2+10"新兴产业群,学校将 58 个专业按相关、相近、相通、相融、相补原则整合为人工智能与大数据专业集群、电子与物联网专业集群、信息通信技术专业群、汽车与智能制造专业集群、电商物流专业集群、数字媒体专业群、建筑与材料专业群、智慧健康专业群,以群建院,按 8 个专业集群重构二级学院。

第二次专业群调整规划完成于 2019 年 5 月。以双高建设为契机,重庆电子工程职业学院对接重庆市"芯屏器核网"全产业链,"云联数算用"要素集群,通过关停并转学校所有专业群带电、带数、带智升级,规划建设了 12 个电子信息与智能化特色的专业群。第二次专业群规划如表 4-2 所列。

表 4-2 第二次专业群规划

专业群名称	核心专业	已开设专业	支撑专业(2020—2025)拟增专业(专业目录内)	拟停开专业
物联网应用技术专业群	物联网应用技术	电子信息工程技术、物联网工程技术(智能互联网络技术)	工业互联网技术	—
信息安全与管理专业群	信息安全与管理	软件技术、大数据技术与应用(大数据技术)、计算机网络技术、移动互联应用技术	人工智能技术应用	—
信息通信技术专业群	移动通信技术(现代移动通信技术)	移动通信(现代通信技术)、通信工程设计与管理、通信系统运行与管理	网络规划与优化技术	—
人工智能专业群	人工智能技术与应用	云计算技术与应用、移动应用开发、软件与信息服务(软件技术)	区块链技术应用	—
智能终端开发与制造专业群	微电子技术	应用电子技术、电子产品营销与服务	智能产品开发与应用、集成电路技术	光电显示技术
汽车智造专业群	汽车制造与装配技术(汽车制造与试验技术)	工业机器人技术、机电设备维修与管理(机电设备技术)、工业工程技术、机电一体化技术	智能控制技术	机械设计与制造、数控技术电气自动化

专业群名称	核心专业	已开设专业	支撑专业(2020—2025)拟增专业(专业目录内)	拟停开专业
智慧商贸专业群	电子商务	物流管理(现代物流管理)、市场营销、国际经济与贸易、物流信息技术(智能物流技术)、物流工程技术	—	保险实务
智能建造专业群	建筑智能化工程技术	工程造价、建筑材料工程技术、建设工程管理	建筑电气工程技术	建筑材料工程技术
汽车技术服务专业群	新能源汽车技术	汽车电子技术、无人机应用技术	智能网联汽车技术	汽车电子技术、汽车技术服务与营销
VR+数字创意专业群	虚拟现实应用技术(虚拟现实技术应用)	数字媒体应用技术(数字媒体技术)、广播影视节目制作、影视动画、环境艺术设计、动漫设计、广告设计与制作	虚拟现实应用技术(虚拟现实技术应用)	数字媒体艺术设计
智慧健康专业群	医疗设备应用技术	旅游管理、嵌入式技术与应用	健康管理、康复辅助器具技术、医疗设备应用技术(智能医疗装备技术)	酒店管理
数字金融专业群	数字金融	财务管理(大数据与财务管理)、会计(大数据与会计)	金融服务与管理	资产评估与管理、证券与期货(证券实务)、会计信息管理

第三次专业群调整规划完成于 2021 年 5 月。重庆电子工程职业学院结合最新发布的职业教育专业目录,深化专业群智能化改造。一是服务国家战略补短板,新增集成电路技术专业群,开办集成电路技术和区块链技术应用等紧缺人才专业;二是智能化引领,助推智能装备产业发展,新增飞行器维修技术专业群,开办智能机器人、飞行器维修技术等专业;三是完善职业教育纵向层次体系,同步规划 15~20 个职教本科专业。专业群规划如表 4-3 所列。

表 4-3　第三次专业群规划

专业群名称	定位	核心专业	已开设专业	支撑专业(2020—2025)拟增专业(专科)	拟增专业(本科)	拟停开专业
物联网应用技术专业群	世界水平	物联网应用技术5★+	电子信息工程技术5★+智能互联网络技术5★+工业互联网技术5★+移动互联网技术5★	—	物联网工程技术 电子信息工程技术	—

专业群名称	定　位	核心专业	已开设专业	支撑专业 （2020—2025） 拟增专业（专科）	拟增专业 （本科）	拟停开 专业
集成电路技术专业群	世界水平	集成电路技术 5★＋	微电子技术 5★ 应用电子技术 4★ 智能产品开发与应用 5★＋	智能光电技术应用 5★	集成电路工程技术 光电信息工程技术	—
信息安全技术应用专业群	世界水平	信息安全技术应用 5★＋	云计算技术应用 5★＋ 计算机网络技术 5★ 软件技术 5★	密码技术应用 5★＋ 区块链技术应用 5★	信息安全与管理 软件工程技术 云计算技术	—
人工智能技术应用专业群	世界水平	人工智能技术应用 5★＋	大数据技术 5★＋ 移动应用开发 5★ 嵌入式技术应用 5★	工业软件开发技术 5★	大数据工程技术 人工智能工程技术	—
通信系统运行管理专业群	世界水平	现代移动通信技术 5★＋	现代通信技术 5★ 通信系统运行管理 5★＋ 通信工程设计与监理 5★ 城市轨道交通通信信号技术 4★	通信软件技术 5★＋ 网络规划与优化技术 5★＋	现代通信工程	—
汽车制造与试验技术专业群	全国一流	汽车制造与试验技术 5★	汽车智能技术 5★ 新能源汽车技术 机械设计与制造 工业工程技术 4★ 智能控制技术 工业机器人技术 4★	—	汽车工程技术 智能制造工程技术	—
飞行器维修技术专业群	重庆特色	飞行器维修技术 5★	无人机应用技术 机电设备技术 机电一体化技术 电气自动化技术	—	飞行器维修工程技术	—
建筑智能化工程技术专业群	全国一流	建筑智能化工程技术 5★＋	工程造价 建设工程管理 5★	智能建造技术 建筑电气工程技术	建筑电气与智能化工程	材料工程技术
智能医疗装备技术专业群	重庆特色	智能医疗装备技术 5★＋	康复辅助器具技术 5★ 旅游管理	智能机器人技术 健康管理（医用电子仪器技术）	医疗器械工程技术	酒店管理与数字化运营
虚拟现实应用技术专业群	全国一流	虚拟现实技术应用 5★＋	数字媒体技术 广播影视节目制作 4★ 影视动画 5★	—	虚拟现实技术	—

专业群名称	定 位	核心专业	已开设专业	支撑专业 （2020—2025） 拟增专业（专科）	拟增专业 （本科）	拟停开 专业
环境艺术设计专业群	重庆特色	环境艺术设计4★	广告艺术设计	公共艺术设计	—	动漫设计
金融科技应用专业群	重庆特色	金融科技应用4★	大数据与会计 大数据与财务管理	—	—	会计信息管理
现代物流管理专业群	重庆特色	现代物流管理5★	物流工程技术 智能物流技术	—	现代物流管理	—
电子商务专业群	全国一流	电子商务5★＋	市场营销	跨境电子商务	电子商务	国际经济与贸易

第三节 "高峰高原高岗"梯次计划,推动专业群协同发展

强化优势,建成2个率先冲击世界水平专业群"高峰"。优化资源,建成2个率先冲击世界水平专业群"高峰"。强化"电子信息特色"优势,对接以物联网、云计算技术与应用、大数据、人工智能为代表的新一代信息技术产业,服务国家网络强国战略,重点建设物联网应用技术专业群和信息安全技术应用群两个国家级高水平专业群,力争2个专业群综合实力达到世界水平,打造重电"大人物"专业群品牌。

聚焦"智核",建成4个巩固发展专业群"高原"。以重庆建设国际一流科学城,打造西部"智能谷"为契机,发挥地处科学城"智核区"优势,补链成群,对接其主导产业——智能产业、数字经济产业,重点打造建筑智能化工程技术、汽车制造与试验技术、集成电路技术、云计算技术应用等专业群,助推重庆支柱产业迭代升级。2023年,4个专业群综合实力达到全国一流水平。

优势带动,培育8个新兴特色专业群"高岗"。以优势专业群为核心,发挥新一代信息技术和智能化专业集群优势,以"信息技术＋"升级传统专业,及时发展数字经济催生的新兴专业,带动金融科技、智能医疗装备技术、现代物流管理、虚拟现实技术应用、环境艺术设计等专业群发展,助推现代服务业转型升级。2023年,8个专业群达到区域领先水平。

动态调整,适应区域发展产业转型升级。为加强专业群建设和可持续发展,更好地适应区域社会经济发展和产业结构优化升级,满足重庆地区产业发展和人才需求,重庆电子工程职业学院成立了专业群建设指导委员会,加快健全专业产业对接动态调整机制、专业结构优化调整调研咨询机制、专业建设规划民主评议与决策机制。跟踪专业群发展,建立专业群评估制度,引入第三方对专业群就业人数、就业率、专业对口率、用人单位满意度进行调研评价;实行专业群以及专业"红黄绿牌"制度,对办学水平高、特色鲜明的优势专业群,在师资配备、资源配置、建设经费等多方面提供保障,对办学质量不高、发展缓慢的专业群,根据实际情况进行淘汰或调整,形成完善的专业群动态调整机制,促进专业群可持续发展。

第五章　高水平专业群的建设举措

第一节　与行业龙头企业深度合作,实施校企双元协同育人培养模式

一、打造产教融合平台,深化产教融合

党的二十大报告明确提出要推进产教融合。"产教融合""校企合作"成为构建现代职教体系以及创新升级的重要抓手,也是新时代社会全领域发展技术技能教育的重要共识,更是促使学校高质量发展的强大动能。重庆电子工程职业学院(简称"学校")以"产业、科技、人才、合作、共赢"为主旨,以专业集群建设为基础,成立重庆电子信息职业教育集团,建设产业学院、产教联盟、产教融合实训基地,组建专业指导委员会、支持企业申报产教融合型企业,在重庆职业院校产教融合、校企合作发展方面打头阵、作先锋。

(一)成立重庆电子信息职业教育集团

2016年12月,重庆电子工程职业学院牵头组建重庆电子信息职业教育集团(简称"集团"),该教育集团于2018年被评为省部级示范职教集团,2021年入选国家示范职教集团培训单位。该集团自2016年成立以来,以"平台+实体"办学机制与模式创新为理念,贯穿集团人才开发及培养的全过程,促进了电子信息职业教育链、人才链与产业链、创新链的有机衔接,稳步推进了重庆电子信息产业人力资源供给侧结构性改革。重庆电子工程职业学院一直致力于集团化办学体制机制的创新、人才培养模式的创新与实践,在办学机制和办学模式的创新上,彰显自身特色,实现了产教融合的利益性嵌入。该集团涵盖33个学校、99家企业、3个政府部门、4个行业组织和1所科研机构,共建500余个专业、300多本教材、近1 000门课程、300多个校内外实训基地。

1. 构建"行企园所校"产教融合利益共同体

集团以"利益交叉"为切入点,以"融合共生"为目标,以电子信息产业集群对接物联网应用技术、信息安全技术应用、人工智能、智慧商贸等专业群,联合华为、360公司、科大讯飞、阿里巴巴等领军企业和西永微电子产业园等园区以及信息安全应用科研院所多元深度合作办学,从需求、技术、资源、文化的深度融合,构建"行企园所校"产教融合利益共同体。由新成立的利益共同体"内生"出集团化合作办学中成员间的共同利益和相互需求,以破解集团化办学本质上"集而不团"的难题,落实职教20条"推动高职学校和行业企业形成命运共同体"的新要求,

切实推动了职业教育高质量发展。职教集团利益共同体模式如图 5-1 所示。

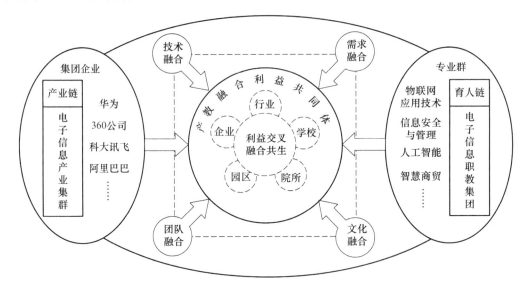

图 5-1　职教集团利益共同体模式

2. 创新"平台＋实体"集团化办学运行机制

集团在产教融合利益共同体的基础上，聚焦重庆"芯屏器核网"高端智能产业，基于相互需求、产权介入与效益分享，首创"双平台＋双实体"集团化办学产教融合运行新机制。对接"产业链""技术核""职业域"，搭建"贯通教育工作委员会"等管理平台，建立"重庆通信行业校企联盟、信息安全校企联盟"等专业平台，建设"曼恒数字产业学院"等混合所有制产业学院实体和"ICT 产业链"等产教融合实训基地实体，形成了电子信息类集团化办学产教之间的互融·共生·共享·共赢新生态，深度推进了集团化办学的实体化运作。通过"三共三享"（校企共同投入、共同建设、共同管理、互享资源、互享人才、互享成果），深化在人才培养、技术创新、就业创业、社会服务、文化传承等方面的合作，实质推进协同育人。通过相互需求、产权介入与效益分享，有效解决集团化办学中"冷热不均"的问题。"平台＋实体"集团化办学运行机制如图 5-2 所示。

3. 创新"职教集团—产业学院—实训基地"三位一体育人模式

集团充分借鉴现代治理理论，突出跨界开放的"类型"特征，以"协同—共生—融合"为内生动力，基于技术融入、产权介入、资金投入，校企共建产教融合实训基地和混合所有制产业学院。利用集团化办学优势，建立"项目载体、大赛引领、培训支撑"人才培养梯队，为重庆"芯屏器核网"智能高端产业提供"人岗匹配"的技术技能人才，创新示范职教集团产教融合协同育人的"重电模式"。"职教集团—产业学院—实训基地"三位一体的育人模式如图 5-3 所示。

（二）共建产业学院

重庆电子工程职业学院按照资源共享与合作共赢的原则，发挥专业集群特色，与国内行业领军企业共建智能制造现代产业学院、重电-华为 ICT 学院、重电-百度云人工智能学院、"科大讯飞"人工智能学院、腾讯云大数据学院等 16 个特色产业学院，详见表 5-1。通过校企双方共建产业学院,重庆电子工程职业学院的产教融合实现了组织性嵌入。下面重点介绍物联网现代产业学院和智能制造现代产业学院。

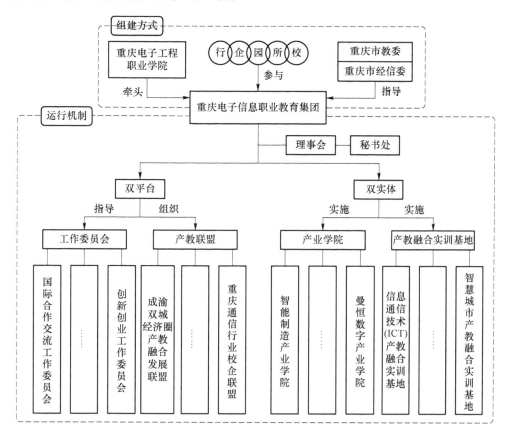

图5-2　"平台＋实体"集团化办学运行机制

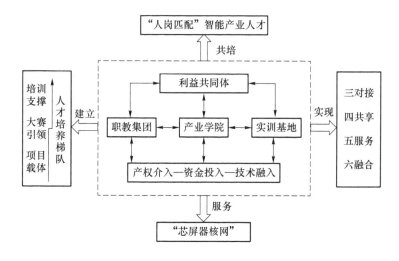

图5-3　"职教集团—产业学院—实训基地"三位一体的育人模式

表 5－1　重电共建产业学院名单

序　号	产业学院名称	参与二级学院	合作企业	成立时间	类　型
1	物联网现代产业学院	电子与物联网学院	北京新大陆时代教育科技有限公司	2018 年 3 月	校企共建
2	智能制造现代产业学院	智能制造与汽车学院	长安汽车股份有限公司	2018 年 6 月	校企共建
3	重电－网络空间安全学院	人工智能与大数据学院	启明星辰股份有限公司	2018 年 7 月	校企共建
4	重电-华为 ICT 学院	通信工程学院	华为技术有限公司	2018 年 10 月	校企共建
5	重电-海尔 COSMOPlat 智能学院	电子与物联网学院	海尔数字科技有限公司	2018 年 10 月	校企共建
6	重电-百度云人工智能学院	人工智能与大数据学院	北京百度网讯科技有限公司	2019 年 12 月	校企共建
7	重电-新华三云计算与大数据学院	人工智能与大数据学院	新华三技术有限公司	2019 年 12 月	校企共建
8	重电－讯飞人工智能学院	人工智能与大数据学院	科大讯飞股份有限公司	2019 年 12 月	校企共建
9	重电－曼恒数字产业学院	数字媒体学院	上海曼恒数字技术股份有限公司	2019 年 12 月	校企共建
10	重电-电子与检测学院	电子与物联网学院	高新区金凤电子信息产业园	2019 年 9 月	校园共建
11	重电-大数据学院	人工智能与大数据学院	永川区大数据园区	2019 年 9 月	校园共建
12	重电-钱璟智慧健康产业学院	智慧健康学院	常州市钱璟康复股份有限公司 重庆市英诺威医疗科技有限公司	2020 年 11 月	校企共建
13	重电-华雄工业互联网学院	电子与物联网学院	重庆市华雄实业有限公司	2020 年 11 月	校企共建
14	重电－重航航空产业学院	智能制造与汽车学院	重庆航空有限公司	2021 年 9 月	校政共建
15	重电-途虎产业学院	智能制造与汽车学院	上海阑途信息技术有限公司	2021 年 9 月	校企共建
16	重电-阿凡达人工智能产业学院	人工智能与大数据学院	重庆阿凡达机器人技术有限公司	2021 年 9 月	校企共建

1. 物联网现代产业学院

电子与物联网学院于 2018 年与新大陆、中移物联网等行业龙头企业、中国信息通信研究院等机构展开深度合作,成立了混合所有制探索的物联网现代产业学院,该产业学院一直持续建设并运营至今。产业学院在人才培养、产品生产、社会服务和科研创等方面与合作共建单位全方位对接,建立并有效运营一整套命运攸关的校企共同体合作模式。物联网现代产业学院对接新一代信息技术、高端装备制造等战略性新兴产业和重庆支柱产业,培养适应和引领现代产业发展的高素质应用型、复合型、创新型人才。物联网现代产业学院建设模式如图 5-4 所示。

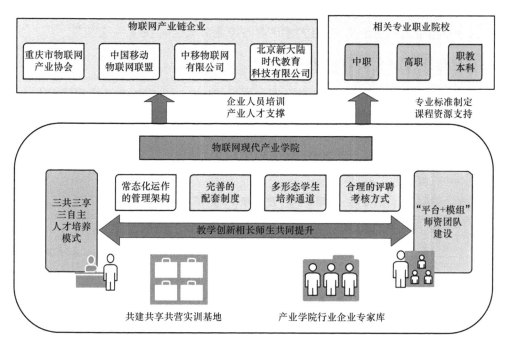

图 5-4 物联网现代产业学院建设模式

2. 智能制造现代产业学院

学院整合"校地行企园所"多主体优势资源,建立产业教育创新协同育人新机制。学院面向汽车智能制造产业转型发展需求、重庆制造强镇建设需求、成渝双城经济圈建设需求,科学构思,高位布局,有效完善优化学院产教融合、协同育人机制,对接智能制造行业,协同长安汽车,深度开展具有地方特色的专业建设,探索高素质技术技能型人才培养模式。智能制造现代产业学院建设模式如图 5-5 所示。

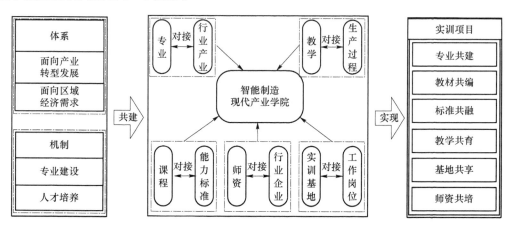

图 5-5 智能制造现代产业学院建设模式

推进新能源汽车技术,汽车智能技术等专业与汽车制造行业产业精准对接、校企等多主体开展专业共建;课程资源开发、教学标准制定与职业技能训练、职场能力培养精准对接,教材共编、标准共融;育训结合、理实一体,实现教学共育;实训基地与工作岗位对接,实现基地共享;双师队伍建设与行业企业技能大师培养对接,师资共培。强化智造产业链、技术创新链、职业教育链、人才供给链的有机衔接,打通人才培养与产业需求之间"最后一公里"。

(三)打造产教融合实训基地

高水平、专业化、开放共享的产教融合实习实训基地是职业院校建设技术技能人才培养高地和技术技能服务高地的重要保障与支撑。围绕解决职业教育实训基地建设及使用过程中三大痛点问题,即校企共需共赢点不精准导致企业难以深度参与实训基地共建共享共管,技术技能培养方法、内容和考核脱离行业实际导致培养人才工程实践能力不足,实训基地"重教学轻服务"导致服务社会、产业功能不足,重庆电子工程职业学院着力打造产教融合实训基地,见表5-2。

表5-2 产教融合实训基地

序 号	产教融合实训基地名称	依托专业或专业群	合作企业	成立时间/年
1	智慧商贸产教融合实训基地	1.电子商务专业 2.会计信息管理	1.阿里巴巴(中国)教育科技有限公司 2.金蝶精一信息科技服务有限公司 3.达明机器人(上海)有限责任公司	2021
2	智慧城市产教融合实训基地	1.物联网应用技术专业 2.电子信息类专业群	1.中移物联网有限公司 2.杭州海康威视数字技术股份有限公司 3.Tridiun ASIA PACIFIC PTE LTD 4.重庆市物联网产业协会	2021
3	通信技术	1.现代通信技术 2.通信系统运行管理 3.通信软件技术	华为技术有限公司	2020
4	主动健康与老龄化应对产教融合实训基地	1.智能医疗装备技术 2.健康管理 3.康复辅助器具	常州市钱璟康复股份有限公司	2022
5	汽车智造产教融合实训基地	1.汽车制造类专业 2.自动化类专业 3.汽车智能技术	重庆长安汽车股份有限公司	2020
6	数字建造产教融合实训基地	1.智能建造技术 2.建筑智能化工程技术 3.建筑工程管理	重庆市筑云科技有限责任公司	2021
7	信息安全与管理产教融合实训基地	1密码技术应用 2.信息安全技术应用 3.云计算技术	北京启明星辰信息安全技术有限公司 北京凌云信安科技有限公司 北京百度网讯科技有限公司 北京永信至诚科技股份有限公司	2021
8	智能物流产教融合实训基地	1.物流工程技术 2.智能物流技术 3.现代物流专业	明达机器人(上海)有限公司	2022

下面主要介绍信息通信技术(ICT)产教融合实训基地和数字建造产教融合实训基地。

1. 信息通信技术(ICT)产教融合实训基地

学校 ICT 产教融合实训基地联合华为、电信、中国通信学会、金凤产业园、工信部信息通信研究院西部分院等共建"校、行、政、企"产教融合实训基地,成立理事会,负责协调各方资源和平衡各方权益,制定运营管理模式和管理日常运营工作;校企双方共建教育教学和科研服务平台,锻造"双师双能"高水准师资队伍,完成技术技能提升。基地依托产教融合平台,开展社会服务、人才培养、资源开发,同时对外开展标准、人才、资源、产品、应用的输出和国际化人才培养,为中资企业海外拓展及"一带一路"国家物联网产业发展提供支撑,成为"一带一路"走出去产能的成长伙伴。信息通信技术(ICT)产教融合实训基地建设思路如图 5-6 所示。

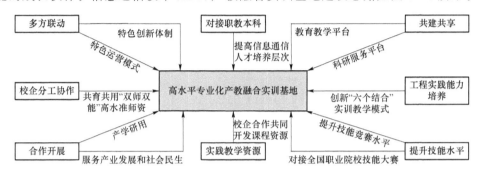

图 5-6　信息通信技术(ICT)产教融合实训基地建设思路

2. 数字建造产教融合实训基地

数字建造产教融合实训基地按照专业群对接数字建造产业链的原则,形成了"双主体、三协同、四融合"的智能建造复合型高素质技术技能人才工程实践能力培养模式,解决了校企双方共需共赢点不精准,校企双元育人难协同等重要问题。该基地以"学校主体、企业主体"为合作双主体,平衡双方利益,实现了优势互补;以"专业协同、工学协同、评价协同"为抓手,形成了校企相互服务、彼此依存、共同发展的共生共长关系;充分调动企业全面参与人才培养、技术创新、过程评价等任务,从"知识技能融合、角色身份融合、校企师资融合、素养创新融合"四方面融合,实现了校企融合共同育人;围绕职业岗位需求,按照"以职业能力需求为导向"的思路,工学结合,构建"课+证+岗"一体化课程实训体系。课程"面向真实项目环境的任务式培养模式",构建"螺旋式上升的项目实训体系",引入企业导师,按照企业标准开展训练和考核,实现实训教学过程与生产过程一致;通过内容和形式的创新,数字建造产教融合实训基地构建模式课程"贴近时代、贴近社会、贴近生产",实现教育链、人才链与产业链互通互融。数字建造产教融合实训基地构建模式如图 5-7 所示。

(四)全力打造产教联盟、专委会和产教融合型企业

学校依托专业集群与区域产业集群相契合的优势资源,推动共享合作,以"为地方经济培养高素质应用型产业人才"作为主线,积极推动协同创新,强化科技成果转化。学校目前支持申报产教融合型企业 8 个,牵头成立产教融合联盟 8 个、专委会 5 个,如表 5-3~表 5-5 所列。学校不断将产业链、创新链紧密结合,积极推动新知识、新技术、新标准、新设备、新工艺、新成果合作共享,围绕人才培养、科学研究、技术创新、企业服务、学生创业等方面与企业开展深度合作。

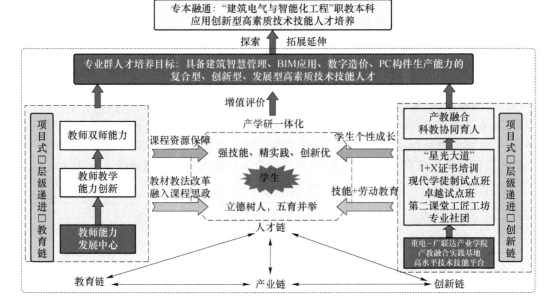

图 5-7 数字建造产教融合实训基地构建模式

表 5-3 牵头成立产教融合联盟

序 号	年 度	联盟名称
1	2019—2020 年	长江经济带产教融合发展联盟
2		成渝地区双城经济圈产教融合发展联盟
3		全国华为 ICT 产教融合联盟
4		成渝地区双城经济圈直播电商产教联盟
5	2021 年	重庆市智慧医疗康复工程与健康管理产学研联盟
6		重庆市新一代移动通信技术产业创新联盟
7		中非(重庆)职业教育联盟
8		泛亚地区国际物流产教联盟

表 5-4 支持申报产教融合型企业

序 号	年 度	产教融合型企业
1	2020 年	重庆长安汽车股份有限公司
2		重庆钢铁集团
3		重庆小康工业集团股份有限公司
4		重庆华龙网文化实业发展有限公司
5		重庆瀚海睿智大数据科技股份有限公司
6	2021 年	科大讯飞股份有限公司
7		新大陆数字技术股份有限公司
8		海尔集团公司

表 5 - 5 牵头成立专业指导联盟

序　号	年　度	专业指导委员会
1	2017 年	重庆电子信息技术职业教育指导委员会
2	2016 年	重庆市物联网产业协会教育与培训专委会
3	2016 年	重庆职业教育学会传媒艺术专业委员会
4	2016 年	重庆市工业机器人专业教学指导委员会
5	2020 年	中国通信工业协会教育分会虚拟现实专业委员会

二、完善产教融合机制，实现校企双赢

调研学校各职能部门、二级学院、教职员工以及合作企业的意见及建议，从战略吻合度、投入达成度、过程融合度、成效显著度、社会认可度等多个维度思考产教融合的机制体制建设，建立起人才培养、科研服务、双师能力等校内全资源要素协同服务产业发展的运行机制，及共建共享的"政行企校"合作机制。聚焦成渝双城重大产业，面向重点园区，通过深化园校融合，推进学校与重点产业、头部企业的合作深度，提升人才培养的适应性和针对性，增强学校作为国家"双高计划"建设院校服务、引领产业发展的能力。近两年，学校制定了《促进校企合作、产教融合的管理办法》《博士进园区实施方案》《产业学院建设与管理办法》等制度文件（见表 5 - 6），规范了产教融合项目的申报、审批、立项、监督、验收、考核、激励及资料归档等流程，弥补了产教融合管理制度的空白，保证了校企双方的权益，为今后产教融合项目的运行提供了制度保障。

表 5 - 6 近两年制定的产教融合制度文件

序　号	制度名称	文　号
1	现代产业导师特聘岗位计划实施办法（试行）	重电人〔2021〕72 号
2	教师企业实践流动站建设管理办法	重电人〔2021〕72 号
3	《捐赠（准捐赠）管理办法（试行）》的通知	重电资〔2021〕2 号
4	《"博士进园区"实施方案》	重电发〔2022〕79 号
5	《促进校企合作、产教融合的管理办法》	重电发〔2022〕84 号
6	《产业学院建设与管理办法》	重电发〔2022〕85 号
7	《产教融合实训基地建设与管理办法》	重电发〔2022〕111 号
8	关于进一步深化园校融合服务产业发展的行动计划（2023—2025 年）	重电发〔2022〕126 号

三、五育并举，创新"三共三享三自主"人才培养模式

物联网应用技术专业群践行"学生中心、能力本位、工学一体"理念，创新"三共三享三自主"人才培养模式，该模式如图 5 - 8 所示。

专业群通过校企共同投入、共同建设、共同管理、互享资源、互享人才、互享成果，打造校企命运共同体，坚持德、智、体、美、劳"五育"并举，以"自主管理"机制为基础，外在构建"课堂内外全时段、教室内外全地域、辅导员教师全主体"的自主管理新环境，内在强化教师与辅导员的引导作用和育人方式，引导学生把外部控制命令自觉地转化为内部控制命令，实现学生由被动管

理向自主管理的转变,规范学生行为习惯。以"自主学习"方法为抓手,以教师为主导、学生为主体,通过改造教学全链条环节,实现学生"学有兴趣、学有乐趣、学有成效",培养学生自主学习能力,从而提高专业技能的内化、运用和迁移能力,提升学生学习能力;以"自主发展"平台为保障,依托国家级工作室、重庆市物联网产业协会、华为、中移物联网等优势资源,构建校企融合的创新实践平台,为学生提供技术应用创新、商业模式创新等训练,形成物联网思维,注入可持续发展内生动力,促进学生可持续发展,实现创新型、发展型、复合型的高素质技术技能人才培养。

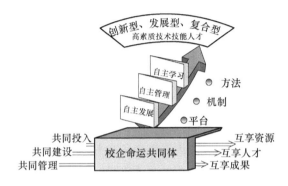

图 5 - 8 "三共三享三自主"人才培养模式

四、专业群扎根产业链,"链群互通"实现校企"双元"育人

信息安全技术应用专业群聚焦重庆信息安全产业,利用信息安全技术应用专业国家示范重点专业的办学优势,整合与信息安全技术相关联的软件技术、计算机网络技术等 5 个专业,扎根产业链,围绕关键技术领域,调整与优化专业群结构,契合产业链的发展趋势,把产业链上企业技术融入专业,把企业技术骨干融入教师团队,把校内专任教师融入企业技术团队,把学生发展融入产业人才需求,实现产业链与专业群链群互通同频共振。

专业群通过与英特尔、启明星辰、华为等企业共建共管 FPGA 创新中心、网络空间安全产业学院、智能网络创新产教融合实训基地,共建全国信息安全与云计算校企联盟,实现双方的人力资源互派、资源共享、机制共建,实现专业群助推产业链技术发展。以高端技术技能人才培养为引擎,以"产教融合实训基地、技术技能创新服务平台"为载体,以科技研发、技术推广、社会服务等项目为驱动,打通专业群技术创新和科研成果向企业转化的通道,助推产业升级与发展,推进企业成为学校在人才培养、技术创新、研发投入、成果转化方面的发展共同体,校企协同催生创新链,创新链反哺产业链,实现产业链与专业群协同,链群互通实现校企"双元"育人。

五、校企协同育人,开展现代学徒制人才培养

重庆电子工程职业学院作为教育部办公厅首批现代学徒制试点单位,在通信工程设计与监理、光电显示技术、工业机器人技术、汽车制造与装配技术、广播影视节目制作、软件技术 6 个专业开展了现代学徒制试点项目,2018 年顺利通过教育部验收。通过现代学徒制项目建设,学校以提高人才培养质量为核心,以校企双元主体、协同育人为着力点,积极地探索地方政府、行业企业和职业院校三方在人才培养方面各自的工作重点和核心任务,初步形成了校企联合招生、联合培养、分工合作、协同育人的长效机制。

通信工程设计与监理专业现代学徒制培养过程分基础知识学习、专业技能培养、职业技能培养三个阶段。第一阶段主要在学校学习,第二阶段在企业和学校之间工学交替,第三阶段在企业按员工标准进行培养和考核。学徒制人才培养模式如图5-9所示。

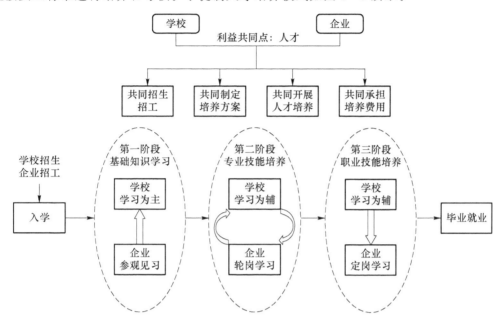

图 5-9　学徒制人才培养模式

通过完善的管理制度和三方互评机制,充分发挥了企业、学校的"双主体"育人体制;通过有效管理、有效激励、有效惩罚的措施,高效调动了企业、学校、师傅、教师、学生的主动积极性,实现了全员主动,协同提升,全员育人。

企业作为人才需求的主体,学校作为人才输出的主体,输出和接收优秀的人才是两者的共同利益。在这一共同利益驱动下,现代学徒制作为双方协同育人的创新模式,企业和学校全程参与人才培养过程。

在招生招工、三阶段学习、人才就业整个人才培养的全过程中,企业、学校各司其职,各自发挥自身的优势,形成优势互补、全程育人新模式,如图5-10所示。

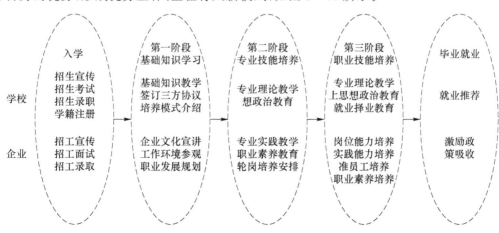

图 5-10　校企全程协作育人新模式

在现代学徒制人才培养过程中,注重学生能力的全面培养和训练,围绕专业核心岗位能力培养,始终贯穿思想政治教育和职业素养的培养,形成了三能一体、全面育人的现代学徒制人才能力培养模型,如图 5-11 所示。

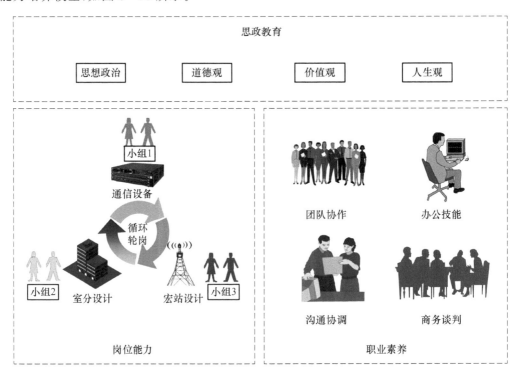

图 5-11 学徒制人才培养全面育人模型

思想政治教育贯穿于三年教学活动中,通过专题讲座、典型故事、现身说法、大国工匠、红色文化等多种主题方式,重点培养学生的思想政治素质,帮助学生树立正确的道德观、价值观和人生观。

学校根据通信工程设计与监理行业特点,筛选出室分设计、通信设备、宏站设计三个行业紧缺岗位作为学徒制人才培养核心岗位,创新性制定通工专业学徒制"循环轮岗"培养体系——在学徒培养第二阶段将学生分为 3 个组,安排不同技术领域师傅以轮岗的形式带徒学习,辅以完整的企业教学大纲、授课计划及岗位考核标准,将技术技能培养落到实处。

学校通过案例讨论、师父感染、仿真营销、项目实施等方式,综合培养学生的办公技能、沟通协调能力、思维能力、团队协作、敬业精神、艰苦奋斗等能力,保证了学生树立正确的职业态度和职业观念。

第二节 改革专业群招生模式,实施"大专业进、小专业出"的培养机制

根据国家产业发展总体战略布局和重庆市地方产业发展战略规划,重庆电子工程职业学院主动适应产业技术变革与升级,动态调整专业布局以契合行业产业发展的人才需求,实施"大专业进、小专业出"的专业群人才培养模式改革,探索适应学生个体差异的绩效学分制,激

励学生学习潜能。同时,各专业群根据所对接产业群的人才市场需求和社会发展需要,积极推进校企合作,深化产教融合,在"大专业进、小专业出"的总体要求下,配套实施"卓越技术技能人才计划""工匠工坊支持计划"等特色培养项目,形成分类分层的个性化人才培养长效机制,调动学生学习积极性,发挥学生专业技术特长,保障学生个性化、多元化发展。

一、开展专业类招生,推进个性化人才培养

为满足产业发展对多样性人才需求,重庆电子工程职业学院将目光聚焦在重庆"芯屏器核网"智能全产业链目标上,通过对接"产业链""技术核""职业域",以大数据、人工智能、物联网技术、智能制造为骨干,于 2018 年 5 月将 58 个专业按相近、相通、相融、相补原则整合为"人工智能与大数据专业集群、电子与物联网专业集群、信息通信技术专业集群、汽车与智能制造专业集群、电商物流专业集群、数字媒体专业群、建筑与材料专业群、智慧健康专业群"8 大专业(集)群,并于 2019 年面向"人工智能与大数据专业集群、电子与物联网专业集群、信息通信技术专业集群、汽车与智能制造专业集群、电商物流专业集群"5 个专业群的 22 个专业试点专业群(大类)招生(详细情况参见表 5 - 7)。

表 5 - 7　2019 年专业群(大类)招生试点情况

序　号	二级学院	专业名称	专业代码	专业大类	专业类	专业群
1	人工智能与大数据学院	计算机网络技术	610202	电子信息	计算机	人工智能与大数据专业集群
2		软件技术	610205	电子信息	计算机	
3		软件与信息服务	610206	电子信息	计算机	
4		信息安全与管理	610211	电子信息	计算机	
5		移动应用开发	610212	电子信息	计算机	
6		云计算技术与应用	610213	电子信息	计算机	
7		大数据技术与应用	610215	电子信息	计算机	
8	电子与物联网学院	电子信息工程技术	610101	电子信息	电子信息	电子与物联网专业集群
9		应用电子技术	610102	电子信息	电子信息	
10		微电子技术	610103	电子信息	电子信息	
11		物联网工程技术	610307	电子信息	电子信息	
12	通信工程学院	通信技术	610301	电子信息	通信	信息通信技术专业群
13		移动通信技术	610302	电子信息	通信	
14		通信系统运行管理	610303	电子信息	通信	
15		通信工程设计与监理	610304	电子信息	通信	
16	智能制造与汽车学院	汽车制造与装配技术	560701	装备制造	汽车制造	汽车与智能制造专业集群
17		汽车检测与维修技术	560702	装备制造	汽车制造	
18		新能源汽车技术	560707	装备制造	汽车制造	
19		汽车电子技术	560703	装备制造	汽车制造	
20	财经管理学院	物流工程技术	630901	财经商贸	物流	电商物流专业集群
21		物流信息技术	630902	财经商贸	物流	
22		物流管理	630903	财经商贸	物流	

2019年,学校通过关停并转,针对未来5年,规划建设了"信息安全与管理专业群、人工智能专业群、物联网应用技术专业群、智能终端开发与制造专业群、信息通信技术专业群、汽车智造专业群、汽车技术服务专业群、智慧商贸专业群、数字金融专业群、VR+数字创意专业群、智能建造专业群、智慧健康专业群"12个专业群,并于2020年面向12个专业群的37个专业试点专业群(大类)招生(详细情况参见表5-8),2021年全部实行大类招生。

表5-8 2020年专业群(大类)招生试点情况

序 号	二级学院	专业名称	专业代码	专业大类	专业类	专业群
1	人工智能与大数据学院	计算机网络技术	610202	电子信息	计算机	信息安全与管理专业群
2		软件技术	610205	电子信息	计算机	
3		信息安全与管理	610211	电子信息	计算机	
4		大数据技术与应用	610215	电子信息	计算机	
5		移动应用开发	610212	电子信息	计算机	人工智能专业群
6		云计算技术与应用	610213	电子信息	计算机	
7	电子与物联网学院	工业网络技术	560305	装备制造	自动化	物联网应用技术专业群
8		电子信息工程技术	610101	电子信息	电子信息	
9		智能监控技术应用	610106	电子信息	电子信息	
10		物联网应用技术	610119	电子信息	电子信息	
11		应用电子技术	610102	电子信息	电子信息	智能终端开发与制造专业群
12		微电子技术	610103	电子信息	电子信息	
13		智能终端技术与应用	610105	电子信息	电子信息	
14	通信工程学院	通信技术	610301	电子信息	通信	信息通信技术专业群
15		移动通信技术	610302	电子信息	通信	
16		通信系统运行管理	610303	电子信息	通信	
17		通信工程设计与监理	610304	电子信息	通信	
18	智能制造与汽车学院	机电一体化技术	560301	装备制造	自动化	汽车智造专业群
19		智能控制技术	560304	装备制造	自动化	
20		工业机器人技术	560309	装备制造	自动化	
21		汽车制造与装配技术	560701	装备制造	汽车制造	
22		汽车检测与维修技术	560702	装备制造	汽车制造	汽车技术服务专业群
23		新能源汽车技术	560707	装备制造	汽车制造	
24	数字媒体学院	广告设计与制作	650103	文化艺术	艺术设计	VR+数字创意专业群
25		环境艺术设计	650111	文化艺术	艺术设计	
26		动漫设计	650120	文化艺术	艺术设计	
27		广播影视节目制作	660203	新闻传播	广播影视	
28		影视动画	660209	新闻传播	广播影视	

续表 5－8

序　号	二级学院	专业名称	专业代码	专业大类	专业类	专业群
29	财经管理学院	财务管理	630301	财经商贸	财务会计	数字金融专业群
30		会计	630302	财经商贸	财务会计	
31		国际经济与贸易	630502	财经商贸	经济贸易	智慧商贸专业群
32		物流工程技术	630901	财经商贸	物流	
33		物流信息技术	630902	财经商贸	物流	
34		物流管理	630903	财经商贸	物流	
35	建筑与材料学院	工程造价	540502	土木建筑	建设工程管理	智能建造专业群
36		建设项目信息化管理	540504	土木建筑	建设工程管理	
37	智慧健康学院	旅游管理	640101	旅游	旅游	智慧健康专业群

实施专业群（大类）招生后，专业群招生专业实施"1＋2"的人才培养模式，即学生入学后第一年不分专业，按专业群进行培养，学生用一年的时间修完专业群培养方案规定的课程，达到相关规定要求后，于第3学期根据自身兴趣或职业倾向在专业群内主修一个专业，也可以在同一专业群内辅修一个新专业，完成规定的学分后，可获得两个专业的毕业证书。培养过程中认可过程性收获，即学生只要参加考核，无论分数高低，均可获取一定的绩点学分。在限定课程门数总量的制度下，为使学生达到毕业总学分要求，学校激励学生学习潜能，发挥学生某一专业技术特长，并学精学透某一模块，争取获得高分绩点学分，突出个性化培养。

为积极推进"大专业进、小专业出"的专业群人才培养模式改革，切实做好学校专业群招生专业分流工作，重庆电子工程职业学院于2018年制定了《按专业群招生专业分流管理办法》，按照社会需求、个性发展和公开公平公正的原则实施专业分流。

（1）社会需求原则。学校根据人才市场需求和社会发展需要，结合办学实际，合理进行专业布局，确定专业分流计划。

（2）个性发展原则。二级学院在学生专业志愿申请的基础上，综合考虑学生学业成绩（第一期期末成绩和第二期期中考试成绩）、综合表现与个性化发展需求进行专业分流。

（3）"三公"原则。学校对专业群招生专业分流工作方案、工作程序和分流结果等，及时面向学生公布，确保专业分流工作公开、公平、公正。

在具体开展专业分流工作的过程中，以"分流专业、分流计划、学生志愿、综合考核、特别申请"为依据落实"小专业出"的分流任务。

（1）分流专业。学校根据招生当年对外公布的招生专业群所属专业进行专业分流。

（2）分流计划。专业分流当年，二级学院根据招生专业群所属专业的办学条件、社会需求及专业发展情况，确定各专业的分流计划，报学校审批后公布。各二级学院在执行学校批准的专业分流计划时，可根据情况进行适当调整，但调整幅度不得超过10％。

（3）学生志愿。学生根据自身兴趣爱好与职业规划，结合自己的学业情况，在招生专业群所属专业内，填写分流志愿。处于休学状态的学生不参加当年专业分流。

（4）综合考核。对学生进行综合考核的主要依据是学生专业分流前按照专业群培养方案所修必修课程和限选课程的学业成绩和综合表现。二级学院结合专业办学实际,制订综合考核办法,以确定学生对专业的优先选择权。

（5）特别申请。学生有以下情况之一,经本人申请,二级学院组织专家面试并审核同意后可优先选择专业:在竞赛、科技创新等学术科技活动中获得省部级及以上奖励、国家专利的;以第一作者在期刊上发表论文或主持大学生创新创业计划训练项目的;经考核学生确有专长的;符合学校其他相关文件规定的。

二、实施"卓越人才"培养计划,促进学生多样化成才

为进一步创新育人体制机制,提高人才培养质量,针对生源个体差异,探索不同培养模式,满足学生多元需求,促进学生个性发展和教师的教学创新,学校在实施"大专业进,小专业出"专业群人才培养的基础上,也同步提出了卓越技术技能人才培养计划。实施该计划的目标是培养具有工匠精神的创新拔尖人才,为行业企业培养优秀的技术技能人才,为应用技术本科高校输送高素质人才。

卓越技术技能人才培养采用两种模式,一是以专业群为单位组建"卓越技术技能人才培养试点班",二是以项目团队为单位组建"卓越技术技能人才工匠工坊"。两者均采用项目制管理,包括项目申报、评审、立项、检查、验收等。参与项目的学生总人数均不超过全校、各学院、各专业的10%。依据学校制定"卓越技术技能人才计划",各专业群以项目团队为单位,结合创新创业项目、大师工作室项目、技能大赛集训项目等各类建设项目进行申报,并制定专门的人才培养方案,学生完成基础平台课程后,结合培养目标个性化定制专业方向课程和专业拓展课程。打造了"5G精英""网络空间安全雏鹰"等一批一院一品的特色培养项目,形成了分类分层的个性化人才培养长效机制,保障了学生个性化、多元化发展,实现人人成才。

2018—2023年,学校共立项72个试点班、152个工匠工坊,培养了一批卓越技术技能人才。同时,学校配套实施"卓越技术技能人才"奖励计划,包括"重电英才、知识学霸、技能专家、创业达人、文体明星、社团精英"6大类,为优秀学生多样成才从精神和物质上进行奖励,2019—2023年共遴选407名学生重点奖励,探索了职业教育培养创新人才和拔尖人才的新路径。

第三节 "岗课赛证"融通,开发"平台＋模块" 的专业群课程体系

一、"岗课赛证"融通的专业群课程体系设计思路

专业群人才培养模式的创新须落地到课程体系的重构上,重庆电子工程职业学院通信系统运行管理专业群构建了"平台＋模块"的专业群课程体系,如图5-12所示。通信系统运行管理专业群包含移动通信技术、通信技术、通信工程设计与监理、通信系统运行管理四个专业。

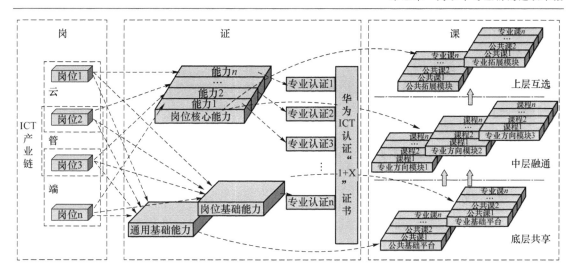

图 5-12 通信系统运行管理专业群课程体系

二、对接区域产业人才标准,设定专业群培养目标和规格

本专业群培养目标要求学生信念坚定,德、智、体、美、劳全面发展,具有良好的人文素养、职业道德和创新意识,精益求精的工匠精神,较强的就业能力和可持续发展的能力;掌握本专业群基础知识和基本技能。专业群培养目标面向电信行业的信息和通信工程技术人员、信息通信业务人员、信息通信网络维护人员等。学生能够从事通信工程建设、通信工程勘测与设计、移动通信基站系统运维、移动通信网络规划优化、数据通信网安装维护、光传输设备安装维护等岗位(群)工作,适应产业转型升级和企业技术创新需要的发展型、复合型、创新型的高素质技术技能人才。

三、对接岗位人才通用能力,开发专业群平台课程体系

1. 专业群素质要求

(1)坚定拥护中国共产党领导和我国社会主义制度,在习近平新时代中国特色社会主义思想指引下,践行社会主义核心价值观,具有深厚的爱国情感和中华民族自豪感;

(2)崇尚宪法、遵法守纪、崇德向善、诚实守信、尊重生命、热爱劳动,履行道德准则和行为规范,具有社会责任感和社会参与意识;

(3)具有质量意识、环保意识、安全意识、信息素养、工匠精神、创新思维;

(4)勇于奋斗、乐观向上,具有自我管理能力、职业生涯规划的意识,有较强的集体意识和团队合作精神;

(5)具有健康的体魄、心理和健全的人格,掌握基本运动知识和至少1项运动技能,并具有好的健身与卫生习惯、良好的行为习惯;

(6)具有一定的审美和人文素养,能够形成至少1项艺术特长或爱好。

2. 专业群基础能力要求

(1)掌握电路基础的相关知识,具备电工技术基本操作能力;

（2）掌握模拟电路的相关知识，具备低频电路的分析和应用能力；

（3）掌握高频电路的相关知识，具备高频电路的分析和应用能力；

（4）掌握数字电路的相关知识，具备数字电路的分析和应用能力；

（5）掌握通信原理的相关知识，具有信号处理与传输过程的分析能力；

（6）掌握计算机网络的基础知识，具有计算机基本操作能力；

（7）熟悉电子器件相关知识，具备电子工艺的应用能力；

（8）掌握移动通信的基本原理和技术，具备移动通信物理层过程的分析能力。

3．专业群职业能力要求

（1）熟悉通信设备的性能和技术指标，具备通信设备日常巡检能力；

（2）熟悉移动通信设备的硬件结构和工作原理，具备移动通信设备开局和故障处理能力；

（3）熟悉移动通信基站系统运行的环境要求与工作条件，具备基站系统运维能力；

（4）熟悉常用的工程绘图软件，具备一定的制图和识图能力；

（5）熟悉通信工程施工的行业标准和规范，具备通信工程施工的现场勘测、施工设计与工程预算的能力；

（6）熟悉通信常用线缆与接口的规格、标准与制作方法，通信工程施工过程和测试方法，具备进行通信工程施工与测试能力；

（7）熟悉通信建设工程概算、预算编制办法，具备利用概预算软件进行通信建设工程预算编制能力；

（8）掌握网络基础知识和常用网络的基本连接方法，具备网络设备安装调试、网络搭建和网络排障的能力；

（9）掌握中小型数据通信网络通用技术，具备数据通信网络融合的设计实施能力；

（10）掌握 IT 信息化中存储、虚拟化、服务器等相关基础知识，具备服务器、存储和云平台等系统中设备安装、系统搭建、系统维护等能力；

（11）熟悉 IT 信息化网络的流行场景，具有 IT 网络日常维护、故障排查和网络优化等能力；

（12）掌握宽带接入、无线局域网络基础知识及相关原理，具备宽带接入网络和无线局域网络设计、组网的能力；

（13）熟悉移动通信网规、网优常用参数的含义及其调整依据，具备无线网络现场勘察、路测和数据统计分析，审核与评估移动通信设备的使用运行情况的能力；

（14）熟悉移动通信网络规划与优化的基本流程，具备独立完成网络性能指标、告警信息以及用户投诉问题采集的能力；

（15）熟悉轨道交通通信设备工作原理，具备分析设备故障原因、排除通信设备故障的能力；

（16）熟悉轨道交通通信系统的组成，具备轨道交通通信系统的组建、设计及其建设工程的组织管理能力；

（17）掌握 5G 物联网的基本原理，具备基于 5G 物联网进行二次开发和设计的能力；

（18）熟悉嵌入式和 FPGA 基本原理，具备智能产品相关的设计、开发与创新能力；

（19）掌握基本的编程语言，具备基于移动互联的创新开发能力。

4. 岗位群典型工作任务分析

表 5-9　信息通信大类典型岗位群工作任务及专业能力分析

岗位群	典型工作任务	专业能力要求	支撑课程
通信系统建设岗位	(1) 确定工作任务,分析工程机房的布线方案,确定实施方案; (2) 安装通信设备(机柜安装、电源和接地); (3) 通信电缆和光缆连接、天馈安装; (4) 运用常用电信仪器仪表进行测试; (5) 排查相关故障; (6) 完成相应工程报表	(1) 具备机房设备布线方案设计能力; (2) 具备通信系统设备机柜和单板的安装能力; (3) 具备通信电缆和光缆连接能力; (4) 具备反馈系统的安装能力; (5) 具备仪器仪表使用能力; (6) 具备填写工程报表、验收文档能力	通信工程实施信息网络布线CAD 实训
移动通信基站系统运维岗位	(1) 对移动通信基站系统进行硬件机框、单板配置; (2) 对移动通信基站系统安装操作系统与数据库等软件,进行后台数据配置; (3) 基站系统后台管理,如动态数据管理、各报表分析、告警管理等; (4) 例行维护,包括定期检查各种设备的工作状态及告警,处理和上报设备故障,记录并及时处理; (5) 紧急故障处理,包括对运营中常见故障的排查和设备的维护	(1) 具备基站系统日常巡检能力; (2) 具备蓄电池检查维护能力; (3) 具备基站系统后台管理能力; (4) 具备检查各种设备的工作状态能力; (5) 具备紧急故障处理能力	移动通信基站系统运行与维护LTE 组网与维护移动通信全网综合实训
光传输设备安装维护岗位	(1) 光传输设备安装; (2) 光传输设备工程调试; (3) 传输网业务配置与网络保护; (4) 传输网日常管理; (5) 故障抢修	(1) 具备光纤通信设备安装能力; (2) 具备光传输设备工程调试能力; (3) 具备光纤通信设备故障处理	SDH 光传输设备开局与维护、PTN设备运行维护
交换设备安装维护岗位	(1) 交换网络构建; (2) 地区固定电话开局; (3) 在网设备运行维护; (4) 业务管理; (5) 新业务开通	(1) 具备交换设备安装能力; (2) 具备交换设备业务开通能力; (3) 具备交换设备故障处理能力	程控交换设备运行与维、NGN 软交换设备运行与维
移动通信网络规划优化岗位	(1) 获取网络运行情况和路测数据; (2) 对测试的结果进行分析; (3) 提出现有网络调整改造具体建议; (4) 组织实施网络优化; (5) 将无线网络各优化结果形成汇报; (6) 对移动通信网络进行规划,如全面覆盖、提高容量等	(1) 具备站点勘测及完成报告能力; (2) 具备独立完成 DT/CQT 测试能力; (3) 具备对路测结果进行分析能力; (4) 具备组织实施网络优化能力	移动通信网络规划与优化、5G 移动网络优化实训

岗位群	典型工作任务	专业能力要求	支撑课程
数据通信网络安装维护岗位	(1) 确定工作任务,分析工程机房的布线方案,确定实施方案; (2) 安装通信设备(机柜安装、电源和接地); (3) 通信电缆和光缆连接、安装; (4) 设备调试和网络系统联调; (5) 运用常用电信仪器仪表进行测试; (6) 排查相关故障; (7) 完成相应工程报表	(1) 具备数据通信网络的设备安装能力; (2) 具备数据通信网络的设备调试; (3) 具备数据通信网络的设备故障处理和维护能力	数据通信网络组建与维护、网络安全设备配置与管理
企业信息网安装维护岗位	(1) 获取网络及其 IT 应用系统的相关资料和信息; (2) 进行网络及其 IT 应用系统的日常管理; (3) 进行网络及其 IT 应用系统各种设备的日常巡检; (4) 进行应急故障的处理; (5) 对网络及其 IT 应用系统的性能进行测试和评价,并制定相应的整改方案; (6) 对网络及其 IT 应用系统的其他工作进行处理	(1) 具备存储设备的安装调试、日常管理和故障处理能力; (2) 具备云计算系统设备安装调试、日常管理和故障处理能力; (3) 具备服务器应用系统的调试、日常管理和故障处理、性能优化能力	网络操作系统、存储网络组建与维护、云计算系统运行与维护
通信工程勘测与设计岗位	(1) 工程的勘测并汇总形成产品《工程勘测报告》; (2) 按照要求绘制施工图纸; (3) 根据工程设计指标,预算设计设备功耗、设备型号、蓄电池容量、电源线等; (4) 利用概预算软件进行通信建设工程预算编制	(1) 具备工程勘测和形成报告能力; (2) 具备绘制施工图纸能力; (3) 具备通信建设工程预算编制能力	通信工程设计制图、通信工程概预算、室内分布系统设计与优化
宽带接入网岗位	(1) 获取电信宽带网络的设计和规划资料; (2) 制定工程项目开局实施计划并报相关部门审批; (3) 进行设备的安装和系统的调试; (4) 进行功能测试和各种故障的处理; (5) 编制相关文档	(1) 具备宽带网络设备的安装能力; (2) 具备宽带网络设备的调试能力; (3) 具备宽带网络设备的故障处理	PON 无源光网络开局与维护、WLAN 网络组建与优化

四、专业群课程体系构建

1. 公共基础平台设置

根据有关文件规定,以及专业群素质要求,学校开设"思想道德修养与法律基础""毛泽东思想和中国特色社会主义理论体系概论""形势与政策""军事理论""军事技能""公共体育""体育专项技能""信息技术与人工智能基础""就业指导与职业发展""创新创业教育""心理健康教育""中华优秀传统文化""高等数学""公共英语"等公共课程。公共基础平台课程设置见表 5 - 10。

表 5 - 10 公共基础平台课程设置表

学 期	公共课程类别课程名称	课程代码	课程类型	必修学分	考核方式	课内总学时	其中实践学时
1	公共英语 I(1)	69010015	必修	4	考查	64	16
	心理健康教育	69010029	必修	1	考查	16	
	创新创业教育(1)	69010027	必修	1	考查	16	
	就业指导与职业发展(1)	69010025	必修	1	考查	16	4
	形势与政策(1)	70010003	必修	0.5	考查	8	
	毛泽东思想和中国特色社会主义理论体系概论	70010008	必修	3	考查	48	
	思想政治理论课实践(1)	70010009	必修	0.5	考查	10	
	公共体育 1	71010001	必修	2	考查	32	32
	军事训练	71010015	必修	2	考查	112	112
	军事理论	71010015	必修	2	考查	32	0
	高等数学	69010006	必修	4	考试	64	
2	公共英语 I(2)	69010016	必修	4	考查	64	16
	工程数学	69010013	必修	3	考试	48	
	形势与政策(2)	70010004	必修	0.5	考查	8	
	思想道德修养与法律基础	70010001	必修	3	考查	48	
	思想政治理论课实践(2)	70010010	必修	0.5	考查	10	10
	信息技术与人工智能基础		必修	2	考查	32	
	公共体育 2	71010002	必修	2	考查	32	32
3	体育在线课程	71010005	必修	1	考查	16	
	体育专项技能 1	71010006	必修	1	考查	16	16
4	创新创业教育(2)	69010028	实践	1	考查	16	16
	就业指导与职业发展(2)	69010026	理论＋实践	1	考查	16	4
	体育专项技能 2	71010007	必修	1	考查	16	16
公共基础平台(必修课程)开课总学分			41 学分			740 学时	

2. 通识拓展模块设置

根据专业群素质要求,开设科学精神与思维创新模块、历史传承与哲学基础模块、社会研究与经济管理模块、当代中国与世界视野模块和美育教育与文化艺术模块六个通识拓展模块,见表 5 - 11。

表 5 - 11　通识拓展模设置表

模　块	单　元	课程名称
科学精神与思维创新	课程单元一：逻辑与数学思想	逻辑思维与数学文化、空间想象与逻辑思维、逻辑学导论、逻辑新引：怎样辨别是非、思维导图训练与运用
	课程单元二：物理、化学应用与生命科学	基础物理实验、化妆品化学与人体健康、人文的物理学、食品营养与安全、药用植物学、黄帝内经
	课程单元三：科学技术及其思想发展	工匠精神与科技进步、探秘移动通信、生活中的物联网、人工智能导论、生活中的材料学、汽车性能评价与选购、实用建筑技术入门、宇宙学导论、探秘电子世界、走进大数据时代、走进虚拟现实的世界、文献检索与利用
历史传承与哲学基础	课程单元一：东方历史与文化	中国传统文化概论、中国近现代史、中国文明史、中国古代史、中国思想史、茶学基础、东方学、中国历史地理、巴渝历史文化、人文地理学、红岩精神、话说重庆
	课程单元二：西方历史与文化	现代西方文化、古希腊罗马史、古希腊神话、文明比较与对话、西方文化的起源、西方工业历史
	课程单元三：哲学与人生	中国古代哲学、中西哲学比较、文化人类学、女性主义思潮探究、恋爱心理学、幸福心理学、消费心理学、艺术哲学
社会研究与经济管理	课程单元一：经济学与管理	当代中国经济、国际金融、博弈论、商业管理的案例分析、个人理财、统计学、商务礼仪、实用社交礼仪、企业文化
	课程单元二：社会与法学	合同法、劳动法概论与实务、法律基础、"柔力球"运动课程、太极入门、五禽戏与八段锦入门、体育舞蹈、网球、瑜伽与形体训练、竞赛规则与裁判知识、竞技二打一技巧与人生、烘焙课程入门、饮品知识与品鉴、园艺插花艺术
当代中国与世界视野	—	全球化与中国媒体和政治、中国当代外交史、全球化与国际政治、马克思主义与当代中国、中共党史
美育教育与文化艺术	课程单元一：理解与表达	艺术与审美思维、语言与交流、写作与表达、跨文化交际、思辨与创新、科研方法论
	课程单元二：外国语言文学与文化	日语入门、西班牙语入门、俄语入门、韩语入门、英语口语、英语翻译、西方语言学、英美文化入门、古希腊古罗马戏剧、戏剧美学
	课程单元三：诸子百家与中国文学	中国艺术精神、中国文学批评史、庄子、儒家核心思想概论
	课程单元四：影视解读与传播	影视美学、中国服装史、家居搭配、摄影艺术与作品赏析、服装搭配与化妆入门、手机摄影与微视频创作、园林艺术解读
	课程单元五：美术与戏曲音乐	非遗与传统工艺、书画中的美、手绘与手工构成入门、美术欣赏与入门、Q版动画设计、建筑评论、古筝音乐欣赏与演奏、中国音乐史、西方音乐史、中国戏曲赏析、舞蹈欣赏、文物品鉴与保护、合唱艺术
	课程单元六：艺术理论与文化	形象思维与空间艺术、创意思维与数字艺术、艺术鉴赏与审美心理、魏晋风骨解读、人类学与艺术、中国艺术导论

3. 专业群基础平台设置

学校把专业群内四个专业的各个典型工作任务共有的职业能力,归并到一起,组合成专业基础课程平台。将以知识学习为主的基础能力(或者共有的知识点)归并到一起,构建基础理论课程(A 类课程);将以技能训练为主的基础能力(或者共有的技能点)归并到一起,构建基础实训课程(C 类课程)。

专业群基础平台课程包含电路基础、低频电路、高频电路、数字电路、通信原理、计算机网络基础、电子工艺实训、数字电路课程设计和移动通信技术等课程。信息通信技术专业群基础平台设置见表 5-12。

表 5-12　信息通信技术专业群基础平台设置表

学 期	课程名称	课程类型 (A,B,C)	课程学分	考核 方式	课内学时		整周实训 (周)
					总学时	其中实践学时	
1	电路基础	A	5	考试	80	15	
	电子工艺实训	C	1	考查			1
2	低频电路	A	5	考试	80	15	
	数字电路	A	5	考试	80	15	
	数字电路课程设计	C	1	考查			1
	计算机网络基础	A	4	考试	64		
3	移动通信技术	A	4	考试	64	12	
	高频电路	A	4	考试	64	12	
	通信原理	A	5	考试	80	15	
课程学分、学时及实践学时、实践周数		—	—	—	512	80	2
专业基础平台(专业必修课程)毕业学分小计		34 学分					

4. 专业群模块设置

学校根据专业群各职业能力,按职业岗位进行分类,分别构建不同的技术方向课程模块,每个模块与一个或一类职业岗位(群)对应,由 2～4 门理实一体化课程(B 类课程)或实训课程(C 类课程)组成。专业群包含移动通信系统运维、光纤通信、通信工程建设、通信工程勘测与设计、数据通信、轨道交通通信、移动互联创新开发、移动网络规划与优化、服务器系统管理、云计算、宽带接入网、智能产品开发、物联网应用开发、通信工程管理 14 个模块。课程模块与职业技能等级证书的考取联系了起来。专业群模块设置见表 5-13。

表 5-13　专业群模块设置表

序 号	模块名称	课程名称	职业技能等级证书
1	移动通信系统运维模块	LTE(4G)组网与维护	华为 HCIA/HCIP-LTE 华为 HCIA-5G
		5G 移动通信技术	
		移动通信基站系统运行维护	
2	移动网络规划与优化模块	4G 移动网络优化	华为 HCIA/HCIP-LTE-RNP&RNO
		5G 移动网络优化	
		移动通信全网实训	

序　号	模块名称	课程名称	职业技能等级证书
3	光纤通信模块	PTN 光传送网络运行与维护	华为 HCIP-Transmission
		OTN 光传送网络运行与维护	
		SDH 光传输设备开局与维护	
		三网融合实训	
4	通信工程建设模块	通信工程实施	通信工程费用编审员
		信息网络布线	
		通信工程概预算	
5	通信工程勘测与设计模块	通信工程设计制图	通信工程勘察设计工程师
		室内分布系统设计与优化	
		室内分布系统设计与优化实训	
6	服务器系统管理模块	WINDOWS 操作系统实训	RHCSA RHCE
		LINUX 系统管理与配置	
		数据库技术及应用	
7	数据通信模块	数据网组建与维护	华为 HCIA-R&S 华为 HCIA-security
		网络安全设备配置与管理	
		数据网络实训	
8	云计算模块	存储网络组建与维护	华为 HCIA-Cloud Computing HCIA-storage
		云计算系统运行与维护	
9	轨道交通通信模块	交换设备运行与维护	城轨通信工（初级）
		轨道交通通信系统运行与维护	
		轨道通信故障应急处理实训	
10	宽带接入网模块	WLAN 网络组建与优化	华为 HCIA-access 华为 HCIA-wlan
		PON 无源光网络开局与维护	
11	移动互联创新开发模块	C 语言编程	SCJD SCJP
		Java 程序设计	
		移动创新开发实训	
12	智能产品开发模块	EDA 实训	AAE 认证
		嵌入式产品开发	
		FPGA 产品开发	
13	物联网应用开发模块	NBIOT 窄带物联网应用开发	华为 HCIA-IoT HCIP-IoT Developer
		物联网技术导论	
		Pyhon 程序设计	
14	通信工程管理模块	通信项目管理	—
		概预算实训	

根据不同岗位对职业能力先后顺序的不同要求，课程模块学习的顺序不同，见图 5 – 13。

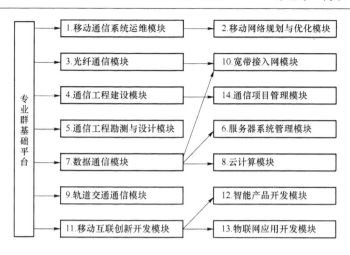

图 5-13　课程模块学习顺序

5. 专业方向模块设置

专业群内每个专业根据专业人才培养定位确定 3 个专业方向模块,作为必修模块,见表 5-14。

表 5-14　专业方向模块设置表

序　号	专业名称	专业定位	必修模块名称
1	移动通信技术	面向电信行业的移动通信系统运维、移动网络规划与优化和光纤通信等职业岗位群,毕业生能够从事移动通信系统设备生产、现场安装、开局调测、运行维护、移动网络规划与优化、移动业务支撑与管理、物联网/车联网应用与开发等相关工作	1. 移动通信系统运维模块 2. 移动网络规划与优化模块 3. 光纤通信模块
2	通信技术	面向电信行业的移动通信系统运维、光纤通信和通信工程建设等职业岗位群,毕业生能够从事现代通信系统设备生产、现场安装、开局与维护等相关工作	1. 移动通信系统运维模块 3. 光纤通信模块 4. 通信工程建设模块
3	通信工程设计与监理	面向电信行业的通信工程勘察与设计、通信工程建设和移动通信系统运维等职业岗位群,毕业生能够从事通信工程勘察与设计、工程监理、项目管理、工程督导、工程施工、软件调测和通信网络运营维护等工作	1. 移动通信系统运维模块 4. 通信工程建设模块 5. 通信工程勘测与设计模块
4	通信系统运行管理	面向电信行业的信息和通信工程技术人员、信息通信业务人员、信息通信网络维护人员等职业岗位群,毕业生能够从事企业网络规划设计、设备安装、网络调试与维护、网络管理与运行维护等工作	6. 服务器系统管理模块 7. 数据通信模块 8. 云计算模块

表 5-15　移动通信技术专业方向模块设置表

学期	模块名称	课程名称	课程类型(A,B,C)	课程学分	考核方式	课内学时		整周实训(周)
						总学时	其中实践学时	
3	移动通信系统运维模块	移动通信基站系统运行维护	C	3	考试	48	24	
		LTE(4G)组网与维护	C	4	考试	64	32	
		5G 移动通信技术	C	4	考试	64	32	

学期	模块名称	课程名称	课程类型（A,B,C）	课程学分	考核方式	课内学时 总学时	课内学时 其中实践学时	整周实训（周）
4	移动网络规划与优化模块	4G 移动网络优化	C	4	考试	64	32	
		5G 移动网络优化	C	4	考试	64	32	
		移动通信全网实训	B	2	考查	40	40	2
5	光纤通信模块	SDH 光传输设备开局与维护	C	3	考试	48	24	
		PTN 光传送网络运行与维护	C	4	考试	64	32	
		OTN 光传送网络运行与维护	C	4	考试	64	32	
		三网融合实训	B	1	考查	20	20	1
		校外(顶岗)实习 1		3	考查			6
6		校外(顶岗)实习 2		6	考查			12
		毕业设计(论文)		6	答辩			6
专业方向模块(专业必修课程)毕业学分小计						48学分		

表 5－16 通信技术专业方向模块设置表

学期	模块名称	课程名称	课程类型（A,B,C）	课程学分	考核方式	课内学时 总学时	课内学时 其中实践学时	整周实训（周）
3	移动通信系统运维模块	移动通信基站系统运行维护	C	3	考试	48	24	
	光纤通信模块	SDH 光传输设备开局与维护	C	3	考试	48	24	
	通信工程建设模块	信息网络布线	C	4	考试	64	32	
4	移动通信系统运维模块	LTE(4G)组网与维护	C	4	考试	64	32	
	光纤通信模块	PTN 光传送网络运行与维护	C	4	考试	64	32	
	光纤通信模块	OTN 光传送网络运行与维护	C	3	考试	48	24	
	光纤通信模块	三网融合实训	B	1	考查	20	20	1

学期	模块名称	课程名称	课程类型（A,B,C）	课程学分	考核方式	课内学时		整周实训（周）
						总学时	其中实践学时	
5	移动通信系统运维模块	5G 移动通信技术	C	4	考试	64	32	
	通信工程建设模块	通信工程实施	C	4	考试	64	32	
	通信工程建设模块	通信工程概预算	C	3	考试	48	24	
6		校外（顶岗）实习1		3	考查			6
		校外（顶岗）实习2		6	考查			12
		毕业设计（论文）		6	答辩			6
专业方向模块（专业必修课程）毕业学分小计			48学分					

表 5 – 17　通信工程设计与监理专业方向模块设置表

学期	模块名称	课程名称	课程类型（A,B,C）	课程学分	考核方式	课内学时		整周实训（周）
						总学时	其中实践学时	
3	通信工程建设模块	通信工程实施	C	4	考试	64	32	
		信息网络布线	C	4	考试	64	32	
		通信工程设计制图	C	4	考试	64	32	
	移动通信系统运维模块	移动通信基站系统运行维护	C	3	考试	48	24	
4	通信工程勘测与设计模块	室内分布系统设计与优化	C	4	考试	64	32	
		室内分布系统设计与优化实训	B	2	考查	40	40	2
		通信工程概预算	C	3	考试	48	12	
	移动通信系统运维模块	LTE(4G)组网与维护	C	4	考试	64	32	
5	移动通信系统运维模块	5G 移动通信技术	C	4	考试	64	32	
6		校外（顶岗）实习1		3	考查			6
		校外（顶岗）实习2		6	考查			12
		毕业设计（论文）		6	答辩			6
专业方向模块（专业必修课程）毕业学分小计			47学分					

表 5 - 18　通信系统运行管理专业方向模块设置表

学期	模块名称	课程名称	课程类型（A,B,C）	课程学分	考核方式	课内学时		整周实训（周）
						总学时	其中实践学时	
3	数据通信模块	数据网组建与维护	C	5	考试	80	40	
		数据网络实训	B	1	考试	20	20	1
	服务器系统管理模块	数据库原理及应用	C	4	考试	64	32	
		WINDOWS 操作系统实训	B	2	考查	40	40	2
4	数据通信模块	网络安全设备配置与管理	C	4	考试	64	32	
	服务器系统管理模块	LINUX 系统管理与配置	C	4	考试	64	32	
	云计算模块	存储网络组建与维护	C	5	考试	80	40	
5	云计算模块	云计算系统运行与维护	C	5	考试	80	40	
		校外(顶岗)实习1		3	考查			6
6		校外(顶岗)实习2		6	考查			12
		毕业设计(论文)		6	答辩			6
专业方向模块(专业必修课程)毕业学分小计						45 学分		

6. 专业拓展模块设置

横向拓展模块:修完专业群基础平台课程后,都可以选修的模块,是专业技术的扩展课程。

纵向拓展模块:需要先修完某一个或几个模块后,才能选修的模块,是专业技术的深入学习课程。

特色拓展模块:主要是行业新技术、职业技能竞赛、创新创业类的课程。

专业拓展模块设置见表 5 - 19。

表 5 - 19　专业拓展模块设置表

序　号	拓展模块类型	模块名称（选修）
1	横向拓展模块	1. 移动通信系统运维模块 3. 光纤通信模块 4. 通信工程建设模块 5. 通信工程勘测与设计模块 7. 数据通信模块 9. 轨道交通通信模块 11. 移动互联创新开发模块

序　　号	拓展模块类型	模块名称(选修)
2	纵向拓展模块	2. 移动网络规划与优化模块 6. 服务器系统管理模块 8. 云计算模块 宽带接入网模块 12. 智能产品开发模块 13. 5G物联网应用开发模块
3	特色拓展模块	新技术模块 全国职业技能大赛模块 世界技能大赛模块 学历提升模块 创新创业模块

第四节　开放共享,打造专业群课程资源

一、"平台＋模块"课程资源开发总体思路

学校秉承"厚德强能、求实创新"校训,弘扬"龙翔马越、博润致远"的重电精神和"龙马风骨"。重庆电子工程职业学院服务区域、扎根中国、融入世界、面向复兴,奋力建设"双高计划"高水平学校和专业群,突出跨界开放属性和类型教育特征,着力构建基于权益攸关方发展需求的合作共治产教融合体制机制。学校对接新时代西部大开发和重庆"芯屏器核网"智能产业补链成群,发挥"新一代电子信息和智能化"专业优势特色,强化"大人物"专业群建设的牵引作用,创新教育教学和科技服务的质量建设范式,按照课程资源开发原则、课程资源开发机制和课程资源开发流程,建设一批高水平课程资源,引领教育信息化变革,提升整体职业教育水平,深化"三教"改革,建成一批共享度高、模块化特色鲜明的优质课程教学资源。建设思路是:立足专业群"平台＋模块"课程体系,在校企合作、项目化管理、标准化建设、专业化推广等机制的保障下,建设各级资源库课程、在线开放课程、1＋X认证资源、课程思政示范课程以及双语课程,为教师、学生、企业用户及社会学习者服务,并探索课程教学资源服务学分银行的方法,最终实现推进三教改革,落实"互联网＋职业教育",促进学生德技并修,服务国际生培养的目的。课程教学资源建设思路如图5-14所示。

(一)构建课程资源动态更新机制,建设一批职业教育优质课程

以国家资源库、国家级课程建设,带动专业群课程建设,学校按照专款专用、边建边用原则,坚持服务性、公益性、开放性、共享性定位,以教育功能主导"技术＋教育"的结合,实现"互联网＋职业教育"的落地。结合专业群课程模块,构建随产业技术进步、技术革新进行动态调整的课程体系,实现专业群课程"敏捷"化、模块化,提升专业人才培养规格适应产业技术变化的快速反应能力,优化课程资源供给。学校建成国家级、省级教学资源库,国家级课程、省部级课程,资源满足学生、教师、企业员工和社会学习者时时处处学习。

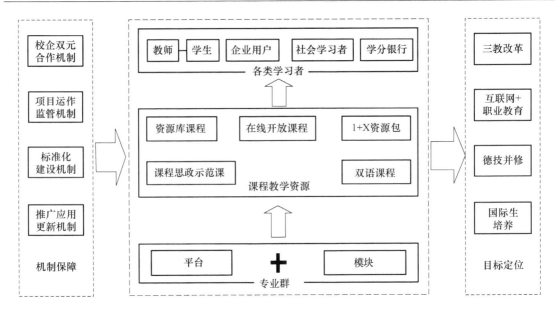

图 5 - 14　课程教学资源建设思路

(二) 基于"1＋X"证书制度,构建适应证书体系的模块化课程资源

学校利用参与制定"1＋X"职业技能等级证书标准等职业标准的契机,与企业共同开发模块课程资源,打造书证融通的"模块→课程→项目"专业群教学资源库,共建国家级、省部级课程。各个专业群则依托区域产业发展特色,联合行业协会、行指委和企业共同开发模块化课程资源,衔接"1＋X"证书。

以信息安全技术应用专业群为例,专业群联合中国通信工业协会、行指委、中科软、启明星辰、360、绿盟、神州数码等企业开展校企共建,以工程项目为载体,共建新技术、新工艺、新规范的"模块化课程资源",衔接"1＋X"认证和国际化标准,构建基于"1＋X"证书制度下的模块化课程资源。与中科软科技股份有限公司共同开发"网络安全运维职业技能等级证书"等,以实现"书证融通、书证衔接";通过模块组合课程资源,育训结合,动态适应学历教育和职业培训;扩展 X 证书认证范围,实施跨专业 X 认证,服务社会人员、企业人员等的 X 证书认证培训,助力全民终身教育、学分教育的实施。

(三) 服务"一带一路""走出去"产能,开发国际一流专业课程资源

突出学校电子信息与智能化专业办学品牌优势,开发双语课程 35 门,建立中国通信工业协会国际产教协同联盟,组建信息安全技术应用专业群国际化课程资源开发与标准研制小组,通过组织"一带一路"信息技术应用国际技能大赛等多种形式,与"一带一路"国家教育机构及国内外知名企业开展深入合作,开发适合当地国情、文化背景和语言环境的专业群双语课程,如"计算机概论""大数据技术""C♯程序设计""人工智能导论""移动互联网基础"等;同时开发职业教育国际专业教学标准及课程标准,推广具有重电特色的职业教育课程建设经验。

二、"平台＋模块"课程开发模式类型

（一）项目过程驱动，开发课证融通的"模块→课程→项目"教学资源

学校联合中移物联网、华为、海尔、新大陆等行业企业及专业群领域优势院校，融入"五位一体"职业岗位对应的1+X证书标准有关内容，以项目化为基础共同开发以微课程、动画、虚拟仿真、音视频等素材为主体的"模块→课程→项目"三级数字化教学资源，如图5-15所示。学校建设智能化教学支持环境下的课程资源，按照若干核心模块单元开发专业群内各专业的教学资源，形成专业群教学资源库，提升教学信息化服务水平，推动专业群信息化教育理念、教学方法和学习方式变革。

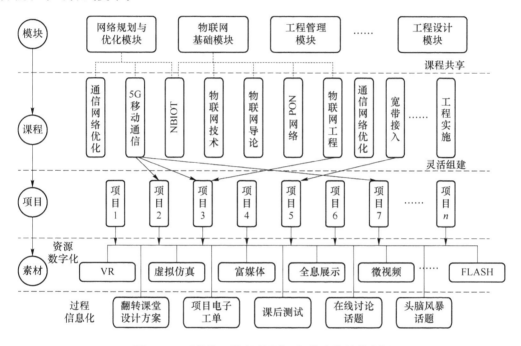

图5-15 "模块→课程项目"三级数字化教学资源

对接"五位一体""平台＋模块"课程体系，以推动专业群课程模块的教学实施为导向，开发、融合、更新项目化的数字化教学资源和教学过程信息化资源，按模块化课程为组织形式，依托智慧职教、爱课程等知名在线平台建设专业群在线开放课程，优化升级既有在线开放课程，每年编制专业群课程质量年度报告。融合运用资源库内外部素材、积件、模块和课程等分层次库内资源，全面构建专业群课程模块MOOC/SPOC教学环境，为课前、课中、课后信息化教学及课程项目计划、实施、评价全过程搭建实施平台。

（二）基于"校企共建共享，用户精确画像"的一体化设计

以虚拟现实应用技术专业教学资源库为例，联合院校、企业，建立虚拟现实资源库建设联盟，建立资源库项目管理机制、资源共建共享管理办法，保障资源建设项目有序进行。通过行业企业，调研不同用户的需求、学习目的、学习方式和学习特点，充分考虑用户所处的区域、类

型、层次,以用户需求为导向,对用户进行精确画像。依据虚拟现实领域岗位需求,确定专业人才培养定位,统筹资源建设、平台搭建,形成整体系统的顶层设计。

(三)开发"基础平台＋核心模块＋拓展模块＋特色应用"的专业群结构化课程

以虚拟现实应用技术专业群为例,根据虚拟现实在硬件搭建、资源制作、程序开发等主要工作领域的职业岗位需求,形成知识和能力目标,知识技能点体现教学内容与课程体系改革成果、融入思想政治和创新创业教育,满足网络学习和线上线下混合教学的需要。构建适应岗位能力要求的"基础平台＋核心模块＋拓展模块＋特色应用"的资源库结构化课程体系,并形成专业群人才培养方案。专业群结构化课程包含基础平台课 6 门、核心模块课 18 门、拓展模块课 15 门、技能实训课 6 门、创新创业课 1 门,培训课程 6 门。同时,建设专业子库 1 个、行业子库 1 个、创新创业子库 1 个,建设 VR＋、企业案例等特色资源,保持资源的特色性、前瞻性。专业群结构化课程体系如图 5-16 所示。

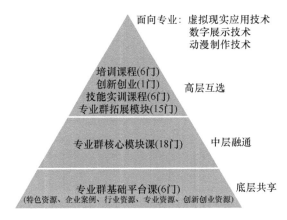

图 5-16 专业群结构化课程体系图

(四)基于"持续更新,冗余设计"的颗粒化素材资源建设

虚拟现实应用技术专业群的课程资源库对标年持续更新率不低于 10％,冗余设计率大于 30％的原则,进行颗粒化素材资源的建设。颗粒化素材是资源库内的最小单元,是独立的知识点或完整的表现素材,以视频、动画、虚拟仿真等资源类型为主,数量上大幅超过库内课程所引用的资源,实现资源冗余。属性标注全面,方便用户检索、学习和组课。资源库建设素材资源共计 28 000 个,其中非文本类资源数量占比达 62％。

(五)专业群教学资源开发典型案例

虚拟现实应用技术专业教学资源库于 2019 年 12 月获教育部立项,由重庆电子工程职业学院牵头,湖南大众传媒职业技术学院、南京信息职业技术学院联合主持,集结深圳职业技术大学等来自国内 10 个省市的 23 家职业院校、上海曼恒数字技术股份有限公司等多家头部企业机构共同建设。虚拟现实应用技术专业教学资源库以国家职业教育改革实施方案为指引,以虚拟现实技术应用专业为核心,服务数字媒体技术、数字媒体艺术设计、影视动画、软件技术四个专业。资源库以用户需求为导向、结合专业特点,统筹平台设计、人才培养方案和课程体系建设和资源建设,形成顶层设计。贯彻国家专业教学标准,以群建库,覆盖四个专业基础平台和专业核心课,打造国际化双语课程,满足网络学习和线上线下混合教学的需要。以独立的知识点建设完整的单条素材资源,以视频、动画、虚拟仿真等资源类型为主,其结构完整、标注全面,方便用户检索、学习和组课。以满足不同对象、不同阶段、不同场合的学习者需求为导向,以优质教学资源、行业标准、企业规范为基础,以现代信息技术和手段为保障,建成一个素材内容丰富、技术支撑先进、可持续更新的智能、共享、动态的国家级教学资源库。

虚拟现实技术应用专业教学资源库遵循"需求牵引、应用为王、服务至上"的原则和"一体化设计、结构化课程、颗粒化资源、多场景应用"的建构逻辑,对接国家战略数字创意新兴产业,以数字创意产业链中的关键岗位能力和虚拟现实相关从业人员及学习者为需求,建设优质专业教学资源库,优化资源库平台,满足个性化学习者的实际需要,健全资源审核、应用推广和安全保障运行机制,保证平台内容的高质量和持续更新,达到"质量一流、应用高效"的目标。

虚拟现实技术应用专业教学资源库构建了适应岗位能力要求的"基础平台＋核心模块＋拓展模块＋特色应用"的资源库结构化课程体系。专业群结构化课程包含"虚拟现实概述""数字素描"等基础平台课 6 门、"虚拟现实程序开发""虚幻引擎交互开发"等核心模块课 18 门、拓展模块课 15 门、技能实训课 6 门、创新创业课 1 门、培训课程 6 门、微课 800 多门,在课程内容中融入了"虚拟现实应用开发、3D 引擎技术应用、数字创意建模"等职业技能 X 证书标准,还包括技能训练、培训中心、特色资源、创新创业等模块。该资源库现有注册学员 90 000 余名、优质数字化资源 28 000 多条、习题 6 400 多道、SPOC 课 390 多门。在全国范围内,引领本专业、带动相关专业教学模式改革、提高职业院校人才培养质量,为行业发展和职业培训服务、为继续教育和终身教育提供学习平台。

三、"四共·一驱·四融"特色教材开发模式

教师、教材、教法是教育教学改革中的三个核心要素,《国家职业教育改革实施方案》为职业教育的"三教"改革提出了新的要求,旨在大幅提升职业教育人才培养和产业需求发展之间的契合度,提升国家职业教育质量。教材在"三教"改革中,解决教学中"教什么"的核心问题。

重庆电子工程职业学院信息安全技术应用专业群教学团队十余年来深耕专业教材建设,不断探索和改进校企双元合作开发机制,改革教材内容组织形式,创新"岗赛证创"及思政内容融入方式,成功总结出适应高职电子信息类教材建设的"四共·一驱·四融"高职特色教材开发模式。采用该模式开发的教材特色鲜明、实用性强,非常契合"教、学、做"一体化和立德树人要求,其中 21 部获评"十二五"职业教育国家规划教材 21 部,8 部获评"十三五"职业教育国家规划教材。2021 年该模式获评重庆市教学成果奖一等奖,采用该模式开发的教材《C 语言程序设计(第 2 版)》荣获首届全国优秀教材一等奖,该模式开拓者武春岭教授获评全国教材建设先进个人。精品教材建设成果有力推动了专业群"三教"改革的实施,保障了"立德树人"育人目标的达成,是课程建设与教学改革的核心抓手。

(一)构建"四共·一驱·四融"高职特色教材开发模式,实现模式创新

该模式中的"四共"是指校企"责任共担、项目共择、内容共撰、成果共享",实现校企深度合作,共同开发教材;"一驱"是指以学习型项目为驱动,开发项目化教材,体现"工作手册式"等新形态特征;"四融"是指将产业最新技术、"1＋X"认证标准、工匠精神、思政素材等育人元素有

机融入教材,实现教材内容与产业发展同步、与职业认证融通、与工匠精神融合、与思政教育浸润,擦亮思政育人底色,守好"教材"建设这块"责任田"。"四共·一驱·四融"高职特色教材开发模式见图5-17。

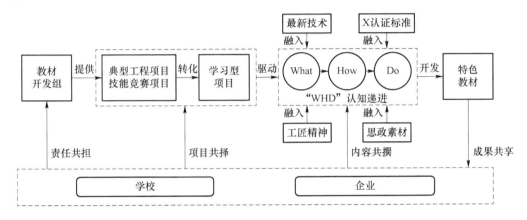

图 5-17 "四共·一驱·四融"高职特色教材开发模式

该理论模式依托利益相关者理论,提出了责任共担、项目共择、内容共撰、成果共享"四共"合作机制,为校企合作教材开发奠定了坚实基础。依托理论,通过质性研究和实证研究,总结出"一驱·四融"和"W-H-D"法教材内容组织方法,最终形成了独具特色的教材开发模式理论模型。

(二) 创建"四共"协作教材开发机制,实现机制创新

以学校与企业双方的利益需求为导向,基于校企双方在教材开发中的利益共同点,学校依托校企联盟、产教联盟等校企合作平台,挑选和寻找技术实力强、责任意识高的新华三、360、腾讯云等企业,选取组织审查合格、政治素质过硬、技术能力突出的业务骨干,组建教材开发组,达成"责任共同承担、项目共同选择、内容共同编撰、成果共同分享"四个协作共识,开展教材开发。校企"四共"协作教材开发机制如图5-18所示。

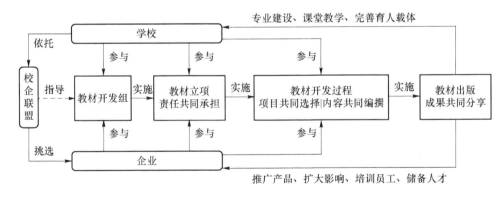

图 5-18 校企"四共"协作教材开发机制

校企双方首先明确教材编写需要承担的政治责任,实施"责任共同承担";其次,企业提供典型工程项目和技能竞赛标准,校企共同遴选、转化,形成学习型项目,实施"项目共同选择";然后,基于学习型项目,校企人员分工合作,编写教材内容,实施"内容共同编撰";最后,通过教

材出版发行,企业推广了产品、扩大了行业影响,学校确保了教材内容紧跟产业发展,最终实现校企"成果共同分享",形成校企"四共"协作教材开发机制。

校企"四共"协作教材开发机制的实施,满足了校企合作开发教材的契合点,解决了教材内容落后于产业发展的问题,实现了专业教材与产业发展的"与时俱进"。企业通过校企合作,其技术标准及产品得以推广,同时通过技术内化于教材,保障了企业人才供给的适用性和可持续性。学校通过与优质企业协同开发教材,可更好地提升学生的职业能力、方法能力与社会能力,提升教学质量。

(三)首创了"W-H-D"认知递进法组织教材内容,实现方法创新

教材开发组根据企业典型工程项目和职业技能竞赛项目等载体,设计提炼出"学习型项目",并以"项目"为骨架组织教材内容,开发项目化教材。例如,《信息安全产品配置与应用》是基于安全产商 16 个典型工程项目提炼开发而成的;《云操作系统应用 Open Stack》则是依托全国职业技能竞赛云计算赛项标准,改造开发的。

在内容编排上以"W-H-D"法组织教材内容,将"项目引导、知识准备、项目实施"三个阶段,设计为"做什么(What)、如何做(How)、具体做(Do)"三个认知递进过程。项目驱动式、"W-H-D"法教材组织形式如图 5-19 所示。

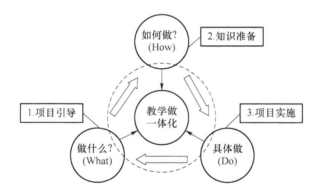

图 5-19　项目驱动式、"W-H-D"法教材组织形式

教材每章的"引导案例"首先让学生明白学习本章内容的用途,体现 What(W);章节"相关基础"部分,不仅阐述本章涉及项目的相关理论内容,还适当融入计算机学科突出贡献的科学家事迹和国家信息化发展战略精神,潜移默化培养学生爱国情操,体现怎么学 How(H);章节"项目实践"部分,通过把项目分解成若干任务,并逐步实施,完成整个项目,打造学生实际技能,体现解决问题的过程 Do(D)。

"W-H-D"法组织教材章节内容,更符合学生的认知规律。教材引导学生运用所学知识与技能去解决相应任务,从而辅助学生内化和巩固职业技能,提升学生综合职业能力,工学结合特色鲜明,有利于教、学、做一体化的教学实施。

(四)开创"四融"育人要素进教材,落实立德树人

编撰教材时,在项目案例和学科文化的基础上,融入企业提供的产业发展中的最新技术,及时更新升级教材内容,使教材内容与时兴技术和产业发展同步;融入"1+X"认证标准,如网

络安全服务(神州绿盟)、网络安全应急响应(奇安信)、云计算应用开发(腾讯云)、云计算开发与运维(阿里巴巴)等,实现课证融通;融入华为"鸿蒙"系统、"飞天"系统、"太湖之光"等案例素材,让学生在技能锻炼的同时感悟工匠精神;融入网络安全观、"棱镜门"安全事件等素材,让思政元素浸润专业教材。

将"最新技术、X认证标准、工匠精神、思政素材"等育人元素融入教材,解决了教材不利于立德树人目标达成的问题。"四融"育人元素进教材形式如图5-20所示。

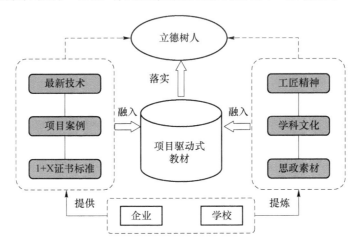

图5-20 "四融"育人元素进教材形式

通过精品教材建设,开发的教材21部获评"十二五"职业教育国家规划教材,8部获评"十三五"职业教育国家规划教材,4部工信部"十四五"规划教材,并荣获首届全国优秀教材奖一等奖1项,全国教材建设先进个人1人。截至2023年7月,该系列教材被共出版发行近35万册,被全国300多所中高职院校选用。教材的广泛选用,提高了开发模式的知名度和借鉴率,也使得我校信息安全专业群影响持续扩大。

学校以该模式开发的国规教材内容为载体开展社会培训,获得广泛赞誉。近5年来,学校举办培训项目57项,开展教材开发模式专题培训31次,开展各类社会培训5 500人次,进行社会职业资格鉴定6589人次。企业将合作开发的教材应用于员工培训中,累计培训员工3000余人次,大量节约了企业员工培训的人力资源成本。

依托该模式教材开发的经验及成果,开发配套教学资源,承建国家级专业教学资源库1项,建成市级教学资源库2项,建成国家精品课2门、精品资源共享课2门、国家专业教学资源库子项目6项、重庆市级课程10门。

该模式理论成果丰富,实践应用性强,参与人员在《中国职业技术教育》和《职业技术教育》等核心期刊上发表多篇论文。近10年来,团队共开发教材89种,其中获国家职业教育规划教材29种,出版单位分布于高等教育出版社、电子工业出版社、人民邮电出版社、水利水电出版社、清华大学出版社等,高等教育出版社通过专题会,向全国300多所职业院校专题赠书和推介,其他出版社也利用各类会议推广50余次,受众达5万余人次。

新加坡、老挝等8个国家积极与成果完成人合作,极力引进教材和谋求共同开发国际化信息安全专业教材,目前部分教材已在留学生中应用3年,获得广泛好评。

四、专业群课程资源库建设机制

（一）建立职责分工与协作共建机制

成立资源库建设指导小组，在建设指导小组的规划和指导下，在行业、企业、各参建单位的合作支持下，对项目建设任务进行系统设计和分解，在建设实施过程中实行职责分工、协作共建机制，确保任务有序实施。

以《虚拟现实应用技术专业教学资源库项目管理办法》为依据，项目建设领导小组负责统筹、协调和分配工作，将建设任务分解到资源库各子项目建设团队，子项目建设团队再将工作内容落实到具体课程人员。每个子项目建设团队确定1名负责人，全面负责该小组任务内容建设工作，明确责任人职责，职责落实到个人，确保建设项目有计划、有步骤地稳步推进实施。项目建设管理办公室定期召开建设工作会议，检查各子项目建设团队资源建设进度、建设质量、应用效果等具体实施情况，联合指导小组，通过召开会议、集中讨论、培训指导等方式，解决建设过程中出现的问题和困难，通过高效的分工和协调机制提高项目建设的效率和质量。

（二）建立目标管理与绩效考核机制

为保证建设质量和建设进度，实现以用促建，对资源库建设过程实施动态管理和实时监控，下达子项目建设任务书，明确绩效目标与建设任务，定期汇报、评估审核，实行目标管理与绩效考核机制，保证高质量建设。

项目建设实施目标管理制。根据建设的周期对建设任务进行分解与细化，确定各个建设内容的时间节点，实施目标管理。所有子项目建设团队负责人均按照建设规划的任务和计划拟定的时间节点对建设进度进行阶段性汇报，对应《虚拟现实应用技术专业教学资源库建设和质量标准》计划目标进行自我诊断。项目建设管理办公室组织指导小组专家及质量审核组成员对各工作组的建设情况进行评估，提出相应的指导与建议，从而保障任务能够按照时间节点要求顺利完成。在规范程序、明确建设项目监测指标的前提下，实现项目建设责、权、利的统一，对项目建设的进程、资金的投入和使用等进行动态监控，制定与之配套的绩效考核办法和细则，建立完善的绩效考核机制，对于建设质量不达标的资源，将视情况缓拨、减拨或收回项目建设资金、实物资产。

项目建设实施绩效考核机制。对于已完成的阶段性项目，及时组织专家进行阶段验收，并对方案执行情况和项目的实际效果定期进行绩效评估与考核，形成评估结论同时提出改进建议。对于未按照进度完成的项目，指导小组及项目建设管理办公室针对项目具体情况对后续的建设情况提供指导；对未经领导小组同意更改建设项目内容的情况，项目建设管理办公室将终止该项目的建设任务，按规定追究项目负责人相应责任。

（三）建立知识产权双向保护机制

确保资源原创性，保障资源合法性，保障资源所有人权益。在整个资源库建设团队内部加强知识产权宣传，并进行培训，全面提高团队的知识产权意识。做到双向保护，既坚决坚持资源原创性，又保障原创资源的知识产权。首先在资源制作时，强调资源的原创性，在源头上保证形成高质量的拥有自主知识产权的资源，明确资源著作人与资源使用用户的权利与责任，制定资源的所有权、使用权及资源发布到网上共享使用的范围等,签订多方协议。加强过程监控,建设的资源存储与引用平台,从资源的上传到应用环节有完整的网上审核过程,确保上传资源的质量,避免产权纠纷。通过网络技术实现资源使用"实名制",在资源的下载与应用环节防止资源被非法下载或传播。资源库属于无形资产,建设单位享有资源的著作权,并保证资源内容没有侵犯他人知识产权和其他合法权益;参与建设的个人对其原创的资源享有署名权。建设单位、参建人员、运行平台应商定和签署知识产权保障协议。制定虚拟现实应用技术专业教学资源库知识产权保障相关办法,通过建设自主知识产权利益机制、激励机制、运行机制、监督机制,解决学校、行业企业、出版社等多家联合建设单位共同建设、使用教学资源产生的知识产权问题,真正实现教学资源库的共享共建,以及教学资源的无界化服务问题。

五、专业群课程资源应用与推广

(一) 支持线上教学和线上线下混合式教学,助力疫情后的教育复苏

自新冠疫情以来,由重庆电子工程职业学院牵头主持的虚拟现实应用技术专业教学资源库,第一时间响应教育部"停课不停学"和重庆市教育委员会政策文件的号召,进一步发挥国家职业教育教学资源库"能学、辅教"的功能,虚拟现实技术应用专业教学资源库率先免费开放资源,充分发挥了信息化和数字化学习资源优势,为全国相关院校开展在线教学提供优质的专业资源支持,协调各参建职业院校建立指导咨询队伍,健全基于资源库学习的职业技能证书获取及奖励学分制度,开通网上答疑和培训服务,在线解决资源库应用中的各种问题,为广大师生线上教学和自主学习提供周到细致的服务,实现了"停课不停学,教学不间断"及疫情后的复课复学。以教学资源库为依托的线上线下混合式教学成为非常时期教育复苏的有力保障。

(二) 支持教师用户使用资源库辅助教学,助力兄弟院校专业建设

资源库现有教师用户 2 973 人,资源库中主持院校相关专业教师实名注册比例达 95% 以上;主持院校使用资源库进行专业教学的学时占专业课总学时 60% 以上。将资源库建设单位分为中、西、东三个部分,分别由三家主持院校对接协调管理,每个建设区域设置负责院校,管理本区域的资源建设及推广应用,形成逐层分级的管理模式;团队先后在微信和 QQ 上建立资源库项目组专用群、资源库主持单位工作群、课程建设项目负责人及资源库运用服务群等,开展各项工作,采取多种措施保障线上和线下教学的顺利进行。虚拟现实技术应用专业教学资源库的活跃资源率达到 97.96%,被标准化课程调用资源占比达到了 60%,为实现课前自主学习、课中互动学习及课后的拓展学习提供了充沛的资源支撑。

(三) 支持学生用户使用资源库个性化学习,助力学生个性化发展

资源库现有注册用户 94 099 人,其中学生用户 85 892 人,主持院校和参与建设院校的本专业学生实名注册比例达 95% 以上。学生除参与正常教学外,还可参加拓展课程学习,根据《虚拟现实应用技术专业国家教学资源库 MOOC 学院奖励学分认定办法》,换取选修学分,实现了个性化发展。根据教学资源库平台功能支撑,结合虚拟现实工程技术人员岗位职责、专业群人才培养方案、虚拟现实相关技能竞赛、虚拟现实应用开发等 X 证书,以项目为驱动,以工作任务为导向,以"文化美、科技美、劳动美"为课程思政主线贯穿资源库课程设计,构建岗课赛

证融通的"技能学习＋项目生产"双线并行的资源库个性化教学应用新形态。

（四）校企融合、社会服务

校企深度融合,充分利用资源库共建共享联盟以及全国高职院校 VR 联盟、重庆市职业教育学会传媒艺术专委会等协会和组织,扩大共享应用范围,共开设标准课程 52 门,均由校企合作完成,每门课程均有 1 或 2 名企业人员深度参与建设;建设培训课程 6 门,包括"数字创意建模""3D 引擎技术应用""虚拟现实应用开发""数字媒体交互设计",1＋X 职业技能等级证书配套课程 4 门。虚拟现实应用技术专业资源库除服务于教师与学生群体外,还服务于企业用户与社会学习者,包括退役军人、下岗职工、农民工、新型职业农民等,学习频度高,累计学习时长长。

第五节　分层分类,实施以学生为中心的教学模式改革

一、"线上＋线下"混合式教学设计

线上(网络教学)＋线下(面授教学)混合式教学模式既不是彻底解放教师,把课堂迁移到网上,也不是"线上"与"线下"的简单机械相加,而是通过课前导学、线上自主学习、课堂重点难点讲解、线上线下深度讨论、过程性考核等方式,将传统的以"教师讲授为主"的模式向以"学生自主学习为主"的模式转变,提高学生自主学习的能力和兴趣,锻炼学生独立思考的能力,使学生养成良好的学习习惯,从而取得最优的学习效果。

学校整体布局,完善制度建设,全面实施线上线下混合式教学模式改革。由教务处牵头制定《重庆电子工程职业学院在线开放课程建设方案》《重庆电子工程职业学院在线开放课程混合教学规范管理及工作量认定办法(试行)》。从学校层面整体布局支撑线上线下混合式教学模式改革的课程数字化资源的建设目标、支持措施和建设路径,同时规范线上线下混合式教学运行过程的教学规范、工作量认定和质量督查等细节,在校级教学督导听课评价过程中,将线上线下混合式教学改革纳入教师教学评价的必选项,从教学运行层面抓实抓好线上线下混合式教学模式改革。教务处每年年底对全校开展线上线下混合式教学模式改革的课程成效进行评价,按照相关奖励办法对教学效果好的课程团队进行工作量和绩效奖励,并将结果运用于职称晋升、评优评先、省级及国家级课程推荐、教学团队申报等,形成了"制度指导、过程监督、结果应用"的线上线下混合式教学模式改革运行体系。

课程团队精心设计课程结构和内容,充分调动学生自主学习积极性,课程教学质量显著提高。"5G 移动通信技术"课程团队结合在线开放课程资源,采用企业导师、专任教师双师教学,提出了"双师双线导知析练评"五步教学策略,如图 5－21 所示。课程设计将每堂课分解为课前、课中、课后三阶段,制定了"导认知—知原理—析案例—练操作—评结果"五步骤,如图 5－22所示,充分培养学生自主学习能力和独立思考能力。"5G 移动通信技术"课程教学小组采用以学生为中心的任务驱动式教学流程,进行课前准备、课中探究、课后拓展的精细化教学设计。以每小组 3～6 人构建小组学习共同体,小组成员搭配以组内优势互补、小组间实力相当为原则,团队结合校企共建的优质数字化教学资源和商用 5G 设备,协同实施教学过程。

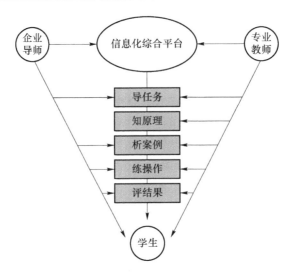

图 5-21 "双师双线"五步教学策略

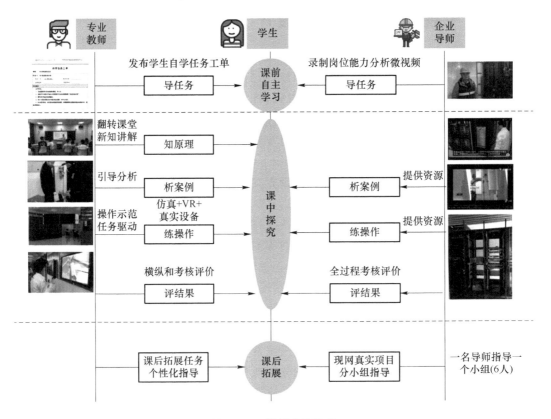

图 5-22 教学整体流程

　　课前,即导任务阶段,由企业导师和专业教师下发学生自学任务工单,布置课前小组任务(包括自学微视频、完成在线测验、参与在线话题讨论等),促进自主学习,使学生筑牢学习基础,同时也为老师制定合理的教学方法提供参考。

　　课中,即知原理、析案例、练操作阶段,专业教师结合课前学情分析和学生反馈的难点问题,合理设计翻转课堂、新知讲解、角色扮演、游戏闯关等教学活动,将复杂问题简单化、枯燥问题趣味化,培养学生分析问题、解决问题的科学思维观。

课后,即评结果阶段,通过过程化、结果化、标准化、选拔性的考核方式,让学生夯实了专业基础,提升了工程实践、创新等多方面的能力。"5G 移动通信技术"课程评价考核包括课程模块成绩汇总(60%),校外企业导师考评的岗位成绩(30%),"1+X"等职业资格认证成绩和技能竞赛附加成绩,以及课程贡献成绩(10%)。这样的考核体系能更加真实地反映学生的职业技能,是"课岗证赛"融通的体现。"5G 移动通信技术"分层考核评价体系映射关系如图 5-23所示。

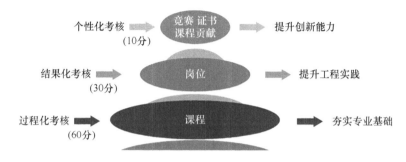

图 5-23　"课岗证赛"的分层考核评价体系映射图

二、"金课堂"教学模式改革

教育部提出"金课堂"概念之后,建设"金课堂"已经成为"双高计划"下专业群建设的一项重要内容。在新时代背景下,面对打造"金课堂"的新浪潮,按照"金课堂"建设的内涵,各专业群积极推动课堂革命,提高课堂教学质量,打造"金课堂",淘汰"水课堂",从而实现人才培养质量的提升。

"金课堂"的主体是教师个体,主要内涵包括课前教案(教学设计)编写、课堂教学组织实施、课后教学效果分析、教学反思改进等,侧重于评价教师个人在真实课堂中的教学质量、学生课堂学习效果和满意度。"金课堂"建设是将课程建设的成果聚焦落实到课堂教学中,即在最后一公里上落地,对教师个体课堂教学情况、教学能力和教研水平的综合评价。

学校系统设计并持续优化"金课堂"实施方案。从遴选机制上,根据教师所授课程类型(理论课、实践课、理实一体课程)、课程建设基础(国家级、省级、校级精品在线课程、一般课程)、授课教师教学水平,分层分类遴选出具有一定数量规模的金课堂;从建设路径上,建立教务处、质量处、教师发展中心、二级院系之间的联动机制,加强对"金课堂"的政策解读、课堂教学质量督导以及建设过程指导,确保金课堂有规模高质量;从成果转化上,以"金课堂"为试金石,推荐优秀教师作为公开示范课的教师,进一步遴选优秀教师进入教学实践工作坊,作为教学比赛培育团队,从而形成规范课堂—金课堂—示范课堂—教学竞赛创新课堂的持续升级,破解课堂教学质量提升路径单一、平台单一、不可持续的问题。

学校以制度改革为牵引,研究制定"金课堂"建设激励考核系列制度,在成果奖励、职称评审、内部质量监控、考核评价、评优评先等多方面提升课堂教学质量及相关成果的评价权重,并以成果激励与人文关怀双管齐下,激发教师"上好课"的荣誉感,提升教师内生动力;总结每一轮"金课堂"建设的实施情况,并分别从纵向和横向进行数据对比分析,对"金课堂"建设是否能促进教师教学能力和教学研究水平提升,是否能提高学生学习达成度和满意度的有效性进行评估;建立正向反馈制度,完善督导评价,通过"考核、评价、反思、改进、提升、精进",促进教师教学能力的螺旋式上升,提升教师参与课堂教学改革的内驱力。

同时,各个专业群也参考学校的顶层设计,在配套奖励、质量监控和课程资源建设等方面组织教师积极建设"金课堂",信息安全技术应用专业群要求教授专业群平台课的老师必须参与"金课堂"建设,从而使专业群的教学改革与课程资源建设在"金课堂"的激励下得到提升,也为专业群师资队伍的教学能力提升提供了新路径

"金课堂"的建设,解决了课堂教学评价指标体系单一、主观性较强的问题。传统的课堂教学质量评价体系较为主观、不全面,学校督导听课评价局限在课堂45分钟的教学组织,学生评价随意性大、情绪主导,同行评价碍于人情,形同虚设。构建可量化、可考核、重过程的"金课堂"评价体系,将从教学实施过程的课前、课中、课后三个环节进行评价;课前评价将重点关注教学目标、教学内容、教学设计、教学方法和手段、考核评价、教学资源等;课中评价除教学基本规范外,将重点关注教师教学内容完成度、教学活动有效性、教学效果达成度、学生学习获得感等;课后评价将重点关注学生一个完整学期的学习效果、能反映教师课堂教学改革思路举措和成效的教学实施报告、课堂改革案例等。

"金课堂"的建设有效解决了教师参与课堂教学质量提升的持续性弱、不够深入的问题。以"金课堂"建设为抓手,搭建四层级可持续发展的课堂质量提升常态化路径,促进教师教学能力提升。将职业教育精品在线课程、教学竞赛、课程思政示范课等质量工程的要求持续融入金课堂建设,使"金课堂"成为"三教"改革的有力落脚点,依托院校两级督导机制和教师发展中心教学实践工作坊,搭建常规督导、竞赛训练营、金课堂评选、公开示范课展示四个教学质量提升平台,形成"常规课堂→教学竞赛创新课堂→金课堂→示范课堂"四级提升的课堂改革建设机制,确保课堂质量提升的有效性、广泛性、持续性,全面实现课堂质量的提质培优,形成人人创享的课堂质量文化。

推进"金课堂"建设解决了课堂教学质量保障机制联动不足的问题。目前高职院校课堂教学质量保障机制主要以督导部门的约束督导机制为主,促进教师专业发展与个人成长的激励制度还较少,原因是相关职能部门联动协同不足且缺乏系统性设计。通过本课题的研究,探索建立教务处、质量管理中心、教师发展中心、二级学院、专业群之间协同联动的"金课堂"建设保障机制,关注教师教学能力提升和个人发展,建立投入机制、约束机制、考核机制、激励机制,提升教师改革创新积极性,提高课堂教学质量。

第六节　名师引领,打造高水平双师型师资队伍

创新实施"212"(两大计划:榜样计划、翔越计划;一个工程:桥梁工程;两项行动:破壁行动、青苗行动。)人才引育工程,持续优化"334"(管理人员、辅导员、教师岗位分类管理,教学为主型、教学科研型、科研应用为主型教师分类发展,"基础+岗位+调控与考核+奖励"四级绩效动态调整机制)教师分类发展机制,建设教师教学实践工作坊;健全"固定岗+流动岗"用人模式,实施"现代产业导师"等计划,推进教师企业实践流动站建设;完善双师认定标准等制度30项,健全教师考核评价与激励机制。入选国家级职业教育双师型教师培训基地,立项建设

全国高校黄大年式教师团队等国家级教师团队 4 个,自主培育全国技术能手等国家级拔尖人才 19 人、重庆英才等省部级拔尖人才 15 人,建设首席技能大师工作室等省部级教师发展平台 5 个;与长安汽车等企业共建教师企业实践流动站 11 个。学校专业教师中双师教师占比 67.1%,年均聘请行业企业领军人才等兼职教师 865 人,企业兼职教师承担专业课教学课时比例为 24.24%。

一、"头雁领航　一体两翼",探索专业群教学创新团队建设新模式

以国家级高层次人才"头雁"作引领。物联网应用技术等高水平专业群团队以国务院政府特殊津贴获得者、全国职业教育先进个人或国家级技能大师工作室命名专家为"头雁",引领教学教研及科研服务的创新发展。通过基于"平台+模块"的课程体系改革,构建与之匹配的结构化教学创新团队,团队关键成员有"千人计划"专家、全国技术能手、国家级教学成果一等奖主持人、教学能力比赛国家级一等奖获得者、国家技能人才培育突出贡献奖获得者、重庆市杰出人才突出贡献奖、重庆市技能大师等殊荣获得者等,共同推进专业群教学创新团队的建设与发展。

以"师德师风建设"为"体"树团魂。充分发挥团队中党总支书记/副书记、党支部书记/副书记、优秀共产党员、教书育人楷模等的模范带头作用,树牢"四个意识",坚定"四个自信",坚决做到"两个维护",以"四有好老师"以及学校立德树人"十用十不用"标准,建设样板党支部,孕育"德能双修、务实协作、融合创新"团队文化,促成团队教师以求真务实作风坚定不移地做社会主义核心价值观的坚定信仰者、积极传播者和模范践行者。

以"教学培训能力提升"和"技术技能创新应用"为"翼"谋发展。在专业群教学团队建设发展过程中,深化与海尔、华为、中移物联网、新大陆等领域领军企业的合作,联合技术领域行业产业协会、科研院所和产业园区,推进"行企园所校"共建产业学院和产教融合实训基地,建设高水平教师发展中心,加强团队教师能力建设。深度对接 1+X 证书制度试点,以服务 1+X 的有机衔接为目标,成建制、分批次选派教师到国内外进修,引入优质培训资源,开展专项教学培训,提升教师团队模块化教学、协同教研与职业技能等级证书培训等方面的能力。依托产教融合实训基地、"国家级技能大师工作室""城市建筑智慧运维管理重庆市高校工程中心"、千人计划专家领衔"硅光子人才培养与技术创新中心"等技术技能创新平台,以新技术、新工艺和新规范的融合应用为目标,深度参与企业技术改进、技术攻关、产品研发、项目实施与工程实践,促进企业项目资源向专业群模块化教学资源的转化,提升教师团队技术技能创新能力与工程项目转化运用能力。

二、"模组靶向　连横合纵",创塑专业群矩阵式团队组织新范式

为更好地适应"平台+模块"课程模组改革需要,专业群建设与管理团队重构教学管理模式,借鉴行业企业项目管理中的矩阵式管理思维,从行政组织(专业)、教学组织(模组)两个维度搭建矩阵式团队管理框架,如图 5-24 所示。在二级学院专业群建设管理过程中,推行以专业基础平台、若干岗位模组为靶向,有针对性地进行教学组织管理,形成分工协作、高度共享的矩阵式"平台+模组"组织管理模式,增强组织灵活性,促进差异化发展。

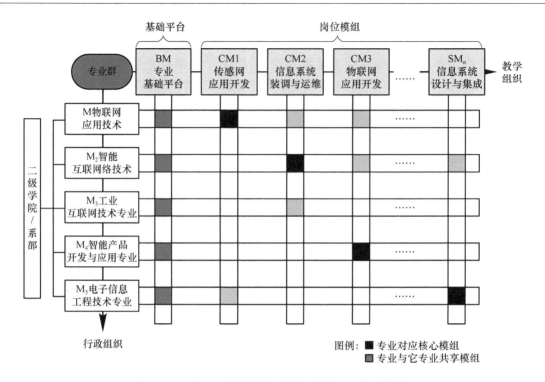

图 5-24　专业群内协作共享的矩阵式组织管理模式

专业群团队中每名教师接受双重领导,在行政上隶属于某一个专业或教研室(职能部门),但在教学组织层面又归属于某一个课程模组(项目团队)。也就是说,课程模组类似于项目管理中的项目小组,对于每一个课程模组,从不同专业或教研室中抽调合适的教师个体共同组成课程模组的结构化教师团队,进而形成专业群层面的矩阵式组织管理模式,以充分满足课程模组建设与发展需求。依据专业群“课程模组—组成课程—教学项目”课程建设方案,以具体教学项目为单位组织团队成员集体备课,形成课程模组项目化教学的集体备课、协同教学教研机制;建立与课程模组项目化教学模式匹配的教案、授课计划、项目工作页编写等标准规范;建成项目任务书、项目过程指导书、项目评价书、活页式、工作手册式等多形式教学与学习规范。

三、“多措并举　厚德强能”,谋促专业群结构化教师团队新发展

校企共建党建创新实践活动基地,健全师德师风建设长效机制。秉承党建引领校企共建的思路,探索“党员共管、组织共建、资源共享、人才互派、文化互融、合作共赢”的共建模式,在专业群层面校企共建若干党建创新实践活动基地,以党建为引领,深入推进产教融合,促进专业群与企业在思政教育、项目建设、产品研发、人才培养等方面深入合作,健全思想政治素质和师德师风考核评价机制,引导教师做社会主义核心价值观的坚定信仰者、积极传播者和模范践行者,着力打造省部级标杆学院、省部级样板支部等,引导团队成员争当师德标兵(师德师风先进个人/最美教师)。

提升专任教师的行业气质,培养兼职教师的教师特质。依托教师企业实践基地等平台,全面落实专任教师企业顶岗实践制度,培养专任教师群体行业气质与工匠特质,提升教师“科研”与“教研”潜质与水平,锻造、铸就教师“行业”与“专业”双重属性。依托教育部全国重点建设职

业教育师资培养培训基地(重电)等平台,加强对企业兼职教师的教学能力和教学素养培养,提升企业教师的院校气质和教师特质。

多措并举持续优化师资结构,打造高水平双师队伍。建立专业(群)带头人、骨干教师培养机制,引进、培养具有行业影响力或国际视野的高水平学者、行业权威专家、大师名匠等高层次、高技能人才;依托"双师型"教师培养培训基地,提高教师技术技能,培养高规格技术技能型师资梯队(教书育人楷模/技能大师/技术能手/教学名师/优秀教师等),配合学校打造高水平双师队伍计划。建立"千人计划"专家工作站、技能大师工作室等,将高层次人才的引领及带头作用落到实处,促进师资团队整体转型升级;依托"行企园所校"命运共同体,推进校企人员互派、岗位互轮、身份互换,构建双向人才流动与共育平台,与华为、中移物联网、海尔等行业领军企业探索"教产岗位互通""专兼教师互聘"师资建设模式。顺应学校"榜样计划、翔越计划、桥梁工程、青苗行动、破壁行动"等人才规划,校企命运共同体、校际协作共同体共建高水平专业群教师发展中心,加强团队教师能力建设,最终建设一支与区域经济社会发展、一带一路产能输出需要和专业群发展相适应的师德高尚、数量充足、专兼结合、精干高效、富有创新性和国际竞争力的高水平双师队伍。

第七节　科教融汇,提升专业群研发服务水平

学校建有"沈昌祥网络空间安全院士专家工作站""硅光子千人专家人才培养与技术创新中心""重庆海智工作站"和科技部"重电众创 e 家"国家级众创空间,建成"城市建筑智慧运维管理重庆市高校工程中心""重庆精密加工及在线检测智能制造应用技术推广中心"等 7 个市级研发平台/团队,以及"机器人技术应用协同创新中心""智能制造应用技术协同创新中心"2 个国家级应用技术协同创新中心,积极建设"陈良国家级技能大师工作室""陈志军市级首席技能大师工作室""许磊市级技能大师工作室"3 个国家/省级技能大师工作室。这些科研平台主要依托信息安全技术应用专业群、物联网应用技术专业群、汽车制造与试验技术专业群等开展工作,因此专业群可以主动对接地方发展需求,面向西永微电子产业园、金凤电子信息产业园等园区、500 余家市内外企业围绕行业应用积极开展服务,产出高水平著作、决策咨询报告、新产品、新工艺、新技术等成果 200 余件。2023 年获准立项纵向科研项目 123 项,其中:国家自然科学基金项目 1 项,实现学校作为依托单位牵头立项零的突破;省部级科研项目 111 项,居全市同类院校首位,特别是由学校智能网联汽车创新中心和西部智联、招商交科等公司校企合作联合申报的 2023 年度重庆市科技创新与应用发展重大专项——《复杂道路智驾关键核心技术研发及应用》项目成功立项,属学校参与的第一个千万级省部级重大科研项目;大数据与最优化研究所牵头申报的重庆市自然科学基金创新发展联合基金项目——《面向智慧职教的跨模态知识表征与个性化学习理论及方法》成功立项,属学校牵头获得的第一个省部级重点基金项目。2023 年共立项横向科研项目 219 项,立项数较去年增加 90 项;技术研发与服务经费到款 2 551.05 万元,较 2022 年增长 400 万元;审核办理科技成果转化 33 项,合同金额达 355.22 万元。

科研资源的充分流动、高效率利用是整个科研工作的关键、核心。依托科学城高质量发展,立足职业教育类型,各个专业群把握产业链技术研发特征,从科技创新供给与需求两个端口、内外部环境两个维度出发,坚持"全局、全域、全要素"的"大科研"定位,以提升内部服务质

量、激发科研内生动力、增强技术研发能力的"内循环"为基点,以积极吸引、对接、融合、反馈外部资源的"外循环"为牵引,坚持"走出去、引进来"工作策略,通过推动"机构—制度—文化"有机整合,联动"政府—行业园所—企业—学校"资源聚合,驱动"平台—项目—成果"系统结合的"三融合"手段撬动科研资源、科研要素在内外部循环流动中整合、优化、匹配,促进资源共生共融协同发展,有力推动服务区域经济发展、服务学校师生价值的"双服务"价值实现。"双循环三融合"科研治理模式如图 5-25 所示。

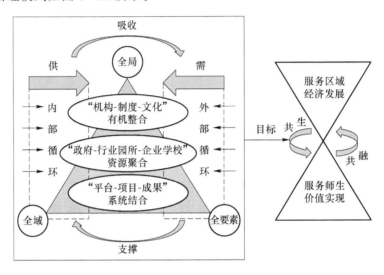

图 5-25　"双循环三融合"科研治理模式

一、搭建科研平台聚资源,为产出科研成果搭台子

(一)优化布局,分层分类建设各类平台

立足学校学科专业发展,围绕西部科学城建设,在专业群对接产业链的思路下,在硅光子芯片封测、5G+应用、城市智慧运维、智慧教育、数字文创、智慧康养等重点领域布局 7 个大数据智能化科研平台。重点支持现有大数据智能化领域的省部级、校级平台升级,为延展专业群专任教师在本领域的学术研究水平和服务企业的专业化能力提供有效载体。

(二)强化合作,助力科教产深度融合

围绕"成渝地区双城经济圈"建设、乡村振兴建设等国家战略,加强新型智库建设,支持开展自然科学与人文社科融合发展研究,为区域经济社会发展提供智力支持;依托学校职业教育研究机构,支持开展职业教育体系构建、职业教育体制机制建设等职业教育核心问题研究,增加学校在职业教育研究体系中的话语权。结合重点行业发展需求,信息安全技术应用专业群、物联网应用技术专业群、集成电路技术专业群和人工智能技术应用专业群等加强与华为、海尔、长安等领军企业,西永微电子产业园等园区,信息安全应用等科研院所多主体深度合作,通过构建科研人员互聘、设备共享等园校企共建共享共用模式,盘活外部资源,科教产深度融合,校企共育科研平台/团队,产出具有市场应用和推广价值的高水平科研成果。

（三）精化管理，探索科研资源配置新模式

逐渐变革现有科研资源配置模式，由分散型配置、二级学院为主体配置向"二级学院＋科研平台"为主体配置转变，向平台集聚科研优势资源。探索依托平台设置校级科研项目，开展关键技术攻关等工作机制，以平台为基础实现重量级项目突破、产出高水平成果。按照分层分类原则，加强现有平台的管理、考核。

二、科研育人重转化、促服务，为应用技术研究树牌子

（一）产教孪生，资源聚合实现市场与科技双接轨

以吸引、对接、匹配外部资源为关键，增加学校科研资源总量，提升社会服务能力。规划环重电创新生态圈建设工作，依托西部（重庆）科学城大创谷电子信息特色园建设，联合东南沿海发达地区合作机构，发展离岸孵化器和虚拟产业园，打造创新生态圈"飞地"，力争建成市级环大学创新生态圈。各个专业群所建设的科研平台，依托学校主导的"成渝地区双城经济圈产教融合发展联盟"等载体，积极开展校地科研合作。探索"校企合作＋技术服务＋招生就业"的产教融合实施机制，深度服务西永微电园、成都温江高新产业园等成渝两地12个园区。

（二）理顺机制，明晰成果转化示范路径

以成果转化为职业院校科研价值体现，彰显应用型研究特征。专业群积极建设科学城"大创谷"人工智能特色园区，吸引全产业链要素集聚；通过成果择优资助、成果转化专项等方式提升科研成果转化能力；进一步理顺成果转化认定流程，落实相关财税政策，明确收益分配机制，打通成果转化"最后一公里"。

（三）升级服务，专业化团队带动成果孵化提质

组建集政府人员政策指导、教学名师专业指导、资深企业家实践指导等于一体的多元化双创导师团队，打造高端双创导师库，建立团队培育机制；引进投融资服务、风险咨询、上市辅导公司，通过搭建头子引导基金平台、设立债权融资风险资金池等，建设资本运作平台；面向生态圈内外中小微企业、创新创业项目等开展培训服务，建设赛事训育平台；依托各二级学院专业与龙头企业共建命运共同体，形成"企业＋团队"共育科技创新创业成果机制。

三、成果转换，打造"环重电"创新生态圈系统

学校各个专业群紧密对接重庆市以大数据智能化为引领的创新驱动发展战略行动计划，牢牢抓住重庆作为首批"国家数字经济创新发展试验区"的机遇，充分利用信息安全技术应用专业群、人工智能技术应用专业群、物联网应用技术专业群、集成电路技术专业群和现代移动通信技术专业群在新一代信息技术领域的专业特色与技术积淀，服务重庆市"加快数字产业化、产业数字化，推动数字经济和实体经济深度融合……集中力量建设'智造重镇'和'智慧名城'，让智能化为经济赋能、为生活添彩"的总体布局。汽车制造与试验技术专业群、飞行器维修技术专业群和建筑智能化工程技术专业群聚焦产业数字化转型，布局一批技术技能创新服

务平台;以科研平台为创新服务引擎,围绕学校优势特色方向,构建"环重电"创新生态圈,通过物理空间和产业板块布局,拓展学校产教融合与科教协同育人的"朋友圈""事业圈"。"环重电"创新生态圈通过打造"五个一工程",纵向延伸技术攻关、技术创新、技术应用推广的技术链,横向拓展育人、科研、双创的关联域。智能医疗装备技术专业群、虚拟现实应用技术专业群、环境艺术设计专业群、金融科技应用专业群、现代物流管理专业群和电子商务专业群培育形成数字康养、建筑智慧运维、智慧教学、5G+应用、数字文创等 7 个特色产业数字化转型领域高水平科研平台,打造 ICT 产业技术研究院高端智库,产出一批标志性成果,探索可推广、可借鉴的高职院校技术创新服务能力持续提升模式,带动全校技术技能创新服务水平的整体提升,形成全国一流、西部领先的"数智重电"技术技能创新服务高地,助力新一代信息技术赋能传统产业数智化转型。"环重电"创新生态圈系统见图 5-26。

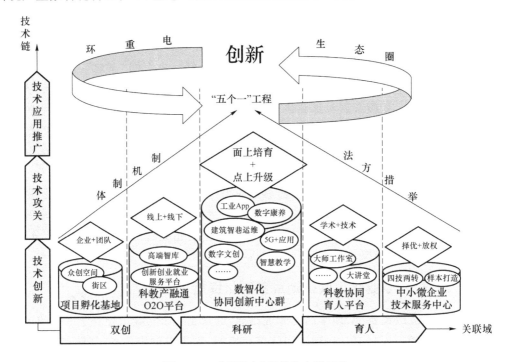

图 5-26 "环重电"创新生态圈系统

(一) 规划"环重电"创新生态,提升创新孵化与服务能力

1. 提档升级众创空间,规划"环重电"创新生态圈布局

围绕中小微企业资源配置、高技能人才培养、技术研发和产品升级等问题,依托"重电 e 家"众创空间,以学校为建设主场地,以周边产业园区为重点载体,完成国家级众创空间硬件设施提档升级;引入校内优秀项目团队,如虚拟现实应用技术专业群的 VR+数字内容生产工坊、智能医疗装备技术专业群的智能医疗康复机器人应用及服务协同创新中心、现代移动通信技术专业群的 5G 研发团队、汽车制造与试验技术专业群的 3D 技术研发团队等与企业深度融合;整合市场资源、产品资源、人力资源、技术成果资源,建设重电特色创新创业街区,规划生态圈物理载体、搭建技术研发测试公共系统,校企共建集苗圃区、孵化区、加速区于一体的"环重

电"创新生态圈一站式、共享型的综合性孵化平台。

2. 优化完善创新平台功能,助力中小微企业可持续发展

以第三方团队为运营主体,实现实体化、市场化、专业化运营;建设高端双创导师库,组建集 5 类高端人才(院士、千人计划以及资深企业家)于一体的创新创业导师团队,对中小企业、学生创新创业项目进行指导;建设政策指导平台,开展"双创沙龙"等活动,邀请政府主管部门、银行、投资公司等代表到校进行政策普及和解读;联合中新(重庆)知识产权研究院有限公司提升知识产权服务能力,创新技术经理人模式,通过培养技术经理人建立成果转化供需桥梁,各专业群依托学校牵头的电子信息职教集团共建技术转移与知识产权运营机构;建设资本运作平台,引进融投资服务、风险咨询、上市辅导公司,面向生态圈内外中小微企业创新创业项目开展培训服务;建设赛事训育平台,针对省部级及以上大学生创新创业相关赛事,开展"大学生创新创业先锋训练营(种子选手培育)""大学生创新创业冲刺集训营(省部级及以上赛前集训)""创新创业项目师资培训"等活动,提升学校学生创新创业赛事水平。

3. 建立健全扶持机制,保障技术技能服务全面推进

完善生态圈综合服务机制,落实政府扶持政策,以市场为导向,通过搭建投资引导基金平台、设立债权融资风险资金池等形式,建立完善的生态圈投融资体系,以解决生态圈内企业银行贷款难、评估难等问题,为生态圈内企业排忧解难。建立导师指导和打分机制,出台《创新创业项目导师管理制度》,解决教师指导学生创新创业工作量与课时量转换问题,提升项目专业水平;建立团队培育机制,依托各专业群与龙头企业共建命运共同体,形成"企业+团队(一个企业带领、帮扶一支学生团队)"共育科技创新创业成果机制。

(二)打造科教产融通 O2O 平台,技术服务引领产教融合发展

1. 组建 ICT 产业技术研究院,打造电子信息高端智库

现代移动通信技术专业群依托华为、大唐、京东等行业领军企业等,联合重庆市产学研合作促进会、重庆市信息通信研究院、重庆首席信息官 CIO 协会等产学研机构,建设一个为地方提供决策咨询,为行业产业制定标准与规划,为高端技能人才建立交流平台,为地方产业企业提供技术服务与支持的研究院,实现政行校企在高端产业领域的深度融合。重点打造海智专家工作站,引进海外 ICT 专家以提供前沿的技术与智力支持;聚焦学术交流、ICT 产业创新人才培养、成果转化等领域,与海内外专家联合探索科技前沿问题、关键技术攻克等研究,共同为本地高新区企业解决技术难题,更好地为重庆 ICT 产业发展服务,力争打造海外智库第一梯队。

2. 整合"政产学研用"资源,设计产教融合创新创业就业服务平台

针对目前产教融合形式单一、深度不够、供需错位等问题,立足西部科学城发展需求,各专业群根据大数据智能化、制造业、建筑业、文创业等行业转型升级需要,将产业和民生重大问题作为产教协同发展的主攻方向,充分发挥学校区位优势,利用与周边区县、工业园区前期良好的校地关系以及重庆市电子职教集团的企业资源,结合学校电子信息传统特色创新方向,与政产学研合力设计构建集技术积累、产业需求、人才培养等功能于一体的产教融合创新创业就业服务软件平台,聚集技术研发、产业发展、人才需求等产教融合方向;搭建不受时空约束的产教融合资源共享桥梁,实现产教双主体需求共生、信息共享。

3. 打好"线上＋线下"组合拳，探索技术服务引领的共生型产教融合机制

通过构建地校、园校、企校共建共享共用模式，与技术先进的企业，深入开展校企合作，共育专业引领的校级特色科研项目和成果转移转化专项，开展重庆市大数据智能化产业人才需求研究，从而缓解产教融合"一头热"现象，提升产教融合各主体的合作深度与依存度，实现在教学实践过程中完成产品研发，在研发过程中引入教学内容，让教师学到技术，让学生加入研发，让研发产生效益，实现校企双赢、共生共荣。同时，依托 ICT 产业研究院线下资源和产教融合创新创业就业服务平台，从线上线下协同运行、内外部资源整合等方面探索可推广的长效运行机制。

（三）构建数智化协同创新中心群，打造技术技能创新服务特色

1. 围绕数字产业化领域，建设一批高质量创新中心

集成电路技术专业群围绕国家在芯片研发等重点领域的战略需求，在国家千人专家带领下，依托光特科技有限公司硅光子研发与封装测试优势，建成硅光子芯片工程研究中心，突破了硅光子芯片制造工艺、版图设计、贴片封装等技术，实现了 100 Gbps/200 Gbps 硅光子高性能芯片产业化，并达到国际先进水平。围绕国家职业教育发展需求，依托近 10 家教育产业企业，打造智慧教学工程研究中心，聚焦智慧教学硬件设备研发、智慧教学软件平台研发、智慧教学数据分析及相关技术服务为一体的智慧教学应用技术创新创业群体，立足重庆、面向西部、服务全国，为职业院校智慧教学的常态化实施提供切实可行的技术服务体系，促进职业教育人才培养。虚拟现实应用技术专业群顺应文创数字化转型趋势，依托重庆南滨路国家级文化产业园西部拓展区建设、全国虚拟现实专业产教联盟，深化与国内外知名行业企业（机构）合作，建设数字文创内容孵化中心，形成了品牌和产业创作的聚集区，参与数字文创产品研发、生产及输出，提升了技术创新与成果转化能力。

2. 围绕产业数字化领域，升级一批高效应科研平台

现代移动通信技术专业群以重电-华为 ICT 学院为基础，联合院校、企业，升级"电子信息技术重庆市高职应用技术推广中心"，共同开展 5G＋应用技术研究，实现 5G 应用创新和 5G 赋能产品开发，促进和服务区域数智化产业发展，打造 5G 高水平科研团队和 5G 智能技术应用示范中心。物联网应用技术专业群依托智慧城市行业领军企业中移物联网有限公司，支持学校物联网应用技术高水平专业群智慧城市能源管理应用技术协同创新中心和智慧城市信息化工程技术服务平台建设，加快"城市建筑智慧运维管理重庆市高校工程中心"建设，信息安全技术应用专业群依托沈昌祥院士专家工作站，围绕信息安全技术应用高水平专业群智能安全控制综合创新平台和网络空间安全创新中心建设，突破跨领域数据分析、数据挖掘可视化等技术瓶颈，发挥其在建筑运维数字化转型过程中的跨学科优势，打造"技术研发—产品开发—成果转化—专业建设"的闭环生态链。智能医疗装备技术专业群立足医工结合的大健康产业，联合国内外知名研究所及企业，发挥重庆市机器人与智能制造应用技术及服务创新创业示范团队、重庆市机器人科普基地等的技术优势，升级机器人与智能制造应用技术推广中心，打造国家级机器人技术应用协同创新中心、智能制造应用技术协同创新中心；重点开展适用于医院、康复机构、居家及学校教学的"数智化"医疗康复设备及机器人新产品、足底矫形鞋垫制作新技术应用研究与推广。

3. 立足学校专业发展,培育一批校本特色科研平台

为延展学校专任教师在本领域的学术研究水平和服务企业的专业化能力,拓宽"双师双能"型教师实践空间,学校启动"扶持校本特色科研平台行动计划"。该行动计划以契合产业发展、服务社会为导向,面向学校电子产品智能制造、区域产业经济与企业管理、泛在无线网络、汽车技术研发与服务等特色方向,本着"一院多平台、一平台多院系"的自由组群理念,持续打造 13 个校级科研平台/团队,形成了"面上开花、点上结果"的平台布局。

四、构建"双循环三融合"科研治理模式

高职院校科研工作起步晚、基础薄,科研管理尚无法适应"双高计划"建设发展要求,须进一步创新科研管理服务模式、机制加以解决。在西部(重庆)科学城建设背景下,重庆电子工程职业学院构建以提升内部服务质量、激发科研内生动力、增强技术研发能力的"内循环"为基点,以积极吸引、对接、融合、反馈外部资源的"外循环"为牵引,通过联动"政府—行业园所—企业—学校"资源聚合,驱动"平台—项目—成果"系统结合,推动"机构—制度—文化"有机整合的"三融合"手段让科研资源、科研要素在内外部循环流动中整合、优化、匹配,进而形成"双循环三融合"的科研治理模式,探索破解高职院校普遍存在的科研体系未形成、科研资源不凝聚、科研特色不鲜明等突出问题。在"双循环三融合"整体模式、机制的指导下,学校从供给需求两个端口、内外部环境两个维度统筹协调、系统构思科研工作,以学校内部价值链循环的升级推动外部价值链循环的拓展,利用外部价值链循环为学校内部价值链循环提供更多更好的资源和更大更高层次的市场。内循环带动内部资源要素合理配置、激发活力,发挥基础保障作用;外循环依托平台载体,引入外部资源,发挥任务牵引作用。内外部资源整合、优化、匹配,形成合力,促进学校科研工作高质量发展。

(一)落实举措:双循环促进资源内外联动协同发展

1. 链接科研内循环机制,服务学校师生价值实现

坚持把提升内部服务质量、激发科研内生动力作为双循环机制的基点和保障,深化内部科研体制机制改革,破除"小部门"本位思想,以"任务驱动＋服务支持"为牵引,以"人"为核心对象,以引领人、激励人、感染人、帮助人为有效路径,以版块为规划范围,充分整合学校人才、资金、成果、技术等创新要素、内外部资源,系统性地构思、优化、推进全校科研工作,以全新的科研服务理念、优质的科研服务水平,提升师生科研能力,激发科研绩效产出。内循环思路具体见图 5-27。

2. 凝练方向、构建团队,促进内部资源整合

研究方向的确定、科研平台的搭建是高校科研工作的基础和前置条件。针对学校普遍存在科研方向缺失分散、缺乏特色亮点,平台(团队)凝聚力不强、资源聚集度不够等问题,学校以方向引领为基础,系统梳理特色研究方向,结合科学城发展需要,优化布局校内科研平台(团队)。一是结合科学城数字经济产业发展趋势,依托各二级学院专业(学科)特色,梳理各专业群特色研究方向,整合人、财、物、技术等内部科研资源,促进跨学科人才团队合作,优化布局校内科研平台(团队)。二是集中科研优势力量,提档升级省部级平台(团队)。立足西部科学城发展需求,充分发挥学校在新一代信息技术领域的优势积淀,聚焦大数据智能化、制造业、建筑业、文创业等行业转型升级需要,集中科研优势力量,集智攻关,升级构建一批省部级平台(团队)。

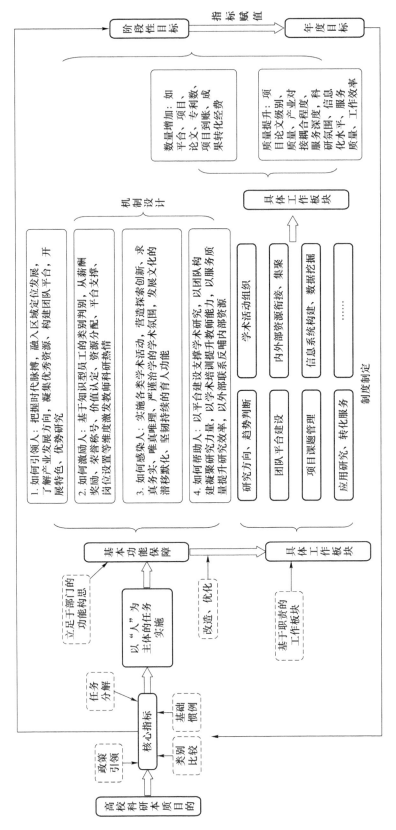

图 5-27 内循环思路导图

3. 加大激励、增强考核，促进内生动力激发

科技人员是开展科研工作的主体，其能力大小、效能发挥是学校科研水平和产出的关键性因素。针对学校现有部分教师秉持以教学为中心、埋头教学、无暇科研的现状，学校以部门协作为基础，激励机制建设为核心，科研考核为抓手，全面激发二级学院、科研人员开展科学研究的内生动力，现已初步建立形成"薪酬激励、成果激励、榜样激励"等的常态激励机制，"学校—学院—个人"一体化的科研激励体系。一是制定了学校、二级学院及个体等三个层面的科研发展关键性指标体系。二是将科研水平和成果等因素系统性地融入二级学院绩效划拨、个人绩效分配中，完善科研成果奖励办法。三是结合人才成长规律，健全科研管理团队和科研技术团队两支队伍，完善初、中、高端科研人才选拔机制，分层培养国家级、市级、区级科研人才。

4. 文化熏陶、氛围渲染，促进科教协同发展

科研文化既是学校科研能力和水平的外在显现，也是激发科研积极性、提升科研能力的重要手段。针对学校现有科研活动较少、科研氛围不浓厚、教师科研水平不强等问题，依托科学城丰富的科研资源，专业群的管理人员、教学人员均积极参加重电大讲堂、科技文化展等主题活动，浓郁科研文化氛围，提升师生科研素养。一是以讲座、会议、沙龙、培训等多种形式，积极引入科学城高等学校、科研院所、大型企业等的科研人员到校开展学术交流，提高师生科研素养，凝聚学校科研氛围。二是聚集科学城科研资源，积极承担国际国内学术会议，提升学校科研品牌。三是利用学校现有科普基地、科研平台等载体，面向科学城中小学、社会群众积极开展各种科学普及、技术培训等服务活动。

（二）部门协调、主动对接，促进服务质量提升

1. 联通科研外循环系统，服务区域经济发展

服务保障、管理支撑是促进专业群科研顺利开展的重要举措。针对专业群科研管理体系不健全、管理过程粗放等问题，学校积极转变工作思路，树立服务理念，加大"放管服"改革力度，以管理促进效率提升，以服务促进科研产出。积极发挥职业教育作为类型教育的特色优势，按照"走出去，引进来"的原则，深入行业企业，对接科学城产业发展需求，充分发挥校内科研载体的资源集聚作用，深度开展产教融合、校企合作，从技术技能人才培养、应用技术研究、社会培训服务、管理决策咨询等多维度、全方面、立体化地实现产、学、研、用融合发展，为科学城及重庆市经济社会提供优质的技术、文化和智力服务。

2. 引进"大专家"，构建"大平台"，务实加强科学研究

高端人才是科研攻关的基础，科研平台是要素集聚的前提，引进专家、构建平台使学校发挥外循环作用，实施"引进来"的重要内容。一是围绕新一代信息光电子方面"卡脖子"技术难题联合专家攻关。集成电路技术专业群引进国家"千人计划"专家带领团队与声光电集团联合研发的 100 Gbps 硅基集成光收发芯片各项参数达到甚至优于国际同行水平。二是围绕重点领域布局了 7 个大数据智能化科研平台，现代移动通信技术专业群正着手与华为共建全国高校第一个 5G 核心网实验平台。三是围绕行业应用积极开展服务。物联网应用技术专业群面向智慧城市应用，成立专项设计咨询团队，针对国家重点工程"陆海新通道"等开展顶层规划、设计 30 余项。

3. 组建"大联盟"，孵化"大项目"，顶层谋划创新生态圈

围绕产学研创新链、产业链、价值链顶层谋划"环重电"创新生态圈，提升学校在人才培养、

科学研究和社会服务方面造血能力和输血功能。一是围绕数字化转型升级,立足科学城产业和应用发展重点,通过自主遴选参与科学城服务重大科学项目,布局硅光子芯片封测、5G＋应用、城市智慧运维、数字文创、智慧康养等环重电创新重点方向。二是依托拥有的国家级众创空间、重庆市电子信息职教集团等产教融合体作用,吸引全产业链要素集聚,升级科研项目孵化能力,规划建设集苗圃区、孵化区、加速区于一体的大创谷综合性孵化平台。通过引进高科技企业,成立知识产权运营机构,建立"企业＋团队"共育科技创新成果机制。三是积极围绕应用创新,鼓励师生在科学城创新创业。教师李慧创办的企业落户高新区,将绿色增材制造技术引入模具的制造过程,年收益达 1 000 多万元。

4. 面向"大产业"培育"大工匠",探索深化产教融合

一是助力科技企业发展,协助高新区等政府引入声光电集团、华为鲲鹏等龙头企业落户科学城;开展创新孵化器建设工作,探索与深圳市科技服务协会创新孵化器合作事宜,策划形成重电-深科服协同创新模式,力争打造重庆(深圳)离岸协同创新孵化器,共建数字产业科技创新服务中心。二是积极开展"四技两转"服务,解决科技型中小微企业资源配置、技术研发和产品升级等方面问题。大力推动科技交易,探索成果转移转化机制,依托学校主导的"成渝地区双城经济圈产教融合发展联盟"等载体举办园区资源对接会、校企合作经验交流会,积极开展校地科研合作,推动科研社会服务工作向纵深发展与规模化集成。三是高效促进产业集聚,建立"职教集团—校企联盟—产业学院"三位一体的产教融合体系;组织申报获批海智专家工作站。四是践行"科研出题目、教学出文章、成果进课堂"思路,统筹思考科教协同育人工作,学校近 85％的毕业生在重庆就业于电子信息、装备制造、现代服务业等领域,与科学城支柱产业和战略性新兴产业高度契合。

(三)务实谋划:进一步完善多维协同的科研高效治理体系

1. 借船出海,依托外部优势资源打造特色方向

一方面放射式、多举措吸纳与专业群领域研究相关的大专家、大平台加盟学校发展。面对新一轮科技革命和产业变革,要继续依托学校专业优势,打造特色方向。另一方面通过校本特色研究计划,支持大专家带领学校教师团队开展关键技术攻克、产业人才数据分析、科教协同育人等专项研究,提高科研成果质量和增加科研成果数量,培育科教协同发展的校园文化。职业教育作为一种类型教育,要增强职业教育适应性,促进教育链、人才链与产业链、创新链有效衔接,还应拓展学校产教融合与科教协同育人的"朋友圈""事业圈"。专业群可着手规划以众创空间等为创新苗圃区、各类科研平台为创新孵化区、地方产业园为创新加速区的创新发展物理载体,联合东南沿海发达地区合作机构,发展离岸孵化器、虚拟产业园、云上圈,形成"一核多点"格局,探索形成优化创新生态良性运行机制。

2. 统一标准,多部门协同优化科研活动管理流程

科研活动种类丰富、科研管理涉及部门众多。应理顺协同工作机制,立足"大科研"板块工作,在整体性视阈下有序协调财务、审计、资产、人事等部门在高层人才认定、职称评审、岗位竞聘、工作量认定等方面建立协同治理机制,在制度文件、过程管理、数据采集、材料审核等方面统一标准,"一把尺子"为科研活动提供一站式服务平台,主要目的是协同优化科研活动管理流程。同时,改革科研成果认定与资助办法,发挥院校两级学术委员会作用,完善代表作成果答辩等形式,改变传统"以刊定文""数量叠加"等做法;优化专家遴选、项目管理等工作标准和

流程。

3. 优化评价,多层次一体化构建科研激励机制

学校可分类别设置不同考核体系,不同类别学院根据师资情况、基础情况不同分层级设置考核标准,比如通过赋予不同加权调节系数的方法平衡因学科特性导致的科研绩效差异;根据学校发展需要设置"挣工分"指标和"一步到位"指标,各二级学院可结合自身实际选择"等额套餐"或"挂帅揭榜"。实行弹性评分制,每项指标得分可高于设定的基础分值,但总体得分不能超过科研满分。各二级学院可根据自身优势重点攻破某一板块,提升考核分值,最终促进学校科研特色凝练。同时,制度到不了的地方,可以通过文化去深入。学校可在校内人才表彰项目中增设科研创新类、社会服务类突出贡献者等科研序列荣誉称号,提升科研工作认同感。针对一线教师设置纯科研岗、教学科研岗、纯教学岗,每类岗位对应不同工作量,教师可根据自身长项灵活选择。

第八节 伴随"优质产能走出去",提升专业群国际影响力

一、引进优质资源打造国际课程,促进中外职业教育协同发展

汽车制造与试验技术专业群、物联网应用技术专业群和信息安全技术应用专业群等引进德国职业教育课程体系,大力推动教育部中德 SGAVE 项目,建立培养目标、学习模块、模块内容、学时和考核标准,开发学习模块的项目、教材和规范,打造具有国际影响力的专业课程体系。培养中德 SGAVE 项目机电维修技师、汽车车身修复技师 97 名,国际通用职业证书考试通过率≥100%,制定国际专业教学标准 3 个、国际课程标准 20 个,开发高质量的"物联网工程导论""数据网组建与维护""5G 移动基站系统运行与维护""电子信息职业汉语"等双语、全英国际课程资源 21 门,促进中外职业教育协同发展。

二、加强职业教育服务能力建设,参与制定多项国际标准

整合行业、企业各方资源,参与行业标准制定,促进中外文化交流和校企深度融合。现代移动通信技术专业群等参与制定 CFCFA 国际区域《国际货运代理单证缮制规范》等 4 项中亚区域经济合作系列标准——非政府组织部分的制定并成功发布。获批建设"光电技术研究院",研究起草"光电技术"世界技能大赛新赛项技术标准文件,由世界技能组织发布。与白俄罗斯国立技术大学共建"信息通信技术应用国际创新中心",立项"重庆海智工作站",聚智聚力聚才推进海智工作站建设,开展前沿技术研讨会、人员培训会,举办 3 届重庆国际新一代信息通信论坛活动,提升专业建设国际化水平。

三、实施"中文+职业技能",国际化人才培养提质增效

信息安全技术应用专业群、人工智能技术应用专业群和电子商务专业群等专业群坚持"书证融通",形成"三维双线一核心"高职院校留学生人才培养探索模式,推动"1+X"证书国际化。以"中文+技能+人文交流"三个维度构建"文语浸润"的语言文化课程体系、"文技并修"的专业课程理论实践体系和"润物于细"的人文交流体系;以"引进来+走出去"为"双线"渠道,

将国外优质的教育方法、资源和理念"引进来"伴随我国产能成长"走出去"境外办学,建立多元化留学生培养体系;以"书证融通"为"核心"目标,"围绕教育部中外人文交流中心"智能制造领域人才培养基地"建设,将"1+X"职业技能等级认证标准和考核内容引入国际学生人才培养方案,优化课程设置和教学内容,做到课证融通,深化教学方式方法改革,提升国际化人才培养的灵活性、适应性、针对性。为国际发展培养复合型的高素质技术技能型人才,组织实施了重庆市人民政府外国留学生市长奖学金丝路项目"重电亚龙(马来西亚)教师培训""信息通信技术高级管理人员研修项目""老挝职教教师核心能力提升研修班项目""中乌鲁班工坊师资能力提升项目""南非大学生学习和实习项目"等,为南非、巴基斯坦、马来西亚、泰国等国培训专业技术人员 1 000 余名;另外,留学生多次参加市、省、国家级大赛,并多次获得奖项。"三维双线一核心"高职院校留学生人才培养探索模式见图 5-28。

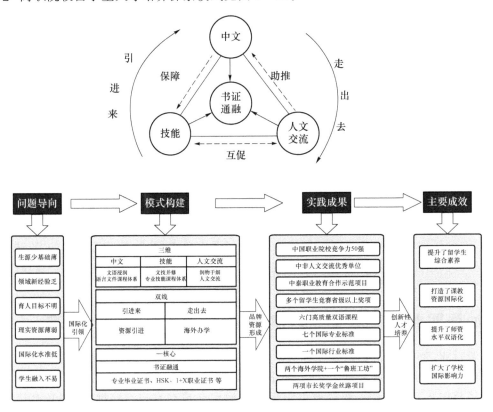

图 5-28 "三维双线一核心"高职院校留学生人才培养探索模式

四、推进海外分校建设,探索职业教育境外办学新路径

物联网应用技术专业群、现代移动通信技术专业群与乌干达排名第一的麦克雷雷大学、创造太阳乌干达石油学院合作,共建"中乌 ICT 鲁班工坊",聚焦 ICT 和物联网领域,开展海外合作办学学历教育和职业技能培训,招收首届 28 名工坊留学生,进行第一期师资培训,为来自乌干达麦克雷雷大学的 8 名骨干教师开展为期三个月的培训,举行线上交流学习会,并赠送学习技能包。2023 年 11 月,专业群教师团队赴乌干达为 2021 级、2022 级全体学生和任课教师培训授课。依托专业群与泰国曼谷职业教育中心、切都蓬商业学院共建"中泰国际学院",建成"互联网+"国

际教育远程平台。2019 年、2020 年连续两年被泰国教育部职业教育委员会授予"中泰职业教育合作突出贡献奖",并入选"中泰职业教育合作示范项目"。学校与泰国曼谷职业教育中心共建"职教师资培训中国基地",合作项目成功入选教育部 2020 年"教育援外项目"。

五、以全球视野为引领,国际技能大赛成果丰硕

集成电路技术专业群的"光电技术项目"和信息安全技术应用专业群的"网络安全项目"获批世界技能大赛光电技术项目中国集训基地。专业群中两位教师为第 46 届世界技能大赛"光电技术项目"和"网络安全项目"两个赛项的中国技术指导专家组组长,通过线上+线下的方式培训来自国内外的裁判员 1 000 多人,组织承办 2019"光电技术技能国际邀请赛"、2021"一带一路"暨金砖国家技能发展与技术创新大赛、5G 网络建设与运维技术应用竞赛、数据分析与可视化赛项。教师作为中国队教练获得 2019 年俄罗斯喀山第 45 届世界技能大赛银牌等国际技能大赛奖项 50 余项。

六、共建共享合作资源,打造具有影响力的国际联盟

在教育部中外人文交流中心和重庆市教育委员会的指导下,学校整合优质资源,联合 70 余家单位,发起成立中非(重庆)职业教育联盟。联盟参与主办中非职业教育国际学术交流研讨会 3 次,发布课题研究 20 项,建设课程资源 12 个。联盟结合重庆市以"芯屏器核网"为重点的产业优势、非洲当地信息通信产业发展和中资企业对技术技能人才的需求,以中国职业教育标准为蓝本,形成在中非(重庆)联盟框架下"三共三享"境外办学模式。中方院校、中资企业和非洲院校根据基础条件,合理分工,明确各自权益,共同投入,共同参与(非)学历层次职业教育的实训基地建设、师资培养、人才培养方案制定、课程体系建设、职业认证、技能竞赛等项目;共同进行人才培养过程和质量的监管,在办学模式、人才培养、专业设置、课程开发、师资培养与评价等方面形成一套可复制的规范和指南,在中非(重庆)职业教育联盟内进行推广;《突出智能引领　深化产教融合　探索中非职业教育发展之路》被第五届世界职业教育大会评为优秀案例,学校被东非大学理事会授予"中非教育合作与人文交流优秀单位",学校开展对非洲合作成功立项重庆市国际化特色项目。中非(重庆)职业教育联盟见图 5-29。

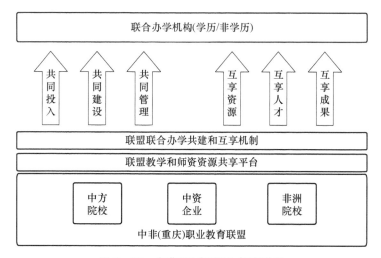

图 5-29　中非(重庆)职业教育联盟

第六章 高水平专业群评价体系构建

第一节 以"诊改"为核心,建立专业群质量保证体系

一、开展"诊改",建立专业群质量保证机制

　　内部质量保证体系诊断与改进是重庆电子工程职业学院全局性、系统性、长期性的工作。重庆电子工程职业学院按照"需求导向、自我保证,多元诊断、重在改进"的基本要求,打造目标链、标准链,完善内部质量保证体系,健全诊断与改进常态运行机制,提高人才培养质量,促进学校健康持续发展。重庆电子工程职业学院建成基于学校人才培养工作状态数据采集与反馈、校属各部门和师生员工自主诊改、审核复核和考核性诊断工作机制基础的内部质量保证体系,实现了学校专业群管理水平和人才培养质量的持续提升。

　　专业群质量保证体系建设具体目标是:健全专业群目标链、标准链、制度链,初步构建职能部门、二级学院、专业群、课程、教职工、学生各层面完整且相对独立的自我质量保证机制,建构决策指挥、质量生成、资源保障、支持服务和监督控制各系统间的质量依存关系,形成确立目标、制定标准、计划、组织、实施、诊断、激励、学习、创新、改进全过程运行、全员参与、全方位覆盖的专业群内部质量保证体系。专业群建设质量改进螺旋见图6-1。

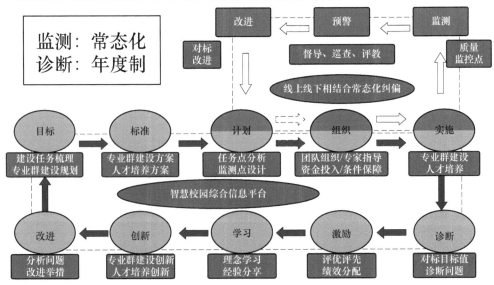

图6-1 专业群建设质量改进螺旋

专业群质量保证体系建设的基本原则：一是刚性与柔性结合。首先充分发挥诊改主体自我保证的主要作用，以问题为导向，自主提出改进任务，以满足诊改主体的柔性需求。同时，在顶层设计中，学校根据专业群整体发展的需要和诊改主体的基本职责下达诊改刚性要求，保证专业群重大建设项目的顺利推进，确保专业群基本任务的按期完成，从而使诊改内容实现刚性与柔性的结合。二是自律与他律结合。在诊改过程中专业群各类主体自主制定相应的目标、标准和诊改计划，诊改阶段性工作完成后实施自我诊断，体现专业群诊改工作的自律要求。同时，通过专业群发展性考核诊断、诊改过程监测与预警以及内部质量保证督导的现场指导，及时帮助诊改主体及时查找问题，并提出改进建议，实现诊改主体的他律需要。从而在诊改路径上实现诊改自律与他律的有机融合。

二、依托现有部门，构建专业群诊改组织体系

重庆电子工程职业学院依托现有部门，建立专业群诊改组织机构。诊改是推进专业群工作的一种抓手，所有工作都应该按照诊改的理念去统筹。学校成立以党委书记和校长为双组长，分管质量管理工作的校领导为常务副组长的诊改工作委员会，诊改工作委员会下设办公室，挂靠质量管理处。为落实诊改工作，党政办公室、党委组织统战部、党委宣传部、党委学生工作部、人力资源处、教务处、信息化处也进入诊改办公室，分别牵头组织实施相应主体的诊改工作。专业群内部质量保证体系建设与运行组织机构如图6-2所示。

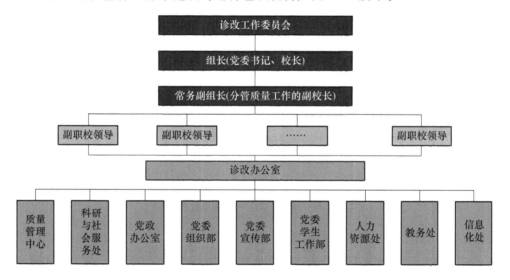

图6-2　专业群内部质量保证体系建设与运行组织机构

为保证专业群诊改的顺利推进，学校实施线下对专业群诊改主体的及时指导，基于教学督导升级，组建内部质量保证督导委员会，主任督导由学校分管质量工作的校领导和聘请的退休校级领导担任，督导委员会包括行政督导和专家督导，行政督导由党政办公室、党委组织统战部、党委宣传部、纪委监察处、党委学生工作部、人力资源处、教务处和质量管理处负责人担任，专家督导由学校在退休或在职的高职称人员中聘任。专业群内部质量保证督导委员会组织结构如图6-3所示。

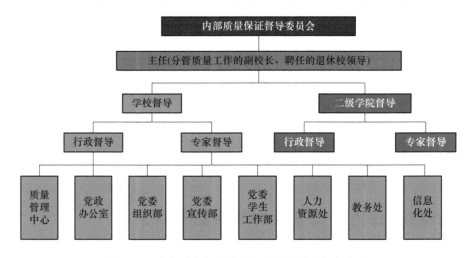

图 6-3　专业群内部质量保证督导委员会组织机构

三、多方协同评价,建立专业群评价主体多元化

职业教育的生态环境决定了其发展过程必须重视利益相关者。多年来,相关社会群体作为利益相关方在职业教育各类评价体系中的话语权普遍较低,其应有的作用尚未充分发挥。职业教育的跨界属性决定了其评价主体的多元性,这也是衡量新时代专业群评价改革的重要效验表征。因此,专业群评价应推动与专业群建设评价相关的专业机构、行业企业和社会团体等参与职业教育质量评价全过程。开展专业群建设成效评价时,应邀请有丰富管理经验并有社会影响力的专家、知名企业管理者代表、教育界同行、资深媒体人等组建第三方评价团队,进行综合独立评价。此外,专业群评价也要重视学生、家长、教师等利益相关方在建设成效评价中的作用,可以面向他们适当开展效果和满意度调查,提高专业群建设成效评价的公信力和参与度。

四、出台评价方案,定期开展专业群质量评价

为提升专业群建设水平,提高专业建设的整体效益,打造一批适应国家和地方战略发展需求的高水平专业群,根据国务院《国家职业教育改革实施方案》(国发〔2019〕4号)和教育部《职业教育提质培优行动计划》(教职成〔2020〕7号)、《重庆市高等职业教育专业人才培养质量评估实施方案(试行)》(渝教高函〔2020〕18号)等文件精神和学校"双高"建设要求,制订本方案。

(一)总体要求

以"质量、特色、成效、贡献"为导向,建立适应高等职业院校专业群发展的评估指标,形成评价结果运用长效机制,以评促建、以评促改,建立健全动态调整、自我完善的专业群建设发展机制,促进专业资源整合和结构优化,不断提升育人水平和服务能力,推动学校内涵式发展和内部治理水平提升。

（二）评价范围

全校所有专业群。

（三）评价内容与方法

每年定期实施专业群建设质量评估。评估以学年为单位,滚动统计各专业群近三学年数据,综合评价专业群近三学年的发展情况。评价指标体系定性指标与定量指标相结合,包括4个一级指标、11个二级指标、24个三级指标,按照百分制赋分,依据得分进行等级评定。根据重点工作任务,定期对相关指标进行调整。

（四）评价实施

由学校成立评价小组,实施专业群建设质量评价工作。评价小组负责在每年11月份开展评价工作。专业群建设质量评价分为综合评价和绩效评价。

专业群建设质量分为 A＋、A、B、C 四个等级。A＋、A、B、C 档分别为综合评价得分的前20％、20％～50％、50％～80％、后20％。公示无异议后公布结果。

绩效评价依据"技术研发与社会服务能力""社会声誉"的专项得分评价专业群建设的投入产出效益。专业群绩效＝(技术研发与社会服务能力得分/双高建设经费)×权重系数(0.4)＋(社会声誉得分/双高建设经费)×权重系数(0.6)。

（五）结果运用

综合评价结果与绩效评价结果相结合,应用于学院考核、资源配置、专业调整、评优评先等。第一,综合评价结果是专业群分档排名的主要依据和二级学院考核的参考依据。第二,按照"协同发展、扶优扶强、扶需扶新"的原则,综合评价结果应用于专业群资源配置(师资配备、招生计划、实训建设等)。第三,对排名靠前的专业群,在招生指标分配、相关项目申报与建设等方面,予以适当倾斜。对排名靠后的专业群,要补短板、强弱项,学校针对劣势专项适当扶持,若连续两年仍处于C档,则予以优化调整,削减专业群招生指标,直至停招相关专业。第四,运用绩效评价结果,分析专业群投入产出效益,将其作为学校对专业群双高经费投入的重要依据。第五,专业群评价结果纳入专业群负责人与主要成员评优评先的参考依据。

第二节　基于专业群社会影响力,建立多维评价指标体系

一、专业群评价指标体系的研究方法与目标

一个高水平专业群的建成需要实现多个目标指标的评价达标,且其中涉及的评价指标具有数量多、层级广、范围大等特性,导致实现高水平专业群的建设变成一个复杂的多维度问题。因此,可以考虑将专业群建设评价指标体系建模为一个多层模型,再利用层次分析法求解模型

中各个指标的权重。层次分析法(Analytic Hierarchy Process,AHP)是一种定性和定量相结合的、系统化的、层次化的分析方法。过去研究自然和社会现象主要有机理分析法和统计分析法两种方法,前者用经典的数学工具分析现象的因果关系,后者以随机数学为工具,通过大量的观察数据寻求统计规律。近年发展起来的系统分析是另一种方法,而层次分析法是系统分析的数学工具之一。层次分析法能实现同层级各要素间两两比较,以完成各要素总的重要性排序。具体实现步骤如下:

第一步,明确问题。结合其他"双高"院校高水平专业群建设评价指标及重庆电子工程职业学院办学特色,确定各指标间的隶属关系。

第二步,建立各评价指标的多阶模型。根据第一步的调研结果,建立三阶专业群评价指标模型,用于构建重庆电子工程职业学院高水平专业群建设评价体系。

第三步,构造判断矩阵 $\boldsymbol{A}$。根据所建三阶模型,对同一层级中各指标重要性进行两两比较并排序,并通过数值表示。判断矩阵中,元素 a_{ij} 表示元素 i 与元素 j 的重要性比较结果(其取值为 1~9)。在专业群建设评价指标体系中,a_{ij} 则表示各指标间重要性对比结果,其取值可根据指标数量与重要性差异确定。当指标数量较少但重要性差距较大,可选择 1 分(同样重要)、3 分(稍微重要)、5 分(明显重要)、7 分(强烈重要)、9 分(极端重要)五个标度表示指标 i 与指标 j 的比较结果。此外,当指标数量较多且重要性差距较小时,还可以加入 2、4、6、8 四个分值进一步细化比较结果。

第四步,一致性检验。所构建的判断矩阵需要满足一致性比率(Consistency Ratio,CR)小于 0.1 才能通过一致性检验(即 CR<0.1),否则需要对判断矩阵进行调整和修正。CR 求解如下:

$$CR = \frac{CI}{RI}, \quad CI = \frac{\lambda_{\max} - n}{n - 1} \tag{6-1}$$

其中,CI 为一致性指标;$\lambda_{\max}$ 为判断矩阵 $\boldsymbol{A}$ 的最大特征值;RI 为随机一致性指标,其取值如表 6-1 所列。

表 6-1　随机一致性指标

阶　数	1	2	3	4	5	6	7	8	9	10
RI	0	0	0.58	0.91	1.12	1.24	1.32	1.41	1.45	1.49

第五步,指标权重值求解及评价指标体系构建。求解每层结构对应判断矩阵的最大特征值对应的特征向量并作归一化处理,归一化元素值则可作为各指标对应权重值。在单层的基础上,逐层计算,就可以求解出完整的权重体系结构。

二、专业群评价指标体系构建

参照教育部高职专业群建设目标,结合重庆电子工程职业学院发展特色,将重庆电子工程职业学院专业群建设评价分为专业群构建、专业群运行、专业群建设成效、社会声誉四个维度,且每个维度分解为若干个二级指标和三级指标。最终,重庆电子工程职业学院专业群建设评价体系由 4 个一级指标、12 个二级指标、22 个三级指标构成,如表 6-2 所列。

表 6-2　高水平专业群评价体系表（所有指标对应分数）

一级指标	二级指标	三级指标	指标说明	指标性质	计分办法	数据来源	责任部门
一、专业群构建（10分）	1. 专业群组织体系（2分）	◇专业群对接产业链，群内各专业相关性，基层教学组织设立（2分）	提供组群逻辑材料，设立模块基层组织	定性	专家认定，分档赋分	专业群建设规划	二级学院
	2. 核心专业引领作用（2分）	◇辐射带动专业群内其他专业发展（2分）	核心专业与带动的重点专业数	定量	省级1分，国家级2分	状态数据平台	教务处
	3. 模块化课程体系构建（3分）	◇模块化课程体系构建（3分）	形成基于公共基础平台共享、专业方向模块融通、专业拓展模块互选、公共拓展模块通选的模块化课程体系；提供专业群人才培养方案	定性	专家认定，分档赋分	人才培养方案	教务处
二、专业群运行（20分）	4. 专业群课程共享（3分）	◇专业群内共享课程比例（3分）	专业群中课程数与专业群所有专业课程总数的比例	定量	达到30%，计3分；每减少1%，扣0.1分	人才培养方案	教务处
	4. 产教融合（5分）	◇产教融合发展项目数（2分）	与行业企业合作建设产教融合发展项目，形成校企合作良性运行机制；合作建设的近三年产教融合发展项目数，包括职业教育集团、校企联盟、学徒制专业、产业学院、混合所有制二级学院	定量	每项0.5分	状态数据平台	合作发展处
		◇开展现代学徒制、订单式合作培养比例（3分）	近三年现代学徒制、订单式培养学生数/专业群学生数	定量	达到10%，计3分；每减少1%，扣0.3分	状态数据平台	教务处
	5. 师资队伍（6分）	◇高级职称比例（1分）	高级职称教师/专业群专任教师	定量	低于30%，计0分；每增加5%，加0.2分	状态数据平台	人力资源处

续表 6-2

一级指标	二级指标	三级指标	指标说明	指标性质	计分办法	数据来源	责任部门
二、专业群运行（20分）	5. 师资队伍（6分）	◇博士学位教师占比（1分）	博士学位教师/专业群专任教师	定量	低于5%，计0分；每增加5%，加0.2分	状态数据平台	人力资源处
		◇"双师型"教师比例（2分）	"双师型"教师/专业群专任教师	定量	"双师型"教师比例按照90%以上，80%以上、70%以上、60%以上，分档赋分，低于60%计0分	状态数据平台	人力资源处
		◇行业企业兼职教师占比（2分）	兼职教师数=兼职教师学年授课时数/160，兼职教师占比=兼职教师数/（兼职教师数+专任教师数）	定量	低于20%，计0分；20%～25%，计1分；25%以上，计2分	状态数据平台	人力资源处
	6. 实训条件（4分）	◇校内实训基地利用率（2分）	近三年校内实训基地实际学时/（1080学时＊校内实训基地实训室总数）	定量	低于50%，计0分；50%～70%，计1分；高于70%，计2分	状态数据平台	教务处
		◇生均实训基地工位数（2分）	实训基地工位数/专业群在校生数	定量	低于0.9，计0分；0.9～0.95，计1分；大于0.95，计2分	状态数据平台	教务处
	7. 课程教材（5分）	◇在线开放课程开课率（3分）	近三年在各大知名网络教学平台开课次数/专业群近三年所有课程总数的比例	定量	低于10%，计0分；每增加3%，加0.1分	网络教学平台	教务处
		◇使用国规教材或新型活页式、工作手册式教材（2分）	该专业（群）使用国家规划教材和学校认定的新型活页式、工作手册式教材数/该专业（群）所有课程数	定量	低于50%，计0分；每增加5%，加0.2分	状态数据平台	教务处
三、专业群建设成效（50分）	8. 人才培养能力（25分）	◇第一志愿录取率（2分）	近三年第一志愿录取率	定量	低于50%，计0分；每增加5%，加0.2分	录取信息表	招就处
		◇证书获取率（5分）	专业群近三年获职业技能等级证书人数/该专业近三年学生人数	定量	低于50%，计0分；每增加5%，加0.5分	教务处	教务处

续表 6-2

一级指标	二级指标	三级指标	指标说明	指标性质	计分办法	数据来源	责任部门
三、专业群建设成效（50分）	8. 人才培养能力（25分）	◇就业质量（8分）	近三届毕业生平均就业率（2分）；近三届毕业生就业专业对口率（2分）；近三年用人单位平均满意度（2分）；近三年毕业生就业平均满意度（2分）	定量	就业率≤90%，计0分；每增加1%，加0.2分；专业对口率≤70%，计0分，每增加5%，加0.5分；用人单位满意度≤80%，计0分，每增加5%，加0.5分；毕业生满意度≤80%，计0分，每增加5%，加0.5分	状态数据麦可思调查数据	招就处质量处
	9. 技术研发与社会服务能力（20分）	◇学生技能大赛获奖率（10分）	近三年学生在世界技能大赛、全国职业院校技能大赛，中国"互联网+"大学生创新创业大赛、"挑战杯"全国大学生课外学术科技作品竞赛和中国大学生创业计划竞赛，中国职业技能大赛及其省赛的获奖项目累计计分分数/专业群在校生数	定量	参照教职工奖励办法认定；得分=近三年总分/学生数，分档赋分	状态数据平台	教务处
		◇"四技"项目及成果转化到款率（12分）	近三年该专业群"四技"项目及成果转化到款额/该专业群专任教师总数	定量	双高专业群：低于20 000元/人，计0分，每增加7 000元/人，加1分；工科专业群：低于10 000元/人，计0分，每增加4 000元/人，加1分；文科专业群：低于7 000元/人，计0分，每增加3 000元/人，加1分	状态数据平台	科研处
		◇各类培训收入（8分）	近三年承担的各类培训收入/该专业群专任教师总数	定量	双高专业群：低于40 000元/人，计1分；非双高专业群：低于30 000元/人，计1分；每增加10 000元/人，加1分	状态数据平台	继续教育与培训学院

续表 6-2

一级指标	二级指标	三级指标	指标说明	指标性质	计分办法	数据来源	责任部门
三、专业群建设成效（50分）	10. 国际影响力（5分）	◇招收留学生人数（1分）	近三年招收的留学生累计数或开展中外合作办学学生累计数	定量	无留学生或无项目，计0分；按序赋值。	国际合作处	国际合作处
		◇开发国际标准（2分）	近三年该专业（群）牵头、参与开发的国际专业、行业标准	定量	牵头2分，参与0.5分	国际合作处	国际合作处
		◇开发国际课程资源（1分）	近三年开发国际课程资源数量	定量	每项计0.5分	国际合作处	国际合作处
		◇国际合作项目（1分）	近三年申报实施省级以上国际合作项目	定量	省级每项计0.5分，国家级每项计1分	国际合作处	国际合作处
四、社会声誉（20分）	11. 专业群相关的省级及以上荣誉、竞赛获奖与创新成果（20分）	◇专业群相关的省级及以上荣誉、竞赛获奖与创新成果（20分）	* 近三年获批主持建设的实训基地、教改项目、科研项目、科研创新平台数 * 近三年获得的骨干专业、特色专业、试点专业等荣誉称号数量 * 近三年第一主编的国家规划教材数 * 近三年牵头国家和省级专业教学标准、专业（类）顶岗实习标准、专业实训教学条件建设标准、职业培训标准数量 * 近三年获得的教学创新团队、黄大年式教师团队、教学名师、技术能手、技能大师（工作室）数 * 近三年主持建设省级及以上在线开放课程、专业教学资源库数 * 近三年获教育部选用、全国推广的典型案例数 * 近三年由教务处组织选送推荐参赛、教育主管部门举办的各类教育教学能力大赛获奖数 * 近三年教师参加的中国职业技能大赛获奖数 * 近三年全国行业专业（群）专任教师获得大赛总决赛获奖数 * 近三年该专业（群）教育主管部门评选的教学成果奖（第一完成单位）数量 * 近三年该专业（群）专任教师获得省级科学技术奖、社会科学优秀成果奖（第一完成单位）获奖数量 * 近三年第三方评价的专业（群）排名	定量	参照教职工奖励办法认定，得分＝近三年总分/学生数，分档赋分； 专业（群）排名全国前三，重点专业计分	状态数据平台	教务处、科研处、人力资源处

三、高水平专业群评价体系中权值计算

（一）构建一级指标判断矩阵

通过邀请多名职业教育专家、职业教育学科带头人及教育管理部门专家组成专家组，对各评价指标对比结果进行标度打分。最后，由所有结果平均值构建相应判断矩阵。首先，构建一级指标判断矩阵 A。

鉴于指标等级数量并不是特别多，这里采用 1,3,5,7,9 五个尺度，见表 6-3。

表 6-3　一级指标分数对应尺度

分数/分	50	40	30	20	10
尺　度	1	3	5	7	9

则一级指标对应成对比较表为

一级指标	专业群建设成效	专业群运行	社会声誉	专业群构建
专业群建设成效	1	7	7	9
专业群运行	1/7	1	1	3
社会声誉	1/7	1	1	3
专业群构建	1/9	1/3	1/3	1

则一级指标对应矩阵为

$$A=\begin{bmatrix} 1 & 7 & 7 & 9 \\ \dfrac{1}{7} & 1 & 1 & 3 \\ \dfrac{1}{7} & 1 & 1 & 3 \\ \dfrac{1}{9} & \dfrac{1}{3} & \dfrac{1}{3} & 1 \end{bmatrix} \tag{6-2}$$

经过计算式（6-1）的最大特征值 λ，其对应归一化特征向量（权重向量）W、特征向量求和 n 分别为：

$$\lambda=4.0910, \quad W=[0.7039 \quad 0.1222 \quad 0.1222 \quad 0.0517], \quad n=4$$

则

$$\text{CI}=\frac{4.0910-4}{4-1}=0.0303, \quad \text{RI}=0.9, \quad \text{CR}=\frac{0.0303}{0.9}=0.0337<0.1$$

因此，"专业群建设质量评价方案"一级评价指标分数对应尺度比较见表 6-4。

表 6-4　一级评价指标分数对应尺度比较

一级指标	专业群建设成效	专业群运行	社会声誉	专业群构建	权重 W_i
专业群建设成效	1	7	7	9	0.703 9
专业群运行	1/7	1	1	3	0.122 2
社会声誉	1/7	1	1	3	0.122 2
专业群构建	1/9	1/3	1/3	1	0.051 7

（二）构建二级指标

1. 专业群建设成效二级指标计算

专业群构建中四个指标的分值分别为 25,20,5。建立各二级指标 B_1, B_2, B_3, 具体如下：

$$B_1 = \begin{bmatrix} 1 & 1 & 2 & 2 \\ 1 & 1 & 2 & 2 \\ 1/2 & 1/2 & 1 & 1 \\ 1/2 & 1/2 & 1 & 1 \end{bmatrix} \tag{6-3}$$

$$B_2 = \begin{bmatrix} 1 & 2 & 2 & 3 \\ 1/2 & 1 & 1 & 2 \\ 1/2 & 1 & 1 & 2 \\ 1/3 & 1/2 & 1/2 & 1 \end{bmatrix} \tag{6-4}$$

$$B_3 = \begin{bmatrix} 1 & 3 & 9 \\ 1/3 & 1 & 7 \\ 1/9 & 1/7 & 1 \end{bmatrix} \tag{6-5}$$

根据上述计算方法，其指标设置与分析见表 6-5。

表 6-5 "专业群建设质量评价方案"——专业群建设成效指标设置与分析表

专业群建设成效	人才培养	技术研发与社会服务	国际影响	权重 W_i
人才培养	1	3	9	0.655 4
技术研发与社会服务	1/3	1	7	0.289 7
国际影响	1/9	1/7	1	0.054 9

$\lambda = 2.9059$，$CI = 0.0401$，$RI = 0.58$，$CR = 0.0691 < 0.1$

2. 专业群运行二级指标计算

专业群构建中四个指标的分值分别为 5,6,4,5。根据上述计算方法，其指标设置与分析见表 6-6。

表 6-6 "专业群建设质量评价方案"——专业群建运行指标设置与分析表

专业群运行	师资队伍	产教融合	课程材料	实训条件	权重 W_i
师资队伍	1	2	2	3	0.423 6
产教融合	1/2	1	1	2	0.227 0
课程材料	1/2	1	1	2	0.227 0
实训条件	1/3	1/2	1/2	1	0.122 3

$\lambda = 4.0104$，$CI = 0.0035$，$RI = 0.9$，$CR = 0.0039 < 0.1$

3. 专业群构建二级指标计算

专业群构建中四个指标的分值分别为 2,2,3,3。根据上述计算方法，其指标设置与分析见表 6-7～表 6-9。

表 6-7 "专业群建设质量评价方案"——专业群建构指标设置与分析表

师资队伍	模块化课程体系构建	专业群课程共享	专业群组织体系	核心专业引领作用	权重 W_i
模块化课程体系构建	1	1	2	2	0.333 3
专业群课程共享	1	1	2	2	0.333 3
专业群组织体系	1/2	1/2	1	1	0.166 7
核心专业引领作用	1/2	1/2	1	1	0.166 7

$\lambda = 4.010\,4, CI = 0.003\,5, RI = 0.9, CR = 0.003\,9 < 0.1$

表 6-8 "专业群建设质量评价方案"——专业群建构(群内各专业相关性、

基础教学组织设立)指标设置与分析表

专业群构建	群内各专业相关性、基础教学组织设立	权重 W_i
群内各专业相关性、基础教学组织设立	1	1

$\lambda = 1, CI = 0, RI = 0, CR = 0 < 0.1$

表 6-9 "专业群建设质量评价方案"——专业群建构辐射带(动群内其他

专业发展)指标设置与分析表

专业群构建	辐射带动群内其他专业发展	权重 W_i
辐射带动群内其他专业发展	1	1

$\lambda = 1, CI = 0, RI = 0, CR = 0 < 0.1$

4. 社会声誉二级指标计算

社会声誉设置与分析见表 6-10。

表 6-10 "专业群建设质量评价方案"——社会声誉设置与分析表

专业群构建	专业群相关的省级及以上荣誉竞赛获奖与创新成果	权重 W_i
专业群相关的省级及以上荣誉竞赛获奖与创新成果	1	1

$\lambda = 1, CI = 0, RI = 0, CR = 0 < 0.1$

(三)构建三级指标

1. 人才培养三级指标计算

人才培养中四个指标的分值分别为 2,5,8,10。建立各二级指标对应的三级指标 C_{21}, C_{22}, $C_{23}, C_{24}, C_{31}, C_{32}, C_{33}$,具体如下:

$$C_{21} = \begin{bmatrix} 1 & 2 \\ 1/2 & 1 \end{bmatrix} \tag{6-6}$$

$$C_{22} = \begin{bmatrix} 1 & 1 & 3 & 3 \\ 1 & 1 & 3 & 3 \\ 1/3 & 1/3 & 1 & 1 \\ 1/3 & 1/3 & 1 & 1 \end{bmatrix} \tag{6-7}$$

$$C_{23} = \begin{bmatrix} 1 & 1 \\ 1 & 1 \end{bmatrix} \tag{6-8}$$

$$C_{24} = \begin{bmatrix} 1 & 2 \\ 1/2 & 1 \end{bmatrix} \tag{6-9}$$

$$C_{31} = \begin{bmatrix} 1 & 3 & 6 & 9 \\ 1/3 & 1 & 4 & 7 \\ 1/6 & 1/4 & 1 & 4 \\ 1/9 & 1/7 & 1/4 & 1 \end{bmatrix} \tag{6-10}$$

$$C_{32} = \begin{bmatrix} 1 & 3 \\ 1/3 & 1 \end{bmatrix} \tag{6-11}$$

$$C_{33} = \begin{bmatrix} 1 & 3 & 3 & 3 \\ 1/3 & 1 & 1 & 1 \\ 1/3 & 1 & 1 & 1 \\ 1/3 & 1 & 1 & 1 \end{bmatrix} \tag{6-12}$$

根据上述计算方法,其指标设置与分析见表 6-11。

表 6-11 "专业群建设质量评价方案"——专业群建设成效——人才培养指标设置与分析表

人才培养	学生技能大赛获奖率	就业质量	证书获取率	第一志愿录取率	权重 W_i
学生技能大赛获奖率	1	3	6	9	0.575 3
就业质量	1/3	1	4	7	0.280 4
证书获取率	1/6	1/4	1	4	0.103 5
第一志愿录取率	1/9	1/7	1/4	1	0.040 8

$\lambda = 4.1805$,$CI = 0.0602$,$RI = 0.9$,$CR = 0.0669 < 0.1$

2. 研发与社会服务三级指标计算

研发与社会服务中两个指标的分值分别为 12,8。根据上述计算方法,其指标设置与分析见表 6-12。

表 6-12 "专业群建设质量评价方案"——专业群建设成效——研发与社会服务指标设置与分析表

研发与社会服务	"四项"项目及成果转化到款额	各类培训收入	权重 W_i
"四项"项目及成果转化到款额	1	3	0.750 0
各类培训收入	1/3	1	0.250 0

$\lambda = 2$,$CI = 0$,$RI = 0$,$CR = 0 < 0.1$

3. 国际影响力三级指标计算

国际影响力中四个指标的分值分别为 1,2,1,1。根据上述计算方法,其指标设置与分析见表 6-13。

表 6-13 "专业群建设质量评价方案"——专业群建设成效——国际影响力指标设置与分析表

国际影响力	开发国际标准	招收留学生人数	开发国际课程资源	国际合作项目	权重 W_i
开发国际标准	1	3	3	3	0.500 0
招收留学生人数	1/3	1	1	1	0.166 7
开发国际课程资源	1/3	1	1	1	0.166 7
国际合作项目	1/3	1	1	1	0.166 7

$\lambda = 4$,$CI = 0$,$RI = 0.9$,$CR = 0 < 0.1$

4. 师资队伍三级指标计算

师资队伍中四个指标的分值分别为 1,1,2,2。根据上述计算方法,其指标设置与分析见表 6-14。

表 6-14　"专业群建设质量评价方案"——专业群建运行(师资队伍)指标设置与分析表

师资队伍	双师型教师比例	行业企业兼职教师比例	高级职称比例	博士学位教师占比	权重 W_i
双师型教师比例	1	1	3	3	0.375 0
行业企业兼职教师比例	1	1	3	3	0.375 0
高级职称比例	1/3	1/3	1	1	0.125 0
博士学位教师占比	1/3	1/3	1	1	0.125 0

$\lambda=4, CI=0, RI=0.9, CR=0<0.1$

5. 产教融合发展项目数三级指标计算

产教融合发展项目数中两个指标的分值分别为 2,3。根据上述计算方法,其指标设置与分析见表 6-15。

表 6-15　"专业群建设质量评价方案"—专业群建运行—产教融合项目数指标设置与分析表

产教融合项目数	现代学徒制、订单式合作培养学生比例	产教融合发展项目数	权重 W_i
现代学徒制、订单式合作培养学生比例	1	2	0.666 7
产教融合发展项目数	1/2	1	0.333 3

$\lambda=2, CI=0, RI=0, CR=0<0.1$

6. 实训条件三级指标计算

实训条件中两个指标的分值都为 2。根据上述计算方法,其指标设置与分析见表 6-16。

表 6-16　"专业群建设质量评价方案"——专业群建运行(实训条件)指标设置与分析表

实训条件	校内实训基地利用率	生均实训基地工位数	权重 W_i
校内实训基地利用率	1	1	0.500 0
生均实训基地工位数	1	1	0.500 0

$\lambda=0, CI=0, RI=0, CR=0<0.1$

7. 课程材料三级指标计算

课程材料中两个指标的分值分别为 2,3。根据上述计算方法,其指标设置与分析见表 6-17。

表 6-17　"专业群建设质量评价方案"—专业群建运行(产教融合项目数)指标设置与分析表

课程材料	在线开放课程率	国规教程或新型活页式、工作手册式教材使用率	权重 W_i
在线开放课程率	1	2	0.666 7
国规教材或新型活页式、工作手册式教材使用率	1/2	1	0.333 3

$\lambda=2, CI=0, RI=0, CR=0<0.1$

8. 一致性检验

使用 Matlab 仿真软件计算得到所有判断矩阵一致性比率 CR，如表 6-18 所列。

表 6-18　一致性比率结果

判断矩阵	$\lambda_{\max}$	CI	RI	CR
A	4.091 0	0.030 3	0.9	0.033 7
B_1	4.010 4	0.003 5	0.9	0.003 9
B_2	4.010 4	0.003 5	0.9	0.003 9
B_3	2.905 9	0.040 1	0.58	0.069 1
C_{21}	4	0	0.9	0
C_{22}	2	0	0	0
C_{23}	0	0	0	0
C_{24}	2	0	0	0
C_{31}	4.180 5	0.060 2	0.9	0.066 9
C_{32}	2	0	0	0
C_{33}	4	0	0.9	0

由一致性检验办法可知，当 CR＜0.1 时，则表示判断矩阵通过一致性检验。从表 6-18 中可以看出，所有判断矩阵均通过一致性检验，计算结果符合要求。

四、专业群建设质量评价指标体系及权重表

通过计算各判断矩阵最大特征值对应的特征向量，再对特征向量做归一化处理可得各指标对应权重值。表 6-19 所列为重庆电子工程职业学院高水平专业群建设质量评价指标体系及权重。

表 6-19　"专业群建设质量评价方案"指标体系及权重表

一级指标	二级指标	三级指标
专业群构建（0.051 7）	专业群组织体系（0.008 6）	群内各专业相关性、基础教学组织设立（0.008 6）
	核心专业引领作用（0.008 6）	辐射带动群内其他专业发展（0.008 6）
	模块化课程体系构建（0.017 2）	—
	专业群课程共享（0.017 2）	—
专业群运行（0.122 2）	产教融合（0.027 7）	产教融合发展项目数（0.009 2）
		现代学徒制、订单式合作培养学生比例（0.018 5）
	师资队伍（0.051 8）	高级职称比例（0.006 5）
		博士学位教师占比（0.006 5）
		双师型教师比例（0.019 4）
		行业企业兼职教师比例（0.019 4）
	实训条件（0.014 9）	校内实训基地利用率（0.007 5）
		生均实训基地工位数（0.007 5）
	课程材料（0.027 7）	在线开放课程率（0.018 5）
		国规教材或新型活页式、工作手册式教材使用率（0.009 2）

一级指标	二级指标	三级指标
专业群建设成效 (0.703 9)	人才培养能力(0.463 1)	第一志愿录取率(0.018 9)
		证书获取率(0.047 9)
		就业质量(0.129 9)
		学生技能大赛获奖率(0.266 4)
	技术研发与社会服务能力(0.203 9)	"四技"项目及成果转化到款额(0.152 9)
		各类培训收入(0.051 0)
	国际影响力(0.038 6)	招收留学生人数(0.006 4)
		开发国际标准(0.019 3)
		开发国际课程资源(0.006 4)
		国际合作项目(0.006 4)
社会声誉(0.122 2)	专业群相关的省级及以上荣誉竞赛获奖与创新成果(0.122 2)	—

五、专业群建设质量评价结果分析

从一级指标权重来看,专业群建设成效指标权重最高,达到了 0.703 9,其次专业群运行和社会声誉指标权重同为 0.122 2,最低专业群构建指标权重为 0.051 7。二级指标中人才培养能力权重高达 0.463 1,其权值比一级指标中除专业群建设成效的其他三个一级指标的权值总和还高。此外,三级指标中只有就业质量(0.129 9)、学能技能大赛获奖率(0.266 4)、"四技"项目及成果转化到款额(0.152 9)等三项的权重大于 0.1。从 2021 年开始,学校按照《重庆电子工程职业学院专业群建设质量评价方案》对专业群每年展开质量评价,2021 年和 2022 年评价结果见表 6 - 20 和表 6 - 21。

表 6 - 20　2021 年度专业群评价排名

专业群	综合评价名次	综合评价等级	绩效评价名次
信息安全技术应用专业群	1	A+	8
物联网应用技术专业群	2	A+	14
通信运行管理专业群	3	A+	4
汽车制造与试验技术专业群	4	A	5
集成电路技术专业群	5	A	13
云计算技术应用专业群	6	A	12
电子商务专业群	7	A	1
现代物流管理专业群	8	B	2
飞行器维修技术专业群	9	B	7
环境艺术设计专业群	10	B	3
虚拟线上应用技术专业群	11	B	6
建筑智能化工程技术专业群	12	C	9
智能医疗装备技术专业群	13	C	10
金融科技应用专业群	14	C	11

表 6－21　2022 年度专业群评价排名

专业群	综合评价名次	综合评价等级	绩效评价名次
信息安全技术应用专业群	1	A+	5
物联网应用技术专业群	2	A+	6
云计算技术应用专业群	3	A+	12
通信运行管理专业群	4	A	7
集成电路技术专业群	5	A	13
虚拟现实应用技术专业群	6	A	3
现代物流管理专业群	7	A	8
智能医疗装备技术专业群	8	B	2
建筑智能化工程技术专业群	9	B	11
电子商务专业群	10	B	1
环境艺术设计专业群	11	B	4
汽车制造与试验技术专业群	12	C	10
飞行器维修技术专业群	13	C	9
金融科技应用专业群	14	C	14

由此可见,高水平专业群建设的实际成效是高水平专业群建设质量的重要目标,其中又以二级指标人才培养能力中的学生就业质量和技能大赛获奖率为重中之重。

此外,从评价指标体系中不难看出,重庆电子工程职业学院高度重视高水平人才的培养,这一目标也高度符合"双高计划"建设初衷。

从专业群建设实践来看,学校取得了良好的建设成效和社会影响力。近五年,学生获国家级技能竞赛奖项 345 项(一等奖 96 项),其中获世界技能大赛金牌 1 枚、中华人民共和国第一届职业技能大赛金牌 3 枚,全国"挑战杯"大赛金奖 2 项。2023 年,学校获中国国际"互联网＋"大学生创新创业大赛金牌 4 枚,刷新了职业院校国赛金奖纪录;获"挑战杯"主体赛特等奖 1 项,实现了高职院校特等奖历史性突破。在中国高教学会全国普通高校大学生竞赛(高职)排名中,2020 年、2022 年位列全国第一,2018—2022 年综合排名全国第二。

学校招生规模、录取分数、入学报到率位列重庆前茅且逐年递升,是重庆市最受考生欢迎的高职院校之一。在第三方机构排名中,我校位列全国高职院校前列。在国家"双高计划"建设获国家级项目排名中,位居全国第 11 位;金苹果全国高职院校综合竞争力排名,2020—2023年我校分别排全国第 15、第 11、第 12 名、第 9 名,在全国理工类高职院校中分别排名第 8、第6、第 5 名、第 5 名;2023 年信息安全技术应用高水平专业群,专业等级 5 星,位次比 1.79%,在同类专业群中排名全国第 1;物联网应用技术高水平专业群,专业等级 4.6 星,位次比 4.32%,同类专业群中排名全国第 3,电子信息大类学校排名全国第三,仅次于深圳信息职业技术学院和深圳职业技术学院;学校 7 个专业排名全国第 1,20 个专业位列全国前 3,占专业总数的32.8%,专业整体实力达到全国前列。

2020—2023 年我校在武书连高职高专排行榜中分别排全国第 11、第 8 位、第 4 名、第3 名。

在 ABC 咨询机构编制的《中国高职院校五十强》中,2022—2023 年我校分别排名第 4、第 3。

2021—2023 年,我校在《神针中国高职院校排名》中分别为第 11、第 7、第 5 名。

高职发展智库对高职院校发明专利授权排行统计,2019—2022 年发明专利授权量我校分别排名全国第 18、第 8、第 5、第 2。

我校分别入选"十三五""十四五"职业教育规划教材 15 部和 27 部,2019—2022 年分别入选国家级精品在线开放课程 1 门、2 门、9 门,位于全国高职院校前列。

中国高等教育学会发布的全国高职院校教师教学发展指数,2019—2021 年我校分别排名全国第 23、第 24 位、第 20 位,2023 年位列第 10。

教博会组委会联合中国高职发展智库、四川国际会展有限公司发布的中国高职高专院校改革活力指数排行榜中,我校 2019 年、2021 年、2022 年、2023 年分别排全国第 18、第 5、第 4、第 3。

2021 中国职业教育质量年度报告首次公布了高职院校教师发展指数、学生发展指数等,并评选形成了多个榜单。当前,已公开发布了四个榜单:高职院校教师发展指数 100 所优秀院校、高职院校学生发展指数 100 所优秀院校、高职院校资源建设优势学校、高职院校服务贡献典型学校。其中,四个榜单均上的院校共有 17 所,我校为其中之一。此外,我校入选专业建设正文案例 1 个。

中国薪酬指数研究机构发布的《2022 全国高职院校毕业生薪酬指数排行榜 TOP30》中,我校排名第 15,平均薪酬为 6 682 元。

第三节　跟踪专业群发展,构建专业群动态调整机制

在高职院校设置专业群动态调整机制,一是可以确保高校的专业群设置科学合理,对高职院校的专业群设置情况和后续的发展情况展开客观地评估分析,让高职院校尽早了解相关专业群设置的发展前景。二是可以对设置不合理的专业群采取针对性的措施,对其进行科学合理的调整,优化高职院校的整体专业群结构,保障专业群人才培养的质量。专业群动态调整机制对内关注学生的学习与发展,对外关注区域经济对产业人才的诉求,需要基于整个专业群的生源、学习行为、教学模式、学习过程、企业岗位需求、毕业生社会满意度等,基于专业群生态、课程生态、学生个人生态,动态开展技术技能专业群人才培养路径分析,建立全生态教学质量保障体系,健全专业动态调整机制,完善专业设置、认证、质量评价、预警调控等机制,支持职业院校自主设置与新兴产业密切相关的目录外专业,进一步提高职业院校专业设置与重点产业的匹配度。

特别是在增强学生岗位适应性的时代背景下,社会需要专业性更强的人才,因此教师在教学中必须以社会需求为基础,根据工作岗位的需要调整对学生的培养模式。教师在制订教学方法时,要以专业动态调整机制培养学生在社会岗位中的适应性,并以此作为整体培养目标,以专业动态调整机制为学生提供实践操作,培养学生创新能力,活跃学生的思维,让学生满足社会对人才的需求。根据复杂适应系统(Complex Adaptive System,CAS)理论和机制设计理

论（Mechanism Design Theory）开发了专业群调整机制的研究框架，如图 6-4 所示。

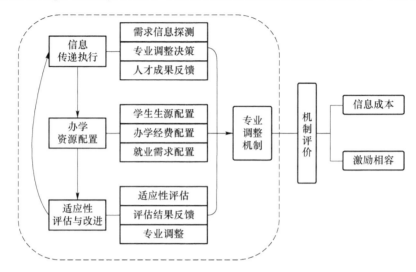

图 6-4　专业群调整机制的研究框架

首先，高职院校在专业群动态调整的构建过程中，应该将为社会服务作为建设宗旨，以学生就业和产业发展为建设导向，并展开更加深入细致的调查，对其进行科学有效的论证，以此来确保高职院校专业群动态调整的合理性。其次，专业群动态调整要考虑所设置的专业对区域经济发展情况、经济结构以及产业链的影响等。再次，专业群动态调整要兼顾传统专业的改造和新兴行业的需求，将传统专业和教学体制的改革与地区经济发展和产业经济两者之间有机融合，创建出符合产业经济发展、企业发展需求同时又能够得到社会大众高度认可的专业。最后，要完善校内专业退出机制，让整体就业率低的专业预警退出，积极鼓励和引导高职院校对专业设置做出动态化的调整，并提供相应的专业招生就业等信息。

专业群动态调整总体遵循以下"8 字"螺旋，专业群建设质量改进螺旋如下：

目标，专业群诊改主体明确年度目标定位，主要包括常规性、改进性和发展性三种目标，常规性部分是基本职责或者基本工作量，改进性部分为针对上一年常规性部分提出的改进措施，发展性部分为根据规划下达的年度重点任务目标。

标准，专业群诊改主体确定标准。诊改主体根据上级标准，并结合自身实际，确定自身的标准。

计划，专业群诊改主体根据目标和标准，对诊改做出具体安排。

组织，专业群诊改主体根据学校决策指挥系统、资源保障系统、支持服务系统、监督控制系统提供的政策环境条件、服务和建设路径要求，做好专业群诊改的组织工作。

实施，专业群诊改主体根据年度安排具体落实每一项诊改任务。

监测，专业群诊改主体在实施过程中，通过智慧校园综合信息平台和内部质量保证督导提供的共享信息和监测信息，了解专业群诊改任务的推进情况。

预警，专业群诊改主体在实施过程中，通过智慧校园综合信息平台和内部质量保证督导提供的预警信息，了解没有达到的基本要求。

实时改进，专业群诊改主体通过监测和预警信息，激励自身实时改进。

诊断,专业群诊改主体根据工作标准,对年度任务的实施情况进行自我诊断;学校对专业群诊改实施发展性考核诊断,诊改主体通过发展性考核结果查找问题。

激励,专业群诊改主体通过诊断实现自我激励,并通过学校制度获得政策激励。

学习,专业群诊改主体根据诊断的问题,有针对性地自主学习政策、制度、标准和知识技能,加强思想政治修养,提高业务能力和水平。

创新,在学习的基础上,专业群诊改主体针对诊断出的问题提出改进措施并撰写年度自我诊改报告,针对存在的问题提出改进措施。

定时改进。专业群诊改主体按照提出的改进措施作为下一年的改进性任务或者年度任务,进入下一轮专业群诊改。

第七章　高水平专业群建设主要成效

第一节　学校办学实力逐年增强

学校是"中国特色高水平高职学校建设单位""国家示范性高等职业院校""国家优质专科高等职业院校",教育部"首批教学工作诊断与改进工作试点单位""首批现代学徒制试点单位""全国重点建设职业教育师资培养培训基地""国家级职业教育'双师型'教师培训基地""首批职业院校校长培训培育基地""全国高校毕业生就业能力培训基地",人社部、财政部"国家级高技能人才培训基地",国管局、发改委、财政部"国家级节约型公共机构示范单位""国家级能效领跑者单位",全国唯一获批第 46 届世界技能大赛中国集训主、辅基地并拥有 2 名中国专家组组长的高职院校,中国高等教育学会理事单位、中国高等教育学会职业技术教育分会副理事长单位和重庆市高等教育学会副会长单位。

学校在近四届国家级教学成果奖评审中,荣获国家级教学成果奖一等奖 3 项、二等奖 7 项。学校先后获"黄炎培职业教育优秀学校奖""全国毕业生就业典型经验高校""全国创新创业典型经验高校""重庆市文明校园""重庆市党建工作示范高校""重庆市'三全育人'综合改革试点高校""重庆市教育系统先进基层党组织"等荣誉称号。

第二节　专业群品牌进一步凸显

学校以专业特色统领办学特色,紧密对接重庆"33618"现代制造业集群,重构信息安全技术应用、物联网技术应用、汽车制造与试验技术、建筑智能化工程技术等数智化特色专业群 14 个,打造专业群"高峰""高原""高岗",形成对接智能全产业链的专业群品牌,突出一条"链"通九州、一颗"芯"系万家、一张"网"安天下的特色定位,助力重庆在推进新时代西部大开发中发挥支撑作用、在推进共建"一带一路"中发挥带动作用、在推进长江经济带绿色发展中发挥示范作用。以群建院,建有人工智能与大数据学院、电子与物联网学院、通信工程学院、智能制造与汽车学院、财经管理学院、数字媒体学院、建筑与材料学院、智慧健康学院 8 个(专业)实体性学院以及通识教育与国际学院、马克思主义学院、体育与国防教学部、培训与继续教育学院 4 个(育人)功能性学院。学校主持国家级专业教学资源库 3 个,出版国家规划教材 92 部,立项建设国家级高水平专业群 2 个,建成国家级重点(骨干)专业 18 个、重庆市高水平专业群 A 档 4 个、国家级课程 22 门、国家级实训基地 13 个。在金苹果"电子信息类高职院校分专业类排行榜"中,学校近三年两个国家级高水平专业群均连续两年位列全国前三。

第三节 人才培养高地逐步形成

学校落实立德树人根本任务,将社会主义核心价值观教育贯穿技术技能人才培养全过程;坚持工学结合、知行合一,加强学生认知能力、合作能力、创新能力和职业能力培养;加强劳动教育,以劳树德、以劳增智、以劳强体、以劳育美;培育和传承工匠精神,引导学生养成严谨专注、爱岗敬业、精益求精和追求卓越的品质;深化复合型技术技能人才培养培训模式改革,率先开展"学历证书+若干职业技能等级证书"制度试点。学校在全面提高质量的基础上,着力培养一批产业急需、技艺高超的高素质技术技能人才。

一、五育并举、个性培养,技术技能人才高地彰显优势

学校秉持"德育为先,智育创新,体美劳协同育人"理念,深化"三教"改革;积极打造"八双"辅导员队伍,统筹推进专业思政、课程思政和特色思政课程育人;依托教育部"中国书法'一带一路'魅力之旅"项目,高水平建设"重电国学中心",打造书法、戏曲、茶艺等国学"赏习一体"主题教室;成立百工博雅合唱艺术团,设立"川江号子"国家非遗大师工作室,创建国家传统文化传承基地;系统设计美育课程体系,注重规整美、技艺美、感知美"三美"育人;增设"分众快乐技能体育",打造"重电足球"等优势特色项目,让每位学生掌握一项终身受益的体育运动技能养成运动习惯;以匠修心、以心练技,将劳动教育融入到实训课堂、顶岗实习的全过程。学校依托"重电百工学堂",开展集校内生活劳动、企业和农村生产劳动、社区爱心劳动"三位一体"的劳动教育。

学校凝炼出"十用十不用"等核心育人理念方法,全面推进"大思政"三全育人改革,重点突破、整体提升立德树人水平和育人质量,率先提出了"技术技能教育的英才育人"理念,创新实施了"卓越技术技能人才培养计划""工匠工坊支持计划""星光大道奖励计划",为"重电学子"开出个性化成长清单。学校重点打造"5G精英"等"一院一品"特色培养项目,深化"大专业进、小专业出"专业群个性化人才培养模式改革,构建"专业基础平台共享、专业方向模块融通、专业拓展模块互选"的"平台+模块"专业群课程体系,实现分层分类教育教学常态化,并落实1+X证书制度,对接职业技能等级标准和专业教学标准要求。学校与企业双元联合开发"X"证书课程模块和活页式等新型教材,与华为、百度等行业企业共建5G移动通信、大数据治理等28个集"产训研培创"于一体的高水平实训基地。

二、引领职业教育改革,形成重电技术技能人才培养模式

重构"岗位导向·通专融合·个性培养"的"两平台+三模块"专业群课程体系,并将专业可选、课程可选、进度可选作为课程实施的主要路径,"点菜式"课程服务成就人人出彩。课程体系改革实践成果获重庆市教育教学成果特等奖,先后被150余所院校学习借鉴,《通专融合:高素质技能人才的"利器"》发表于《中国教育报(理论周刊)》。

三、创新"赛教研训"一体化教学体系，培养产业高端和中高端产业技能人才

对标"世赛标准"打造实训环境，聚焦信息安全前沿技术锻造高水平技术团队，实现"赛教研训"一体化教学。学校建成世界技能大赛网络安全赛项国家集训基地，团队教师成长为该项目中国专家组组长、专家 3 人，培养学生获该国赛金牌 1 项，国家级奖项 27 项。

近五年，学生获国家级技能竞赛奖项 345 项（一等奖和金牌 96 项），世界技能大赛金牌 1 枚、中华人民共和国职业技能大赛金牌 3 枚，全国"挑战杯"大赛金奖 2 项，中国国际"互联网＋"大学生创新创业大赛金奖 5 项。

第四节 师资队伍建设成效显著

创新"212"教师发展机制，分层分类实施卓越工匠之师教学创新团队建设计划；打造"教师教学实践工作坊"，建立院校两级常态化教学竞赛与培训机制；创新实践"双师在线""重电金课堂"，推动课堂革命。学校引进院士等国家高端领军人才 3 名，自主培养国家级名师 2 名、全国技术能手 6 名、国务院政府特殊津贴专家 7 名以及省部级拔尖人才 100 余名。学校现有全国高校黄大年式教师团队 1 个、国家级教学团队 1 个、国家级技能大师工作室 2 个、国家级职业教育教师教学创新团队 2 个、国家级课程思政教学名师和团队 2 个，学校荣获全国五一劳动奖章、全国五一巾帼标兵、全国青年岗位能手、重庆最美教师、重庆市教书育人楷模等省部级及以上荣誉称号的教师有 40 余人次。

在国家级教学比赛、教材、课程、教师团队等方面改革成绩突出，2021 年高职发展智库发布的"国家级教改项目统计成绩单"中，学校位列全国第一，是全国唯一一所在 2021 年 7 大国家级教改项目均有斩获的高职院校。学校建成"十三五"国家规划教材 15 部，"十四五"国家规划教材 27 部，获首届全国优秀教材奖一等奖、二等奖；主持建设国家级专业教学资源库 3 个，国家级精品在线开放课程 12 门；教师获全国职业院校教师教学能力大赛一等奖 5 项。近五年，学校教师在技能竞赛中，获国家级奖项 43 项（金牌 1 枚、一等奖 16 项），其中，中华人民共和国第一届职业技能大赛金牌 1 枚。在中国高等教育学会发布的 2022 全国高职院校教师教学发展指数和 2023 全国高职院校教师教育发展指数中，位列西部第 2。

第五节 科研创新能力明显提升

对接科技发展趋势，以技术技能积累为纽带，建设集人才培养、团队建设、技术服务于一体，资源共享、机制灵活、产出高效的人才培养与技术创新平台，促进创新成果与核心技术产业化，重点服务企业特别是中小微企业的技术研发和产品升级。加强学校与地方政府、产业园区、行业深度合作，建设兼具科技攻关、智库咨询、英才培养、创新创业功能，体现学校特色的产教融合平台，服务区域发展和产业转型升级。进一步提高专业群集聚度和配套供给服务能力，与行业领先企业深度合作，建设兼具产品研发、工艺开发、技术推广、大师培育功能的技术技能平台，服务重点行业和支柱产业发展。

一、科教融汇、创新研发,环重电创新生态圈迸发生机

学校积极布局"数智化"科研创新平台,构建科教协同育人模式,全面提升科研创新服务能力。学校立项国家级纵向项目 10 项,位居全国第二;校企合作研发的硅光芯片、智慧建筑运维平台等多项成果得到业内广泛认可,获重庆市科技进步二等奖 2 项、三等奖 4 项,获奖数位居全国前三;发明专利 116 项,位居全国第 8;发表北大核心期刊论文 583 篇,数量位居全国高职第 3;科研与技术服务项目到账经费近 1 亿元,科研成果转化到账经费累计突破 200 万元;在"互联网＋"大学生创新创业大赛、"挑战杯"中国大学生创业计划竞赛中获国赛金奖 6 项。"环重电创新生态圈"建设模式逐步建成,科教协同育人同轨共生机制成效显著。

二、创新"1＋1＋N"育人模式,科教协同培养创新人才

学校建立科研导师机制和科研助理培养机制,形成 1 个教师团队带 1 个学生团队参与科研项目、专利研发、成果转化等 N 种形式的创新型技术技能人才培养格局。学校出台政策引导教师将科研成果转化为教学案例,提升学生创新能力。在科教协同育人机制作用下,2021 年学校科研成果转化为教学案例数达 516 件,师生合作申报项目 57 项,联合申报知识产权数 112 件;学生陈思源获第十三届重庆市青少年科技创新市长奖。

三、以科技研发支撑重庆支柱产业发展,助力西部科学城建设

学校依托"成渝地区双城经济圈产教融合发展联盟"等 8 个产教融合联盟,发挥"数智化"协同创新优势,围绕网络安全、硅光芯片等方向布局了 7 个科研平台,新增重庆市科研平台(团队)4 个,共建"重庆国家应用数学创新中心",建设科学城"大创谷"人工智能特色园区,大力加强科技研发与成果转化。自动生成虚拟化网络切片关键技术、民用建筑物理环境综合性能提升关键技术等 7 项应用技术,创新成果,助力地方产业数字化转型,为企业带来经济效益 4.11 亿元;深入参与《西部陆海新通道总体规划》,校企联合研发的硅光芯片各项性能达到甚至优于国际同类产品,为西部(重庆)科学城建设提供"重电引擎"。

四、搭建技术服务平台,繁育创新创业生态

学校依托重庆智慧城市、5G 试点、物联网工程等智能产业应用示范优势,以"四技两转"服务工程、"头雁领航"引智计划、共建线上线下产教融合体为抓手,引进院士、"千人计划"专家,重点打造硅光子芯片、增材制造等 2 个工程研究中心,在光电芯片、智慧教育等领域扶持 1 家企业上市;繁育"环重电"双创生态圈,推进电子信息应用技术等 2 个省级应用技术推广中心提档升级;围绕智慧建造、数字创意等学校特色方向培育 3 个应用技术协同创新中心,形成技术技能创新模式试验田;依托产教融合型校办企业,主动融入重庆高新区、重庆科学城、重庆西永微电子产业园和学校创新创业园,搭建投融资及市场资源定向服务平台,服务长江经济带绿色智能发展。同时,面向中小企业、就业人群等 5 类群体,依托"重电学分管理平台""国家高技能人才培训基地"等 5 个实体机构,实施"学分管理""精准授渔"等 5 大服务工程,全面提升服务发展水平。

第八章　高水平专业群发展思考

第一节　引入工程教育专业认证理念

一、工程教育专业认证

为了满足工程教育标准化、地区间工程师互认和工程师跨国就业需求,20 世纪 80 年代,美国等国家的民间工程专业团体联合研究,制定了包含工程教育标准、继续教育标准、工程师认证标准及认证机构标准等内容的成员国相互承认的 6 个国际协议,其中包括《华盛顿协议》(Washington Accord,WA)、《悉尼协议》(Dublin Accord,DA)、《都柏林协议》(Dublin Accord,DA)3 个关于各类工程技术教育专业的学历互认协议。《华盛顿协议》于 1989 年签订,一般是 4 年制工程技术人员学历资格互认,按我国教育体制来说相当于大学本科教育;《都柏林协议》于 2002 年签订,一般是 2 年制工程技术人员学历资格互认,按我国教育体制来说相当于中专教育;《悉尼协议》于 2001 年首次缔约,按我国教育体制来说相当于高职高专教育。《悉尼协议》签署成员现有澳大利亚、加拿大、爱尔兰、新西兰、南非、英国、美国、韩国 8 个国家,以及中国的香港和台湾两个地区。

(一)《华盛顿协议》

《华盛顿协议》是一个有关工程学士学位专业鉴定、国际相互承认的协议,是由美国、英国、加拿大、爱尔兰、澳大利亚、新西兰 6 个国家的民间工程专业团体于 1989 年共同发起和签署的。该协议主要针对国际上本科工程学历(一般为四年)资格互认,确认由各签约成员认证的工程学历,并建议毕业于任一签约成员认证的课程的人员均应被其他签约国(地区)视为已获得从事初级工程工作的学术资格,《华盛顿协议》规定任何签约成员须为本国(地区)政府授权的独立的非政府和专业性社团。

《华盛顿协议》的主要内容包括:各正式成员所采用的工程专业认证标准、政策和程序基本等效;各正式成员互相承认其他正式成员提供的认证结果,并以适当的方式发表声明承认该结果;促进专业教育实现工程职业实践所需的教育准备;各正式成员保持相互监督和信息交流。

截至 2018 年,已有澳大利亚、英国、美国、加拿大、印度、爱尔兰、日本、韩国、马来西亚、新西兰、巴基斯坦、秘鲁、菲律宾、俄罗斯、新加坡、斯里兰卡、土耳其、中国等成为正式成员,以及孟加拉国、智利、哥斯达黎加、墨西哥、菲律宾、缅甸、泰国、印度尼西亚8个预备成员。

2016年6月，我国正式加入《华盛顿协议》，通过认证协会认证的工科专业，毕业生学位可以得到《华盛顿协议》其他成员的认可。2017年2月和4月，教育部在复旦大学和天津大学分别举行研讨会，形成了新工科建设的"复旦共识"和"天大行动"，同年6月9日教育部在北京形成新工科建设"北京指南"。高等教育界以此为依据，积极开展工程教育专业认证，推进"新工科"建设。

（二）《悉尼协议》

《悉尼协议》提出的专业建设标准和核心理念与《华盛顿》协议基本一致，在细节上有所区分。《悉尼协议》从培养目标、学生发展、毕业要求、课程体系、教师队伍、支持条件、持续改进等七个方面（七个建设标准）对工程专业教育及工程技师认证提出了具体要求。《悉尼协议》的核心理念主要是以学生为中心，以结果为导向，倡导持续改进。

目前，高职高专在校生及毕业生人数已经超过了大学本科在校生及毕业生人数，如何能使高职院校培养出来的学生更加适应社会的实际需求，符合行业的发展趋势，以及将来走出国门，参与国际工程教育"实质等效"的相互认证，是每一所高职高专院校即将面对的挑战。《悉尼协议》为高职高专工程教育参照国际标准进行专业建设和教育教学改革提供了参考和借鉴。

近年来，教育研究院所、部分高职院校对《悉尼协议》进行了研究，部分高职院校正在进行专业认证教改试点。2016年6月30日，"《悉尼协议》协同应用研究中心"在南京信息职业技术学院成立；2016年12月27日，"《悉尼协议》应用研究高职院校联盟"在南京成立；南京信息职业技术学院、长沙航空职业技术学院、广东科学技术职业学院、广东环境保护工程职业学院等高职院校聘请知名专家做《悉尼协议》专题报告并且着手实施基于《悉尼协议》的专业改革，为申请认证做准备；2017年9月18日，《悉尼协议》研究院发布了《智能制造类专业建设及认证标准》。

对《悉尼协议》的相关研究与实践探索，是探索"高职专业认证"，实施"中国方案""中国标准"的有益尝试，有助于形成具有中国特色并满足国际认证需要的中国高职专业认证标准，提升高等职业教育工程教育基本质量和国际认可度。

（三）中国工程教育专业认证协会（CEEAA）

我国的工程教育专业认证由中国工程教育专业认证协会（China Engineering Education Accreditation Association）以下简称认证协会组织实施。认证协会获得教育部授权和支持，由30余家行业组织和教育界人士参与，是非政府、非营利性质的第三方组织。该协会经教育部授权，开展国内工程教育认证工作的组织与实施，目前的工作集中在高等教育本科学位工程教育认证，高职专业认证尚未涉及。

认证协会的最高权力机构是会员大会，协会下设理事会、监事会和秘书处。理事会是会员大会的执行机构，下设15个专业类认证委员会、认证结论审议委员会和学术委员会等。监事会是监督机构,对理事会、秘书处及工程教育认证工作进行监督,接受对认证的投诉,受理对认证结论或认证过程的申诉。办事机构为秘书处,设在教育部评估中心,其在理事会的领导下组织开展工程教育认证工作,同时为监事会、学术委员会、结论审议委员会开展工作提供服务。

认证协会根据工作需要设置各专业类认证委员会、认证结论审议委员会、学术委员会等。理事会全面负责认证工作,其分支机构包括 15 个专业类认证分支机构,负责各专业类的认证工作;结论审议委员会,负责认证结论的审议;学术委员会,负责与认证相关的学术工作;秘书处,负责具体的认证日常工作。

认证协会接受社团登记管理机关民政部和业务主管单位教育部的监督管理和业务指导,是中国科学技术协会的团体会员,协会秘书处支撑单位为教育部教育质量评估中心。协会致力于通过开展工程教育认证,提高我国工程教育质量,为工程教育改革和发展服务,为工程教育适应政府、行业和社会需求服务,为提升中国工程教育国际竞争力服务。中国工程教育专业认证协会建立了国际实质等效的工程教育认证体系,认证工作得到了国际同行的广泛认可。

据中国工程教育专业认证协会、教育部高等教育教学评估中心 2022 年 6 月 27 日发布的已通过工程教育认证专业名单显示,截至 2021 年底,全国共有 288 所普通高等学校 1 977 个专业通过了工程教育认证,涉及机械、仪器、土木、化工等 24 个工科专业大类。

2022 年 7 月 15 日,中国工程教育专业认证协会发布《工程教育认证标准》(T/CEEAA 001—2022)团体标准,自发布之日起实施。该标准以《华盛顿协议》提出的毕业生素质要求(Graduate Attribute Profiles)为基础,符合国际实质等效要求。

《工程教育认证标准》指出开展工程教育认证的目标是:推动中国工程教育的质量保障体系持续完善,推进中国工程教育改革,进一步提高工程教育质量;建立与工程师制度相衔接的工程教育认证体系,促进教育界与企业界的联系,增强工程教育人才培养对产业发展的适应性;促进中国工程教育的国际互认。

《工程教育认证标准》(2022 版)由通用标准和专业补充标准两部分构成。通用标准规定了专业在学生、培养目标、毕业要求、持续改进、课程体系、师资队伍和支持条件 7 个方面的要求;专业补充标准规定相应专业领域在上述一个或多个方面的特殊要求和补充。认证标准各项指标的逻辑关系为:以学生为中心,以培养目标和毕业要求为导向,通过足够的师资队伍和完备的支持条件保证各类课程教学的有效实施,并通过完善的内、外部质量控制机制进行持续改进,最终保证学生培养质量满足要求。

2022 年 7 月 15 日,中国工程教育专业认证协会发布了《工程教育认证工作规范》(T/CEEAA 002—2022)团体标准,明确了工程教育认证工作范围为普通高等学校全日制普通四年制本科专业工程教育认证,规定了工程教育认证的通用要求和各专业类补充要求。标准含范围、规范性引用文件、术语和定义、认证程序、监督与仲裁、回避保密与其他纪律要求六个部分。其中,第 4 部分"认证程序"说明了申请和受理、提交自评报告、审阅自评报告、现场考查、审议和作出认证结论、认证状态的保持与改进等过程步骤相关要求;第 5 部分"监督与仲裁"包括公开、监督、申诉与仲裁、社会举报等内容。

工程专业认证主要环节及专业提交材料时间点如图 8-1 所示。

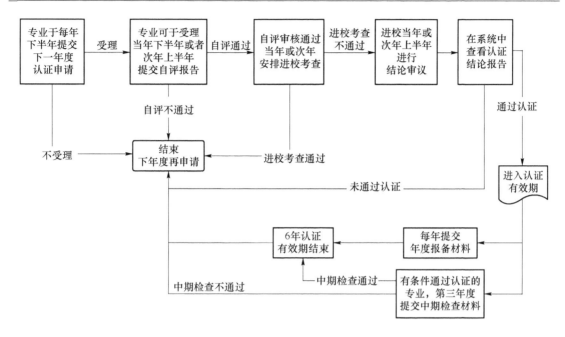

图 8-1　工程教育专业认证工作流程图

（四）专业认证建设标准

《工程教育认证标准》中对学生发展、培养目标、毕业要求、持续改进、课程体系、师资队伍、支持条件七大建设标准进行了详细描述,《悉尼协议》也从培养目标、学生发展、毕业要求、课程体系、教师队伍、支持条件、持续改进七个方面提出的具体要求。将两个标准整理为表 8-1,便于进行对比分析。

表 8-1　专业认证建设标准

序　号	标　准	工程教育专业认证标准（华盛顿协议）	悉尼协议
1	学生发展	(a) 具有吸引优秀生源的制度和措施	(1) 具有吸引优秀生源的制度和措施
		(b) 具有完善的学生学习指导、职业规划、就业指导、心理辅导等方面的措施并能够很好地执行落实	(2) 具有完善的学生学习指导、职业规划、就业指导、心理辅导等方面的措施并能够很好地执行落实
		(c) 对学生在整个学习过程中的表现进行跟踪与评估,并通过形成性评价保证学生达到毕业要求	(3) 必须对学生在整个学习过程中的表现进行跟踪与评估,以保证学生达到毕业要求,毕业后具有社会适应能力与就业竞争力,进而达到培养目标的要求;并通过记录过程性评价的过程和效果,证明学生能力的达成
		(d) 有明确的规定和相应认定过程,认可转专业、转学学生的原有学分	——

序 号	标 准	工程教育专业认证标准（华盛顿协议）	悉尼协议
2	培养目标	（a）有公开的、符合学校定位的、适应社会经济发展需要的培养目标	（1）培养目标适应社会需求 培养目标应该与实际职业相吻合,应该包含专业相关工作需要的能力及核心知识,同时培养目标应适应社会经济发展需要
		（b）定期评价培养目标的合理性并根据评价结果对培养目标进行修订,评价与修订过程有行业或企业专家参与	（2）培养目标达成度的课程设计 培养目标应提供相应材料证明专业课程能够支撑教育目标的达成,包括毕业生在毕业一段时间后对核心课程的评价;同时应论证课程目标中提升的能力知识是否为培养目标中职业所需的能力知识
			（3）培养目标达成度的评价及修订 须建立必要的制度定期评价培养目标的达成度,包括学生和社会对培养目标达成的反馈;定期对培养目标进行修订,评价与修订过程应该有学生、行业或企业专家参与;应对学生专业认同进行跟进评价
3	毕业要求	专业应有明确、公开、可衡量的毕业要求,毕业要求应支撑培养目标的达成。专业制定的毕业要求应完全覆盖以下内容:	（1）知识要求 SK1:适用于子学科的自然科学的系统化和基础理论性知识; SK2:支持子学科模型分析和使用的数学、数值分析、统计、计算机信息科学的概念性知识; SK3:适用于子学科的系统和基于理论的工程基础知识; SK4:为子学科提供理论框架和公认的知识体系的工程专业知识; SK5:为实践技术领域的工程设计提供支持的知识; SK6:适用于子学科的工程技术知识; SK7:对科学技术在社会中的角色以及应用工程技术的争议问题的理解;如伦理,对经济、社会、环境及可持续发展的影响; SK8:本学科的技术文献
		—	（2）能力要求 第一,能够理解和运用知识;第二,对社会知识的理解和运用;第三,问题分析;第四,设计与开发解决方案;第五,评价;第六,社会保护;第七,法律法规;第八,职业道德;第九,工程管理;第十,沟通;第十一,终身学习;第十二,判断能力;第十三,决策责任。
		（a）工程知识:能够将数学、自然科学、工程基础和专业知识用于解决复杂工程问题	（3）素质要求 SZ1 工程知识:将 SK1～SK4 分别规定的数学、自然科学、工程技术基础和专业知识运用于明确的和应用性的工程程序、过程、系统或方法

续表 8－1

序　号	标　准	工程教育专业认证标准(华盛顿协议)	悉尼协议
3	毕业要求	(b) 问题分析:能够应用数学、自然科学和工程科学的基本原理,识别、表达,并通过文献研究分析复杂工程问题,以获得有效结论	SZ2 问题解决:识别、阐述、研究文献以及分析广义的工程问题,运用 SK1～SK4 中适合于本学科或专业领域的分析工具得到可以证实的结论
		(c) 设计/开发解决方案:能够设计针对复杂工程问题的解决方案,设计满足特定需求的系统、单元(部件)或工艺流程,并能够在设计环节中体现创新意识,考虑社会、健康、安全、法律、文化以及环境等因素	SZ3 设计/开发解决方案:为广义的工程技术问题设计解决方案,适当考虑公共健康与安全、文化、社会和环境要求的前提下,有助于满足系统、组件或流程的设计的特定需求;(SK5)
		(d) 研究:能够基于科学原理并采用科学方法对复杂工程问题进行研究,包括设计实验、分析与解释数据,并通过信息综合得到合理有效的结论	SZ4 调查:对广义问题进行调查、定位、搜索以及从规范、数据库和文献(SK8)中选择相关的数据,设计和进行实验以提供有效的结论
		(e) 使用现代工具:能够针对复杂工程问题,开发、选择与使用恰当的技术、资源、现代工程工具和信息技术工具,包括对复杂工程问题的预测与模拟,并能够理解其局限性	SZ5 现代工具应用:对广义的工程问题,选择和运用适当的技术、资源和现代化的工程和 IT 工具,包括预测和建模,同时了解这些工具的局限性;(SK6)
		(f) 工程与社会:能够基于工程相关背景知识进行合理分析,评价专业工程实践和复杂工程问题解决方案对社会、健康、安全、法律以及文化的影响,并理解应承担的责任	SZ6 工程师和社会:理解社会、健康、安全、法律和文化的问题,以及广义的工程问题的工程技术实践和解决方案所伴随的相关责任
		(g) 环境和可持续发展:能够理解和评价针对复杂工程问题的工程实践对环境、社会可持续发展的影响	SZ7 环境与可持续发展:从社会和环境的角度理解和评估广义的工程的解决方案的可持续性和影响
		(h) 职业规范:具有人文社会科学素养、社会责任感,能够在工程实践中理解并遵守工程职业道德和规范,履行责任	SZ8 道德:理解并承诺职业道德和责任,执行工程技术实践规范
		(i) 个人和团队:能够在多学科背景下的团队中承担个体、团队成员以及负责人的角色	SZ9 个人和团队工作:为个人,以及作为不同团队中成员或领导者,能够有效的发挥作用
		(j) 沟通:能够就复杂工程问题与业界同行及社会公众进行有效沟通和交流,包括撰写报告和设计文稿、陈述发言、清晰表达或回应指令;并具备一定的国际视野,能够在跨文化背景下进行沟通和交流	SZ10 沟通交流:通过理解和编写有效的报告和设计文档,进行有效的演示,并给予和接受明确的说明,从而实现在广义的工程活动(包括工程社区和整个社会)中的有效沟通

序　号	标　准	工程教育专业认证标准(华盛顿协议)	悉尼协议
3	毕业要求	(k)项目管理:理解并掌握工程管理原理与经济决策方法,并能在多学科环境中应用	SZ11 项目管理与财务:认识和了解工程管理原则,作为团队成员或领导者能够将其运用于自身的本职工作和管理多学科背景的项目
		(l)终身学习:具有自主学习和终身学习的意识,有不断学习和适应发展的能力。	SZ12 终身学习:认识到对专业技术自主学习和终身学习的必要性,并具有相应的能力
4	持续改进	(a)建立教学过程质量监控机制,各主要教学环节有明确的质量要求,定期开展课程体系设置和课程质量评价。建立毕业要求达成情况评价机制,定期开展毕业要求达成情况评价	(1)专业应建立教学过程质量和教师质量反馈监控机制,各主要教学环节有明确的质量要求,通过课程教学和评价方法促进达成培养目标;定期进行课程体系设置和教学质量的评价
		(b)建立毕业生跟踪反馈机制以及有高等教育系统以外有关各方参与的社会评价机制,对培养目标的达成情况进行定期分析	(2)专业应建立毕业生跟踪反馈机制以及由高职教育系统以外的有关各方面参与的社会评价机制,对培养目标是否达成进行定期评价。 毕业生跟踪反馈机制:专业应设置短期和中期毕业生跟踪反馈机制,了解毕业生进入社会后对在校培养质量的反馈; 社会需求反馈机制:专业应设置用人单位针对毕业生的反馈调查,对政府部门、社会对毕业生的统计反馈进行调查
		(c)能证明评价的结果被用于专业的持续改进	(3)专业应能证明评价的结果被用于专业的持续改进
5	课程体系	课程设置应支持毕业要求的达成,课程体系设计有企业或行业专家参与。课程体系应包括:	(1)课程设置应能支持培养目标的达成,课程体系设计应有企业或行业专家参与
		(a)与本专业毕业要求相适应的数学与自然科学类课程(至少占总学分的15%)	(2)包含与本专业培养目标相适应的数学与自然科学类课程
		(b)符合本专业毕业要求的工程基础类课程、专业基础类课程与专业类课程(至少占总学分的30%)。工程基础类课程和专业基础类课程能体现数学和自然科学在本专业应用能力的培养,专业类课程能体现系统设计和实现能力的培养	(3)包含符合本专业培养目标的工程基础类课程、专业基础类课程与专业类课程(至少占总学分的30%)。工程基础类课程和专业基础类课程应能体现数学和自然科学在本专业应有能力的培养,专业类课程应能体现系统设计和实现能力的培养
		(c)工程实践与毕业设计(论文)(至少占总学分的20%)。设置完善的实践教学体系,并与企业合作,开展实习、实训,培养学生的实践能力和创新能力。毕业设计(论文)选题应结合本专业的工程实际问题,培养学生的工程意识、协作精神以及综合应用所学知识解决实际问题的能力。对毕业设计(论文)的指导和考核有企业或行业专家参与	(4)包含工程实践与毕业设计(至少占总学分的20%);应设置完善的实践教学体系,与企业合作,开展实习、实训,培养学生的动手能力和创新能力;毕业设计选题要结合本专业的工程实际问题,培养学生的工程意识、协作精神以及综合应用所学知识解决实际问题的能力;对毕业设计(论文)的指导和考核应有企业与行业专家参与

序　号	标　准	工程教育专业认证标准(华盛顿协议)	悉尼协议
5	课程体系	(d) 人文社会科学类通识教育课程(至少占总学分的15%),使学生在从事工程设计时能够考虑经济、环境、法律、伦理等各种制约因素	(5) 包含人文社会科学类通识教育课程(至少占总学分的15%),使学生在从事工程设计时能够考虑经济、环境、法律、伦理等各种制约因素
6	师资队伍	(a) 教师数量能满足教学需要,结构合理,并有企业或行业专家作为兼职教师	(1) 教师数量能满足教学需要,结构合理,并有企业与行业专家作为兼职教师
		(b) 教师具有足够的教学能力、专业水平、工程经验、沟通能力、职业发展能力,并且能够开展工程实践问题研究,参与学术交流;教师的工程背景应能满足专业教学的需要	(2) 教师应具有足够的教学能力、专业水平、工程经验、沟通能力、职业发展能力,并且能够开展工程实践问题研究,参与学术交流;教师的工程背景应能满足专业教学的需要,至少50%师资须具备两年以上业界经验或乙级技术士以上或相当的相关证照资格
		(c) 教师有足够时间和精力投入到本科教学和学生指导中,并积极参与教学研究与改革	(3) 教师应有足够的时间和精力投入到高职教学和学生指导中,并积极参与教学研究与改革
		(d) 教师为学生提供指导、咨询、服务,并对学生职业生涯规划及职业从业教育有足够的指导	(4) 教师应为学生提供指导、咨询服务,并对学生职业生涯规划、职业从业教育有足够的指导
		(e) 教师明确他们在教学质量提升过程中的责任,不断改进工作	(5) 教师必须明确他们在教学质量提升过程中的责任,不断改进工作,满足培养目标要求
7	支持条件	(a) 教室、实验室及设备在数量和功能上满足教学需要,并有良好的管理、维护和更新机制,保证学生能够方便地使用;与企业合作共建实习和实训基地,在教学过程中为学生提供参与工程实践的平台	(1) 设备及空间:专业的教学相关软硬件设备、设施及空间
		(b) 计算机、网络以及图书资料资源能够满足学生的学习以及教师的日常教学和科研所需;资源管理规范、共享程度高;	—
		(c) 教学经费有保证,总量能满足教学需要	(2) 行政支援与经费:学校及专业的行政支援与经费
		(d) 学校能够有效地支持教师队伍建设,并支持教师本身的专业发展,包括对青年教师的指导和培养	—
		(e) 学校能够提供达成毕业要求所必需的基础设施,包括为学生的实践活动、创新活动提供有效支持	—
		(f) 学校的教学管理与服务规范,能有效地支持专业达到毕业要求	—

（五）专业认证理念

工程教育专业认证遵循"学生中心、产出导向、持续改进"理念。

1. 学生中心理念

工程教育认证要求以学生为中心，不仅仅体现在学生这一个标准指标项上，也体现在其他各个指标中。以学生为中心，就是评价的核心是对学生表现和是否获取相应的素质能力进行评价，而且必须考虑全体学生；培养目标设定应该围绕着学生毕业时的素质要求以及毕业后一段时间应该具备的职业能力；课程体系的安排、师资队伍和支持条件的配备要以是否有利于学生达到培养目标和毕业要求为导向；各种质量保障制度和措施的目的是推进专业质量的持续改进和提高，最终的目的是保证学生培养质量满足从事相应职业的要求。

2. 产出导向理念（成果导向）——OBE

产出导向（Outcome-Based）是工程教育认证的重要理念，认证标准也是按照这一理念制定的。

首先，认证标准规定了专业应该满足的培养目标和毕业要求，规定了学生在毕业时应该具备的基本沟通能力、合作能力、专业知识技能、终身学习的能力及健全的世界观和责任感等能力素质要求，是认证标准各项指标应该重点关注的部分。从根本上来讲，《华盛顿协议》所承认的是经过工程专业训练的学生具备基本的职业素养和从业能力，而各成员组织的认证标准均是在《华盛顿协议》提出的毕业生素质要求（Graduate Attribute Profiles）基础上制定的。因此，毕业要求是评价专业是否满足进入职业能力要求的重要依据，是互认的基础。

其次，认证标准其他部分内容是否满足要求，都要以其对培养目标和毕业要求的贡献为依据，也就是对学生能力培养的贡献度。以学生为中心的工程教育认证的根本目的是考核"教育产出"（学生学到什么），而非"教育输入"（教师教什么），也就是更加关注教育的结果和产出。采用"能力导向"认证标准的其他方面内容，包括对学生的评价方式、课程体系的安排、教师的配备、每个老师应当承担的责任、资源的投入等都要围绕着学生的能力培养来设计。强调专业教学设计和教学实施以学生接受教育后所取得的学习成果为导向，并对照毕业生核心能力和要求，评价专业教育的有效性。

基于毕业要求（产出导向 OBE）的课程体系见图 8 - 2。

3. 持续改进理念

强调专业必须建立有效的质量监控和持续改进机制，能持续跟踪改进效果并用于推动专业人才培养质量不断提升。认证标准并不要求专业目前必须达到一种较高的水平，但要求专业必须对自身在标准要求的各个方面存在的问题有着清醒的认识，有明确可行的改进机制和措施，并能跟踪改进之后的效果并收集信息用于下一步的继续改进，这是一种质量持续不断提高的循环式上升过程。在标准具体内容上，七项指标除了"持续改进"项外，其他六项均贯穿了持续改进的理念，所列的专业应该具有的各种机制、制度、措施，最终都是聚焦于对执行和落实情况的跟踪、评价与改进。

关注学生的学习与发展成效（即产出导向 OBE），是以学生为主的根本要求，其关键是实现基于 OBE 的课程设计，其包含四个步骤：确定课程学习成效，以学习成效为指南设计教学环节，通过作业考试等环节检验学习成效，针对问题持续改进，形成课程设计的闭环。

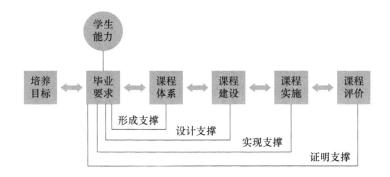

图 8-2　基于毕业要求（产出导向 OBE）的课程体系

二、高职专业认证现状

在职业教育领域，专业认证稍显滞后，而建立中国特色现代职业教育体系，推动高等职业教育内涵式发展，离不开国际合作交流与专业互认，因此专业认证势在必行。我国部分职业院校已经在专业认证方面做了有益探索和尝试，有的按照《悉尼协议》范式进行专业建设（江苏、广东等省份的部分高职院校），有的以本校特色专业为突破口参加国际行业认证（南通航运职业技术学院、南京旅游职业学院等），也有的依托海外"鲁班工坊"获取目的国认证（天津一些职业院校等）等。

2020 年 9 月，教育部等九部门下发的《职业教育提质培优行动计划（2020—2023 年）》，明确提出"探索高职专业认证"。基于此，江苏省高教学会成立了江苏省高职专业认证委员会，并由南京信息职业技术学院牵头，联合 22 所省内院校制定了《江苏省高职专业认证通用规范（试行）》，探索省域高职专业认证试点工作。重庆市教育委员会在早些时候（2020 年 7 月）下发《关于开展高等职业教育专业人才培养质量和课程质量评估工作的通知》（渝教高函〔2020〕18号），责成重庆市教育评估院牵头开展相关工作，并发布了《重庆市高等职业教育专业人才培养质量评估实施方案（试行）》和《重庆市高等职业教育课程质量评估实施方案（试行）》，建立了《高等职业教育专业人才培养质量评估标准（三级标准）》和《高等职业教育课程质量评估标准（二级标准）》两个标准体系。重庆市教育评估院按照市教委工作安排，结合"探索高职专业认证"的要求，研发了高职专业人才培养质量和课程质量分级评估认证体系，积极探索高职专业认证和课程质量评估认证实践，并在 2021 年开展了首批 3 个专业和课程认证试点工作。

专业认证将成为提升高等职业教育专业人才培养质量，实施和完善外部质量保障的重要抓手。专业认证也是构建现代职业教育体系，促进职业教育国际化发展的重要手段。

三、专业认证实施规划

重庆电子工程职业学院在"十四五"建设期间，以国家级"双高"建设专业群专业、重庆市高水平专业群专业、国家级/市级骨干专业为引领，分批次、分档次、逐步开展专业认证工作；完善高等职业教育专业基本状态数据监测平台专业基本状态数据，对专业办学基本状况实施常态化监测，积极申请专业质量评估，争取到"十五五"期间，完成 80% 以上专业的人才培养质量评估工作。

（一）贯彻"学生中心、产出导向、持续改进"理念

各二级学院教学副院长、专业负责人、专业主任,认真研读《重庆市高等职业教育专业人才培养质量评估实施方案（试行）》和《重庆市高等职业教育课程质量评估实施方案（试行）》,熟悉《华盛顿协议》和《悉尼协议》关于专业认证的相关理念,在专业建设、人才培养方案制定、课程体系设计中,贯彻落实"学生中心、产出导向、持续改进"理念,建立专业质量持续改进机制和长效育人机制,提升专业人才培养质量自我保证能力,自主依照评估标准开展自我评估和评估申请。

（二）对标对表,查找不足

以重庆市教育委员会发布的《高等职业教育专业人才培养质量评估标准（第三级）》和《高等职业教育课程质量评估标准（第二级）》为准绳,对标对表,分析不足,整改落实。专业评估标准分三个等级,专业认证第一级、第二级、第三级逐级递升,逐级开展认证,课程质量评估分第一级、第二级逐级认证。各专业、各专业核心课程要对照最高等级标准要求,从培养目标、培养规格、课程与教学、融合与实践、师资队伍、资源条件、质量保障、学生发展等八个方面具体开展诊断改进。逐条对照查找专业、课程建设中存在的问题和不足,开展"持续改进",以学生为中心,以产出为导向进行改造完善。

（三）专业认证,课程为先

专业课程是实专业建设和人才培养的主要载体,课程体系是否合理是专业建设能否达到认证要求的决定因素,也是落实"学生中心、产出导向"核心理念的关键。专业质量评估明确规定,第二级评估对象为达到第一级专业人才培养质量评估标准要求,有三届及以上毕业生且至少 2 门专业核心课程通过第一级课程质量评估的专业（试点专业除外）;第三级评估对象为通过第二级专业人才培养质量评估且至少 2 门专业核心课程通过第二级课程质量评估的专业（试点专业除外）。

专业核心课程挑选建设基础好、归属专业实力强的课程,率先进行课程质量评估试点,总结经验,带动相关专业课程建设,争取在"十四五"期间各专业至少完成 2 门专业核心课程质量评估认证,支撑专业认证工作的开展。

（四）政策激励,积极申报

教务处将出台相应激励政策,鼓励先行试点专业、试点课程积极开展工作,在重庆市专业和课程质量评估工作中起到样板作用。总结先进经验,协助完善重庆市相关标准、体系、政策,助力重庆市高等职业教育专业人才培养质量评估、课程质量建设评估工作的开展,贡献重电智慧。

第二节　实施"岗课赛证创"融通的课程体系设计

一、"岗课赛证创"融通内涵

随着新一轮科技革命和产业变革的持续深入,我国对高端应用型人才的技术技能水平和

综合素质要求不断提升。在这种背景下,我国正在逐步构建与新兴产业技能需求适配的现代职业教育体系,提高人才培养的质量标准与规格要求。

2021年4月,全国职业教育大会提出,"要坚持立德树人,优化类型定位,加快构建现代职业教育体系""要一体化设计中职、高职、本科职业教育培养体系,深化'三教'改革,'岗课赛证'综合育人,提高教育质量";同年10月,中共中央办公厅、国务院办公厅在《关于推动现代职业教育高质量发展的意见》中指出,要完善"岗课赛证"综合育人机制。同年12月,国务院学位委员会办公室印发《关于做好本科层次职业学校学士学位授权与授予工作的意见》,将职业本科纳入现有学士学位工作体系,按学科门类授予学士学位,学士学位证书格式一致,但在学士学位授权、学位授予标准等方面强化职业教育育人特点,突出职业能力和素养,完善职业本科授予学士学位的质量保障体系,促进职业本科高质量发展。可见,"岗课赛证"综合育人机制是确保职业本科体现类型教育特色的重要保障,是本科职业教育学士学位授予标准的基本要求。

"'岗课赛证'综合育人"提出的初始意涵,是指通过"岗位实践、课程学习、技能比赛、职业认证"四类教育教学过程的实施,来实现职业教育综合育人,提高教育质量的效果。由于教育的核心载体是课程,因此职教实施中将"岗位标准、竞赛标准、认证标准"等要求与课程内容相融通,达到改进和提升课程内涵与技术技能的作用,实现"岗课赛证"融通,从而改进教学效果、提升教学质量。

在"岗课赛证"融通的基础上,探索将"创新创业"教育融入课程体系,也是当前职业教育的研究热点,一方面是适应当前职业教育的"双创"要求,另一方面也是新时代发展对个人素质提出的新要求。实施"岗课赛证创"融通,有利于促进职业教育综合育人改革,培养更多升级版的高层次高素质技术技能人才、能工巧匠或大国工匠,为社会经济高质量发展服务。

与职教专科相比,职业本科多了对理论性和创新性的要求;与普通本科相比,职业本科多了对实践性和技能性的要求。职业本科课程体系建设要通盘考虑中职、高职、本科课程内容设置和要求,一体化设计课程体系,完善中职、高职、本科一体化职业教育培养体系。

通过在职业教育中实施"岗课赛证创"综合育人,构建职业本科"岗课赛证创"一体化课程体系,既强化了本学科、本专业的基础理论、专业知识、教学实训,又融入了技能大赛、职业岗位、职业技能等级证书(1+X证书)和创新创业要求,面向产业高端和高端产业,培养具有审辨式思维能力、解决复杂问题能力和创新能力的发展型、复合型、创新型高层次技术技能人才。因此,改变传统课程体系开发模式,推动职业本科"岗课赛证创"一体化课程体系研究与实践,具有重要的实际意义和应用价值。

二、"岗课赛证创"融通与"产出导向"

"岗课赛证创"融通与"产出导向"异曲同工,丰富了"产出导向"的内涵。职业教育本身的办学定位就是面向市场岗位、服务经济社会发展、促进人才就业,服务区域经济社会发展和行业企业人才需求,也就是说职业教育的人才培养定位就是由"岗位"这个"产出"导向的。"岗课赛证创"融通是在"岗课"融通的基础上,将竞赛标准、职业认证、创新创业要求融入到课程建设中,是对人才培养定位的丰富和完善,是从"产出导向"反向设计课程体系的实践过程。

重庆电子工程职业学院在推进"双高"建设的同时,紧紧围绕国家和区域经济社会产业发展重点领域,服务产业新业态、新模式,对接新职业与学校办学特色相契合,积极推进职业院校"岗课赛证创"综合育人模式改革。同时,积极实践科研与育人相统一的校企合作新样态,积极推进产业学院、企业大学等校企合作新形式,不断创新校企合作育人的途径与方式,深化职业院校"三教改革",提高职业本科"岗课赛证创"一体化课程体系开发能力,提升专业人才培养质量,助推高水平专业群建设。

面对新时期国家对职业教育的新理念和新要求,学校以"双高"建设为抓手,积极筹备职业本科建设,各专业启动"岗课赛证创"综合课程体系改革的创新实践。重组课程内容,重塑课堂教学模式,实施"岗课融通";职业技能等级证书标准融入课程标准,证书知识点和技能点融入课程教学内容,证书考核环境融入学习环境,实施"课证融通";职业技能大赛内容融入教学内容,大赛项目融入实践项目,大赛训练融入实践教学,实施"赛课融通"。立足"互联网+"模式深度融入的时代背景,学校以创新创业为突破,坚持学业、就业、创新创业联动,将创新创业教育贯穿课程体系全过程,实施"创课融通"。在前期研究和实践过程中积累了深厚的基础。

在对接岗位方面,学校契合产业发展特点,与一批大中型企业开展深度合作,创新实践"校企协同,岗课赛证创融通"人才培养模式;建立了行业指导、校企产教融合的协同育人机制。以职业岗位为主导,紧贴岗位需求重构课程体系;以工作过程为导向,选取结构化和序列化的典型岗位工作任务系统化设计教学项目。通过打造"华润卓越订单班""声光电中国特色学徒制班"等一批具有鲜明岗位特色的订单育人平台,进一步开辟了与业界龙头企业的"岗位直通车"。

在课程改革方面,学校深化"课堂革命"创新实践,通过"岗课赛证创"一体化发展,构建"宜学辅教"资源新生态。以精品教材建设、各类教学竞赛、金课堂为抓手,组织和激励教师"自我革命",促进教学水平提升和课堂革命深化,建成国家级专业(群)教学资源库 3 项,建设省级专业(群)教学资源库 10 项,建设国家级课程 22 门、双语课程 21 门。对接职业岗位(群)、职业技能比赛、职业技能等级证书标准等相关要求,梳理知识与技能图谱,以课程模块为单位开发"岗课赛证创"融通系列教材。学校开发新形态教材 32 部,其中 X 证书配套教材 11 部;建成国家规划教材 92 部,获全国优秀教材奖一、二等奖各 1 项。

在竞赛方面,学校对标"世赛标准"实训环境,建设"产学研用"高水准平台。对标世界技能大赛标准进行实训环境建设,构建紧贴技术潮流的教学研发一体化平台,建成了世界技能大赛网络安全赛项中国集训基地 1 个,省部级双基地 1 个,产教融合实训基地 7 个,重庆市大数据应用技术中心 1 个。学校培养世界技能大赛专家/裁判 5 人次,国家技能大赛专家/裁判 16 人次,师生获技能大赛省部级及以上奖 219 项,承办省级及以上技能大赛 18 项,主导制定行业标准 3 项。

在证书方面,学校参与职业教育相关标准研制,积极推进工程认证和课程质量评估认证工作。在学生广泛考取各类职业技能等级证书的基础上,学校各专业群承担并完成国家专业标准 7 项、国家新职业前景手册 1 项、重庆市新职业大赛标准 3 个、重庆市新职业工种标准 6 个,学校参与制定 1+X 证书标准 4 项,课程资源包覆盖本校参与 1+X 认证专业的比例达到100%。另外,学校参与"基于《悉尼协议》的重庆市高职工程教育专业认证通用标准"的初稿制订工作、《数据备份与恢复》等课程在稳步推进重庆市课程质量评估认证(第二级)工作。

在创新创业方面,学校以"模组"为突破口,实现"岗课赛证创"融通,为创新型国家建设输送卓越高技能人才,将创新创业课程融入专业课程,构建"双课融通"。中国互联网+大学生创新创业大赛 2019—2021 年间荣获国家级金奖 1 个(重庆高职国赛金奖零突破),银奖 9 个,铜奖 1 个,2022 年获得国家级金奖 4 个。学校与企业联合实施卓越技术技能人才计划,以"试点班"和"工匠工坊"两种途径开展系统化创新创业型人才工程实践,累计组建了 40 个"试点班"和 80 个"工匠坊"。学生获技能大赛、创新创业比赛等省部级以上奖项 85 项、发明专利 8 项,涌现出"世界技能大赛冠军"李小松、"全国技术能手"王杰、田钶等一批卓越技术技能人才和刘博洋等"大学生创业优秀人物",形成了具有重电特色的创新创业型卓越技能人才培养模式。

"岗课赛证创"融通的实践,丰富和发展了"产出导向"理念,将"岗""赛""证""创"等方面的人才质量要求,纳入"产出"内涵,使人才培养真正以学生为中心,实现分层次、分方向、个性化人才培养,助力培养知识学霸、创业达人、技能精英、文体明星等多样化、发展型、复合型、创新型高素质技术技能人才。

三、"岗课赛证创"融通的课程体系设计

工程教育专业认证的理念"学生中心、产出导向、持续改进"中,产出导向(OBE)居于核心地位,是以"预期学习产出"为中心来组织、实施和评价教育的结构模式。从世界各国的经验来看,不进入课程改革的层面,任何教育改革都难以取得实质性成效,在课程设计中落实 OBE 理念是专业认证的重点、难点和突破点。

重庆电子工程职业学院将遵循"产出导向"反向设计专业课程体系,在本校各专业(本、专科)中进行实践探索,拟实施的开发路径如图 8-3 所示。以学生为中心,各专业从"岗""赛""证""创"四个方面明确"预期学习产出(培养目标)",不但要培养适应市场岗位需求的高素质技术技能人才,还要求毕业生(产出)能在技能竞赛获奖、职业认证证书、创新创业成果等方面取得成绩。明确人才培养目标(毕业要求)后,基于产出导向,反向设计课程教学目标(每门课对应若干个毕业指标项),针对课程目标开发课程,构建课程体系,正向实施教学过程,在实施中评估产出质量,并进行持续改进。总结提炼具有普适意义和推广价值的课程体系设计方法,完善课程质量评估体系,落实专业人才培养质量评估。

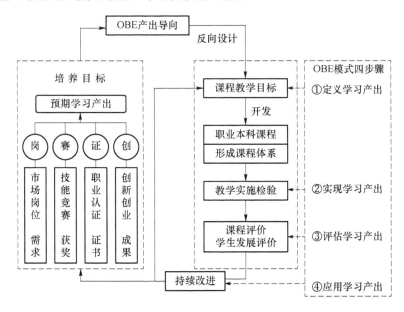

图 8-3　基于工程认证产出导向理念开发职业本科课程

第三节　完善专业群建设保障机制

专业群人才培养质量保障的子体系,如质量监控体系、质量评价体系、质量诊改体系、质量追踪体系等方面的研究深度还有待加强,将在后续研究中进一步完善。下面主要介绍完善专业群建设保障机制的措施。

一是强化专业群质量评价,完善质量监控体系构建过程性的评价机制,实现教学管理业务流程再造与优化,对影响教学质量的诸要素和教学过程的各个环节进行积极认真地规划、检查、评价、反馈和调节,确保教学工作按计划进行并达到学校教学质量目标,构建包括教学输入环节监控、实施过程监控、输出环节监控等的全面教学质量监控体系;创新多元化多角色评价体系,实现学校常态化和信息化教学,进行教学数据高度融合,并利用智能算法,形成全校的整体精准评价,包含教学大数据平台、AI 五育评价、OBE 专业达成度评价、课程思政评价以及督导问卷评价,实现主观、客观结合,形成教师画像、课程画像和学生画像,最终实现课程画像精准评估,为教学和改革提供依据。专业群智能化多维度评价体系如图 8-4 所示。

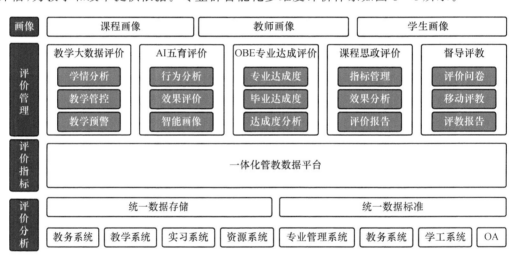

图 8-4　专业群智能化多维度评价体系

二是建立专业群人才培养评估关键指标体系,定期进行专业群诊断与专业改进,通过行业协会、第三方咨询机构,对专业群对接产业发展进行调研,了解产业发展现状、人才需求、岗位需求等。结合本校每年的专业招生、培养质量、就业质量等情况,建立并不断更新的专业群人才培养质量关键指标体系。

第四节　优化专业群动态调整机制

树立基于专业群建设与发展构建专业群动态调整机制的理念。从整体上看,专业设置滞后、专业定位不准、专业内涵不深等问题直接影响高职教育特色的形成。从专业群建设和发展的视角构建专业群动态调整机制,将有助于避免专业设置的盲目性,有助于高职院校在尊重专业沿革基础上继承和发扬专业优势,有助于提高专业的投入产出效益等。首先,要更新专业群设置理念。在考虑招生、就业及市场需求的同时,重点考虑如何通过专业设置来改善学校的资源配置,引导学校专业发展方向,使专业群设置与调整成为高职院校对社会需求变化的一种主动适应行为而不是不得不为之的一种被动应付。其次,要明晰专业群设置与专业建设之间的关系。专业群设置既是专业建设的基础,又受制于专业建设水平。然后,要转变专业群发展观,专业建设由规模扩展转向质量提升。在专业群建设过程中发现问题,动态解决问题,培优汰劣,挖掘和培植专业的生命力和竞争力。最后,进一步优化专业群培养方案。专业群是来自客观的职业岗位群对人才培养目标规格的需求,群内各专业将面向相同的职业岗位群。专业群内的专业在基础、条件、规模、质量方面可能存在差异,但每个专业都有特定的培养方向,既资源共享、相互融合,又各有定位,并系统完整地实施人才培养。

建立完善专业群评估机制。建立专业群评估机制,也就是要建立根据社会经济发展需要,职业院校自主设置专业群和淘汰专业的评估机制。通过建立起具有较强公信力的政府、企业、学校和社会多方共同参加的评估机制,改变目前职业教育评价监督机制依然停留在行政行为层面的现象,使经济社会发展需要的专业及时开设,一些与区域主导产业发展紧密结合的专业形成专业群优势,而人才市场饱和的专业及时得到改造或者退出。同时要进一步融合教学体系、评教体系、管理体系,打通三者之间的数据,联合起来合理利用,真实体现人才的培养质量。教学系统主要体现学生的成绩,较少考虑教学过程中多个角色,如教师、辅导员、助教、同学,对学生学习、其他能力方面的综合评价,缺乏多角色、多维度的综合分析和评价。评教体系主要反馈对教师教学的评价,评价方式均比较简单,难以全面反映教学过程中的各类问题和情况,难以全面真实反映整个专业群的教学水平,缺少过程性的评价,管理者较难进行质量提升的过程管理。

案 例 篇

案例一 构建高水平专业群:"舞龙头,树高杆", 打造高水平专业群

学校现有两个国家级"双高"专业群:物联网应用技术专业群、信息安全技术应用专业群;两个省级"双高"专业群:汽车制造与试验技术专业群、建筑智能化工程技术专业群。以这四个"双高"专业群为引领,带动全校高水平专业群建设。

一、物联网应用技术专业群

"双高"建设以来,物联网应用技术专业群聚焦"三教改革",着力打造"五位一体"模组化课程体系,探索一体化可持续课程建设机制,并取得显著成效。

第一,打造"五位一体"模组化课程体系。专业群对接国家、区域经济发展规划及产业政策,聚焦智慧城市等重点领域产业发展及技术应用需求,对接行业典型职业岗位(群)的能力要求及其新变化,以集典型岗位(群)、职业能力、证书与赛项、课程群组、资源与教法等要素的"五位一体"思路进行模组化课程体系改革,培养高技术技能复合型创新人才。

一是构建"平台＋模组"专业课程体系。首先以通识教育、思政课程及综合素养课程构建公共基础平台;其次抽取物联网相关领域共性知识、通用技能及职业素养构建专业基础平台;再次对接物联网行业典型职业岗位/岗位类,以岗位技能、适岗实践及拓展能力培养为目标构建专业课程模组。

二是设计岗赛证融合模组课程。专业课程模组针对某一典型岗位/岗位类,契合工作过程核心能力和职业素养需求,融合岗位技术规范、职业技能标准、等级证书标准和相关赛项规程要求,重构3或4门核心模组课程,确定课程目标;依托合作企业在智慧城市、工业互联网、系统集成等领域行业经验,面向学生未来职业发展需要,引进企业项目和典型案例,加以教学项目化改造,协作建设模组课程项目库。

三是实施模组课程协同教学。模组内课程共建、共享、共用项目载体,各项目的知识、技能在各课程中内容各有侧重,互为犄角支撑。同一模组的2~4门课程同学期开设,以模组为单位组建基层教学组织,开展集体备课,根据知识技能素养点的逻辑关系合理安排项目在各课程中的教学进度,各课程授课时序衔接,实现课与课合理衔接、项目与项目之间有效共享,实现课程资源集约利用、知识技能综合复用、岗位对接聚焦实用。

专业群已经形成规范化的模组课程建设制度,模组化课程体系构建理念与方法推广应用到全校12个专业群;牵头或参与制定专业群系列职业链标准和教学标准25项;物联网应用技术专业及专业群排名稳居全国前三;课程体系建设相关成果获得国家级教学成果二等奖1项、省部级教学成果奖2项,入选2020年全国高职高专校长联席会议成果展示案例库;模组化课

程体系引领全国物联网专业建设,在国家教育行政学院国家级首批职教创新团队培训班作专题分享;《中国职业技术教育》以"物联网领域职业教育的领航者"作专版报道;近 3 年接待市内外兄弟院校来访交流 60 余次,与相关 10 余院校签订了专业共建协议。

第二,探索"双师协同、双线驱动"一体化可持续课程建设机制。作为物联网应用技术专业群的重点建设专业之一,现代移动通信技术专业围绕课程建设与实施两个关键环节,主动适应移动通信技术快速迭代,教育教学形态持续变革,基于工作过程系统化课程开发理论,贯彻"双师协同"一体化课程建设理念,探索"双线驱动"可持续发展课程建设机制,布局"六个结合"以学生为中心的教学模式。

一是贯彻"双师协同"一体化课程建设理念。依托校企合作平台,以"双证书"为要求,"双能力"为标准,"双融合"为目标的培养思路,校企协同打造出"校企双师"课程团队。课程内容选取、资源开发、教材编写、教案设计和教学实施,"校企双师"分工协作一体化推进实施。通过专兼教师同建一门课、同教一门课、同研一个教案,共同参与课程开发、教学设计、教法创新等全过程,形成"双师协同"一体化课程建设理念。

二是探索"双线驱动"可持续发展课程建设机制。该机制由行业技术发展和教学形态变革两条主线驱动,首先对典型岗位进行职业能力分析,制定课程标准;然后根据职业能力标准选择典型工作任务,确定课程内容;再分解典型工作任务的知识技能点,开发课程资源,明确教学目标,优化教学模式;最后"校企双师"联合设计教学方案,开发优质教材,建设精品课程。一条线全程跟进行业技术发展,动态调整课程内容,更新课程资源;另一条线紧跟教学形态变革,持续改进教学模式,调整教学实施方案。通过周期性闭环工作流程,形成"双线驱动"的可持续发展课程建设机制。

三是实施"六个结合"以学生为中心的教学模式。以学生为中心,以任务为驱动,借助虚拟仿真、真实设备为一体的实训基地,构建探究式合作式翻转课堂,分工协作完成任务,培养实践动手与理论分析能力。充分利用数字资源,实施线上线下混合教学,培养自主学习能力。基于课程平台、App 等构建学生精准学情画像,推送不同的基本任务与拓展任务,促进个性化成长。针对通信行业职业特点,以"吃得苦、敢担当"为主线,设计思政育人体系,践行立德树人根本任务。重构多元多维横纵结合的评价体系,在注重综合能力横向评比的同时,关注学生个人能力纵向成长。形成理论探究与实训演练、个人学习与团队协作、线上自学与线下讲授、个性学习与普适学习、技能提升与品德浸润、横向评价与纵向评价"六个结合"的混合教学模式。

该机制成效显著,当前重庆电子工程职业学院已建成国家级课程 7 门,教育部课程思政项目 1 个,编写国家规划教材 6 部,获全国职业院校教学能力比赛一等奖 1 项,培养教育部课程思政教学名师团队 1 个,培养国家万人计划教学名师 1 人,培养全国优秀指导教师 7 人,获全国职业技能大赛一等奖 10 项等 35 项国家级和 52 项省部级标志性成果。

二、信息安全技术应用专业群

为更好地培养高质量网络安全实战化人才,服务国家安全战略,以"教材"为抓手,以"社会服务"为基础,深化校企合作、产教融合。依托沈昌祥院士工作站和中国通信工业协会信息安全与云计算校企联盟,聚集优质企业、整合社会资源、联合网络安全主管部门,开展"真合作",

挖掘"真项目",实施学校师资队伍"走出去"、校外资源"引进来"政策,实现"互惠互利",做到"双赢"。

第一,校企合作精练学习型项目,实施"四共"协作开发高质量教材。为实施校企"双元"开发教材,确保教材反映"新技术、新工艺、新规范",教材内容与产业发展同步,学校依托校企联盟、产教联盟等校企合作平台,挑选和寻找技术实力强、责任意识高的企业,选取组织审查合格、政治素质过硬、技术能力突出的业务骨干,共同组建"教材开发组",校企达成"责任共同承担、项目共同选择、内容共同编撰、成果共同分享"四个协作共识,开展教材开发。

提炼学习型项目,以"W-H-D认知贯通法"组织教材内容。校企双方首先明确教材编写需要承担的政治责任,实施"责任共同承担";其次,企业提供典型工程项目和技能竞赛标准,校企共同遴选、转化,形成学习型项目,实施"项目共同选择";再次,基于学习型项目,校企人员分工合作,编写教材内容,实施"内容共同编撰";最后,教材出版后,企业可以直接用于企业培训,同时节省了毕业生岗前培训时间,学校确保了教材内容紧跟产业发展,实现了校企"成果共同分享"。

结合课程背景,融入思政元素和X认证标准。教材在编撰时,结合教材对应的专业课程背景,适时融入"1+X"认证标准,实现课证融通。例如,融入华为"鸿蒙"系统、"飞天"系统等案例素材,让学生在技能锻炼的同时感悟工匠精神;融入《网络安全法》"棱镜门"安全事件等素材,让思政元素浸润专业教材。引导学生树立正确的世界观、人生观和价值观,努力使其成为德智体美劳全面发展的社会主义建设者和接班人。

第二,产教融合探索新型合作模式,实施"四方"协同服务国家安全发展战略。以"融共享,促发展"为宗旨,构建"政行企校"四方联动共育机制。为了解决校企合作"不紧密"、产教融合程度"不深入"的问题,依托学校搭建的职教集团-专业联盟-产业学院"三位一体"产教融合体系,与重庆市公安局、重庆市网信办等网络安全主管部门,以及启明星辰、天融信、重庆大学等企业和科研院所深度合作,建立"政行企校四方联动"人才共育新机制,打造网络安全优质人才培养生态圈。

依托信息安全技术应用专业优势,建立产学研用技术创新服务平台,吸引网络安全主管部门、知名网络安全服务企业加盟,共同服务国家网络安全战略。重庆电子工程职业学院与重庆市公安局联合成立网络空间安全工程技术联合研究中心,联合重庆市公安局开展国家网络安全竞赛支持、国家前沿技术研发、网络安全科研项目研究等工作;配合国家网络安全宣传周,在重庆市网信办的领导下积极开展网络安全攻防演练、关键信息基础设施安全检查等网络安全社会服务;在重庆市司法局的授权下成立对外独立营业能力的中开重电司法鉴定所,开展网络赌博、电子病历纠纷、网络诈骗、知识产权纠纷等案件的电子数据、声像类鉴定工作,真正以真实对外服务锻炼师生队伍,服务网络安全产业发展。

通过双高建设,一方面,"国规"教材成果突出,"三教"改革效果明显。专业群持续加大教材建设支持力度,取得显著成效。主编国家规划教材65部,其中"十二五"国家规划教材25部,"十三五"国家规化教材8部,"十四五"职业教育国家规划教材11部。并荣获全国优秀教材奖一等奖1项,二等奖3项,全国教材建设先进个人1人,重庆市教学成果奖一等奖1项。另一方面,"政行企校"合作进入快车道,服务国家安全战略成绩突出。通过"政行企校"四方协同,重庆电子工程职业学院成立了重庆市网络空间安全联合研究中心(重庆市公安局)、重庆市网络安全动员中心(重庆市发改委)、重庆市全民数字素养与技能提升基地(重庆市网信办)、司法鉴定所(重庆市司法局)四个实体创新平台。依托平台,该校连续三年获评重庆市网信办颁发的网络安全优质服务机构,开展社会服务80余次,项目合作30余项,社会收益1 000余万元,被国家采纳网络安全实战化人才培养建议1项,培养了一大批优秀教师,其中全国五一劳动奖章1人,全国技术能手5名。

三、汽车制造与试验技术专业群

为了落实职业学校并举实施学历教育与培训的法定职责,按照育训结合、长短结合、内外结合的要求,面向全体社会成员开展职业技能培训。重庆电子工程职业学院结合自身汽车专业与区域产业优势,与重庆长安汽车股份有限公司跨界合作,共建长安汽车大学智能制造工程学院,探索职业院校开展职业技能培训新路径。首创性提出"群工群学"育训理念,跨界性搭建"双岗双驻"培训师资融通新路径,形成"四贯通•三交互•两共学"职业技能培训模式。

四贯通即培训理念、培训机构、培训制度、培训平台四位一体,为职业技能培训的实施提供路径指引;三交互即技师、教师互聘,教学资源、培训资源互享,教学方法、培训方法互补,为培训模式提供过程性资源保障;两共学即X证书与能级证书两者对接共学,一考双证,达成技术技能人才供需匹配的培训成效。

通过"四贯通•三交互•两共学"职业技能培训模式,取得良好效果:

一是专业群职业技能培训受众广、程度深,培训师资社会认可度高。学院开展长安汽车、广州海贝新能源等企业职工培训61 241人/天,其中获全国技术能手荣誉称号3人,重庆市五一劳动奖章1人,获省部级以上竞赛奖12人。开展职教师资职业培训25期,共培训23 265人/天,参训教师覆盖吉林、山东等15个省市,其中骨干教师210人,专业带头人65人。培训师资团队实力逐渐壮大,其中获国务院政府特殊津贴2人,全国技术能手2人,全国五一劳动奖章获得者1人,重庆市五一劳动奖章2人,重庆市骨干教师1人,高级技师26人,团队成员定期赴企业开展驻企培训,解决技术疑难问题。二是职业技能培训模式辐射强、效益显著,学校、企业社会影响深远。

四、建筑智能化工程技术专业群

重庆电子工程职业学院用习近平新时代中国特色社会主义思想筑牢教师理想信念,加强师德师风建设,用"四有"好老师标准引导教师以德立身、以德立学、以德施教,着力提高师资队伍双师素质。建筑智能化工程技术专业群以教学能力比赛为契机,以赛促教、以赛促研、以赛促建、以赛促改的思路,以学生为中心,打造精彩课堂、深化课程建设、落实国家教学标准,构建以模块化教学团队为支撑、建筑智能化教学工坊为典范的"模-坊"式师资队伍培养机制。开展师资培训与实践,整体提升团队教师教学能力、工程应用能力与社会服务能力。

首先,通过"一师一团队""一师一比赛"提升教师教学能力,"一师一企业""一师一项目"提升教师工程应用能力,"一师一证书""一师一方案"提升教师社会服务能力。其次,构建学院教师团队传帮带模式,建设模块化教师分类标准体系,制定全员教师培训制度,深化改革各类教师评价标准,促进教师个人与团队同步成长,保障教学工坊长效运行,形成了"一院一品"的特色师资,打造了教师、工程师、培训师的多重身份。

在"模-坊"式师资队伍培养机制下,培养教学创新团队 2 个、黄大年式教师团队 1 个;团队连续 5 年获重庆市教学能力比赛土建类一等奖,国家级二等奖 2 项、国家级一等奖 1 项,获奖等级和数量居重庆市土木建筑类首位。

重庆电子工程职业学院的四个专业群聚焦课程体系建设、教材建设等"三教改革"、师资队伍建设、科研与社会服务等双高建设内容。学校一方面重视提升学校自身办学能力,将学校建设成为国家需要的高素质技术技能人才培养高地;另一方面重视提升学校对外服务能力,不断将学校建设成为服务地方社会与国家战略的技术技能创新服务高地。学校"双高"专业群在"双高"建设上取得了可喜成绩,形成了系列可供参考、推广的机制模式,真正地发挥了"双高"专业群的引领作用。

案例二 搭建产教融合平台:校企共建产教融合实训基地,打造区域示范引领的产学研一体化高地

重庆电子工程职业学院高度重视产教融合平台的建设,在职教集团、产业学院、产教融合实训基地和产教联盟、专委会及产教融合企业等方面均有显著成效。下面以校企共建ICT产教融合实训基地为例,介绍学校是如何建设产教融合平台的。

随着《国家信息化发展战略纲要》的深入实施,我国信息IC技术与通信CT技术不断融合,形成一个技术融合、产业融合、服务融合的ICT产业,高素质ICT应用型技能人才的供需缺口持续增长。实训基地既作为职业院校培养高素质技术技能人才的重要载体,又是技术技能服务区域经济发展、产业转型升级的重要平台。2013年起,重庆电子工程职业学院(以下简称重电)联合华为技术有限公司(以下简称华为)在学校建成全球首个"ICT实训基地",着力围绕赋能技术技能人才培养高地、技术技能创新服务高地"两个高地"建设,历经10年的探索与实践,逐渐形成"三共三享、六个结合、四类平台"产教融合实训基地建设管理模式,建成集ICT人才培养、技能认证、技术服务与技术创新于一体区域内示范引领的ICT产教融合实训基地,有效促进了教育链、人才链、产业链与创业链的衔接。

一、背 景

党中央、国务院高度重视网络信息技术的创新驱动作用,大力发展ICT产业。根据《中国ICT人才生态白皮书》预测,至2025年,ICT产业人才总体需求缺口达765万。重庆市始终将新一代信息通信技术作为发展重点,启动实施国家新一代人工智能创新发展试验区和国家数字经济创新发展试验区工作方案,亟需大量高技能人才和布局产教融合创新平台。然而,职业院校主导建设的ICT产教融合实训基地普遍存在如下痛点:①校企合作中校企共需共赢点不够精准,行业、企业参与的深度和广度不够;②实训基地的技术技能培养方法、内容和考核脱离行业实际,培养人才工程实践能力不足;③实训基地仍存在"重教学轻服务"的问题,服务社会的产业功能相对不足。围绕上述问题,重庆电子工程职业学院联合华为开展探索与实践,校企先后共同投入了6 000余万元,建成了32个涵盖5G、云计算、OTN、虚拟化、网络优化、PTN、NBIOT、移动应用开发等ICT全产业链的专业化实训室,联合开发了国家级/省部级精品课程资源14门,培养ICT人才5 000余名,建成省部级科研平台4个。该校企合作案例先后被评为教育部产教融合优秀案例、中国高等教育学会校企合作典型案例。

二、主要举措

(一)三共三享,校企共建共享实训基地

依托"1+1+N"的ICT产业链校企联盟,通过体制、机制的建设与改革,突破校企合作中

实际存在的资金、管理、利益分享等难点,制定了设备运行管理、技术创新、成果转化、教学培训管理等一系列相关保障制度,汇聚产业链企业,深度参与到实训基地的规划、设计、建设、管理、使用等全过程,以共建共享的理念,共同打造综合性产教融合实训基地,如图案例 2-1 所示。

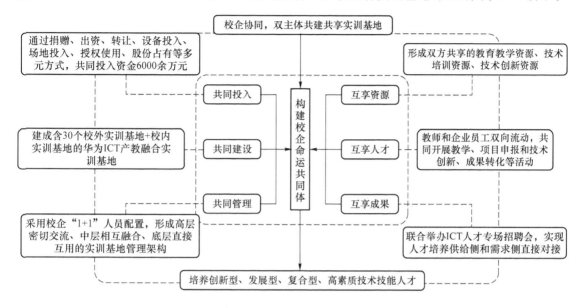

图案例 2-1　实训基地建设架构

多元共同投入建设。紧密围绕信息通信产业链,校企双方动态跟踪行业发展趋势,定期开展人才培养、实训基地建设论证,共同制定实训基地发展规划;以捐赠、设备投入、场地投入、授权使用等多种方式,共同投入 6 000 余万元,建成覆盖移动通信、企业网、云计算、数据存储等19 个技术方向 32 个实训室的校内实训基地和 30 个校外实训基地的华为 ICT 产教融合实训基地,有效克服了职业教育实训基地建设企业参与的深度和广度不够的难题。

"1+1"融合性管理。按照校企"1+1"模式配置人员,使二级学院与企业管理层、教研室与企业部门、专业模块与技术团队之间形成高层密切交流、中层相互融合、底层直接互用的实训基地管理架构,实现校企全面渗透、相互嵌入,促进双方管理理念、文化理念的相互交融。

校企数据共享,资源聚集。建设产业人才数据和产教融合实训云平台,整合校内闲置实训室、科研设备、教学场地资源,集合企业的工程案例资源、科研项目资源、生产场地资源,形成双方共享的教育教学、技术培训、技术创新资源库,促进实训基地产教融合要素聚集。

人才互聘共用,轮岗互换。教师和企业员工拥有学校和企业双重身份,根据教学安排和科研项目进度,共同开展教学和技术创新活动;学校设置职业认证资格等级评价企业员工教学的方法,采取企业讲座、企业导师、双师同堂、顶岗实践双导师、博士流动站等人才共享举措,实训课程达到 35% 由企业员工授课,100% 的教师每年到企业生产一线真实锻炼达到 1 个月。

汇聚产业链企业,举办品牌招聘会。重庆电子工程职业学院和西南地区的云计算、大数据、移动通信、光纤通信、物联网、轨道通信等信息通信产业链的中小型企业,首先发起并联合举办信息通信人才联盟招聘会,实现了人才培养供给侧和需求侧的直接对接,自 2015 年以来,连续举办了 8 次招聘会,为周边学校学生提供就业岗位 15 000 个。

（二）六个结合，强化工程实践能力培养

实训基地以职业技能训练为主线，参考专业培养目标、职业资格标准、企业培训要求，构建"六个结合"技术技能培养模式，强化工程实践能力培养，如图案例2-2所示。

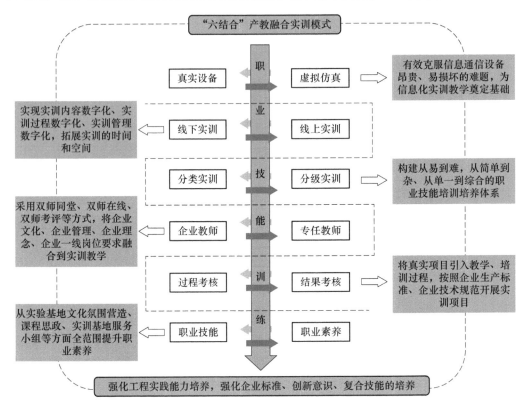

图案例2-2 "六结合"实训模式图

"真实设备＋虚拟仿真"相结合。采用"虚实结合、虚实并重"的建设思路，真实商用设备配套虚拟仿真软件。虚拟仿真软件进行重复操作练习、高危场景展现，真实设备开展技能训练和真实工程场景，有效克服因为信息通信设备昂贵、易损坏而导致的设备台套数不足、技能训练不充分、工作场景难展现的"拦路虎"，增加实训频次、扩展实训范围，让不可见、难操作的流程场景清晰可见且可控。

"线下实训＋线上实训"相结合。产教融合实训云开发人机接口、远程操作接口，实现真实设备上云、虚拟仿真上云，形成实训资源。远程调度操控真实实训设备，打破实训时间和空间限制，形成"线上公共云实训室"，实现实训内容数字化、实训过程数字化、实训管理数字化，方便学习者随时随地学习，为企业、其他学校提供了120万人次的实训训练。

"分类实训＋分级实训"相结合。构建技术分类、技能分级的实训体系，建设开发云计算、大数据、移动通信优化、移动基站运维、数据通信网组建、操作系统等技术方向的实训项目，按照职业认知→职业基本技能→职业核心技能→职业复合型技能→创新实验五个层级，实现对信息通信技术的基本感知→通用基本技能的掌握→专业技术方向的单项专业技能→生产岗位需要的复合型技能→鼓励学科交叉、个性发展、创新学习的创新实践，分别制定实训实施标准

和考核标准,构建从易到难、从简单到复杂、从单一到综合的职业技能培训培养体系,五个层级既循序渐进又相互独立,适合不同专业学历教育的渐进培养,也适合不同等级的"点菜式"培养。

"企业教师＋专任教师"相结合。采用校企双导师制度,企业兼职教师和学校专任教师同时进入授课计划,采用双师同堂、双师在线、双师考评等方式,将企业文化、企业管理、企业理念融合到实训教学。企业教师授课达到 10 万多课时,占比达 20%,开展技术讲座达到 100余场。

"企业考核＋学校考核"相结合。实训基地与合作企业将真实项目引入教学、培训过程,采用企业真实订单交付、企业真实项目验收、企业真实案例配置等方式,按照企业生产标准、企业技术规范开展实训项目,学校根据学生完成情况进行课程结果性考核。校内学生完成中国铁塔、重庆电信设计院、重庆永鹏网络科技有限公司的企业真实设计项目 300 个、现网网络优化分析 50 个、园区建设项目 10 个,达到了实训教学过程与生产过程保持一致的效果。

"职业技能＋职业素养"相结合。校企共建党建基地,树立学习者"建信息通信强国、保万家通信畅通"的专业理想,培养工程(实验)项目精心规划、实验过程精细操作(配置)、网络调测精准诊断的"精心、精细、精准"的工匠精神,从实验基地文化氛围营造、课程思政、实训基地服务小组等方面全范围提升职业素养。

(三) 四类平台,提升技术创新服务质效

以校内实训基地为中心,发掘科研、培训潜能,并从技能、认证、培训、技术创新四个维度出发,搭建技能训练、职业认证、培训服务、技术创新四类平台(见图案例 2-3),建立健全实训基地对外服务架构和功能。

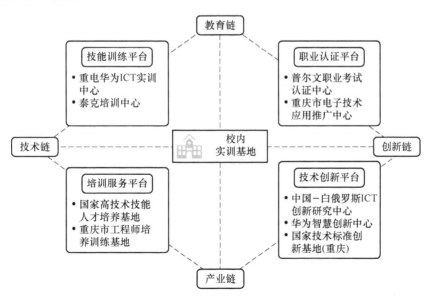

图案例 2-3　四类平台

联合企业建设国家级高技能人才培训基地,建成重庆市工程师创新能力培养培训基地(移

动通信技术方向)、普尔文职业考试认证中心和 HCIE 培训中心,根据产业需求,校企共同研制培训课程和培训方案。面向重庆市高校及企业开展 24 个方向的 ICT 领域初、中、高级的资格认证和技能鉴定,包括企业员工培训、人社局新职业工种培训、职业资格认证培训、企业新型学徒制培训、国际化培训等,每年开展人才培训超过 4 000 余人。重庆电子工程职业学院牵头成立由行业、企业、高校组成的重庆市网络通信工程技术创新战略联盟,校企共建华为智慧创新中心、重电-环联车载物联网联合创新实验室、重电-摄享家水资源环境监测研究中心、电子信息应用技术推广中心、国家技术标准创新基地(重庆)智慧城市建设技术标准创新中心,联合开展项目申报、技术攻关、产品创新、成果转化,有效提升了服务和技术创新能力。

三、主要成效

(一)校企共建共享显著

校企共同投入 6 000 余万元,建成重电-华为 ICT 实训基地、30 个校外实训基地和产教融合实训云平台,获批国家级高技能人才培训基地、重庆市校企合作示范基地、重庆市工程师创新能力培养训练基地和产教融合创新示范基地。校企联合开发理实一体化课程 35 门(含国家级 7 门、省部级 7 门),资源 10 000 余条,使用人次超 10 万,编写/立项国家级规划教材 10 部。

(二)师资队伍建设一流

校企共育 ICT 师资 294 人,含企业工程师 168 名,建成国家级的教学团队、黄大年式教学团队、双带头人党支部书记工作室和党建样板支部各 1 个,培育国家"万人名师"3 名,教师荣获全国五一劳动奖章、全国五一劳动巾帼标兵、重庆市教书育人楷模等称号 40 余人次。新建成高水平专业群 1 个、国家级专业 3 个,这四个专业在金苹果全国高职专业竞争力排行榜均位列前 3%,其中通信系统运行管理专业连续两年第一。

(三)人才培养成效卓越

近三年毕业生就业率达 99.95%,用人单位满意度高。共育 ICT 人才 5 200 余名,其中,获得行业职业资格认证 10 000 余人,华为 HCIE 专家工程师 52 人。学生参加技能大赛获得国家级奖 49 项、省部级奖 127 项,其中华为 ICT 大赛全球一、二、三等奖各 1 项,创新创业大赛国家级奖 2 项、省部级奖 18 项。重庆电子工程职业学院联合产业链,连续 8 年举办重电-华为 ICT 人才联盟双选会,提供 15 000 个工作岗位,被华为推广到 22 个省。

(四)技术创新服务强劲

重庆电子工程职业学院牵头成立重庆市网络通信工程技术创新战略联盟,建成中国科协海智计划重庆海智基地重电海智工作站、国家技术标准创新基地(重庆)智慧城市建设技术标准创新中心等省部级平台 4 个。校企共建技术创新中心 4 个,立项省部级项目 27 个、技术服务项目 31 个,共同开发新产品、新技术 302 个,授权知识产权 213 个,其中发明专利 22 个,为企业带来经济效益2.3 亿元。开展新技术赋能培训 41 103 人/天,其中,联合开展巴基斯坦、马来西亚、英国 ICT 领域高级别专业国际培训 2 210 人/天，科普教育受益人数逾 20 万。

（五）交流推广高度认可

实训基地案例获得 2019 年世界职业教育大会优秀案例，2020 年中国高等教育学会"校企合作　双百计划"典型案例。实训基地先后接待 200 余所职业院校参观学习，在相关研讨会上主题发言18 次，受到人民网、学习强国、中国高职高专网等媒体专题报道转载 317 次，2021 年在作为提质培优增值赋能典型案例中国教育电视台播出，2022 年作为教育部产教融合校企合作典型案例供全国学习交流和参考借鉴。

案例三 创新专业群人才培养模式：积极探索绩效学分制改革，实现"个个成才、人人出彩"

物联网技术专业群发挥"双高"专业群在人才培养中的示范引领作用，优化专业群教师团队全面服务评价改革，建设优质课程资源，形成学分制实施的有力保障；以"关心每个学生，促进每个学生主动地、生动活泼地发展，尊重教育规律和学生身心发展规律，为每个学生提供合适的教育"为宗旨，通过深化改革学生评价体系，聚力破解学生评价中主体单一、类型单调、方法传统、内容片面、以分数为导向等重点问题，逐步健全制度，创设良好的运行环境；优化课程体系，保障绩效学分制有效实施；实施多元综合评价，让"分数"更科学为主要举措，促进人才培养体制机制创新和教学模式深度转变。

一、背 景

为贯彻落实《深化新时代教育评价改革总体方案》和《重庆市深化新时代教育评价改革若干措施》，基于重庆电子工程职业学院《深化新时代教育评价改革实施方案》，物联网技术专业群秉承"以学生全面、可持续发展为本"的教育理念，推动学生评价改革。综合考量德智体美劳全要素，以绩效学分制度为突破口，以"学点算点、尽量学精点"为基本原则，促进教育教学从达标教育向扬长教育转变，激发学生内生动力，保障学生个性化、多元化发展，实现个个成才、人人出彩。

二、主要举措

（一）逐步健全制度，创设良好的运行环境

坚持"学点算点、尽量学精点"为基本原则，目前专业群基于绩效学分制的《绩效学分制实施办法（试行）》《学生选课管理办法（试行）》《重庆电子工程职业学院学分制学籍管理实施细则》《创新创业教育实践学分认定与转换管理办法》等制度，制（修）订了《学生学业导师制管理办法》《物联网技术专业群学生综合素质测评》《大师工作室、工匠工坊、卓越班遴选机制》等相关制度和实施指南。为践行"学生中心"的教育理念，以双高专业群建设为契机，在专业群《人才培养方案》中优化培养目标与培养规格，切实加强学生的素质要求、基础能力要求、职业能力要求，重视学生的个性发展，实行扬长教育，毕业标准以绩效学分为衡量标准，确保绩效学分制有效实施。根据试运行情况逐步完善教学管理制度，进一步建立健全弹性学制、导师制、选课制、绩效学分制、学分互认制、重修制、主辅修制等充满生机活力的教学运行机制，为学分制管理创设良好的运行环境。《绩效学分制实施办法》等相关制度已在物联网技术专业群2020级试行，毕业标准以绩效学分为衡量标准，确保绩效学分制有效实施。

（二）优化课程体系，保障绩效学分制有效实施

不断优化专业群"平台＋模组"的课程体系（见图案例3-1）。构建公共基础平台、专业基

础平台,筑牢"底层";对接典型职业岗位,融入标准,构建专业课程模组;针对关键岗位,设计核心模组,夯实"中层";对于发展性岗位,设计拓展模组,充实"上层"。持续优化"岗课赛证融通"课程模组,实行"大专业进、小专业出"的个性化人才培养。以此为基础,适当扩充选修课程,扩大学生选择课程的自由度,践行长板教育,提高学生学习积极性。

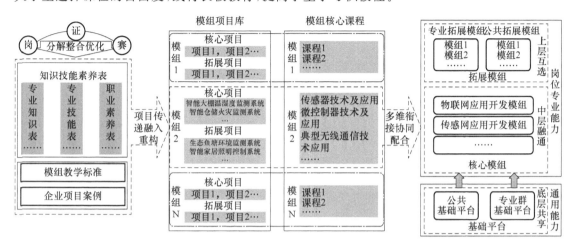

图案例 3-1　专业群"平台+模组"课程体系

全面推行线上+线下混合式教学(见图案例 3-2)。学院所有课程均已实施线上线下教学相结合,依托网络教学平台、专业教学资源库和虚拟仿真实训基地,推进传统课程改造、整合、优化。下一步将持续建设优质信息化课程资源,拓展学生的学习空间,促进学生自主灵活学习,为绩效学分制实施提供全面课程保障。

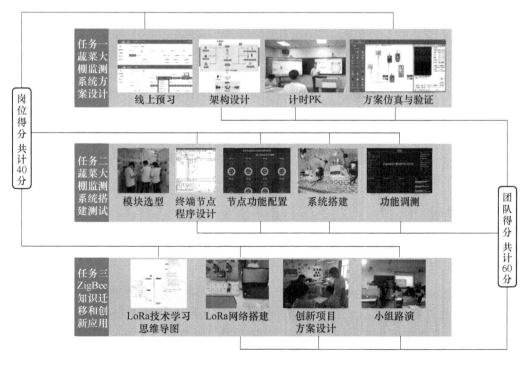

图案例 3-2　线上+线下混合教学

（三）实施多元综合评价，让"分数"更科学

拓展学业评价主体及评价类型，破除传统"分数论"，推进综合评价，动态调整，逐步构建科学有效的课程学业绩效学分综合评价体系。

强化课程过程评价。由注重结果考核向注重过程考核转变，在学业评价中加入成长分实施增量评价，逐步实现由注重学习结果向注重学习成效和学生成长转变，不断提高学生学习的主动性、积极性，增强教与学的有效性。学生全过程评价如图案例3-3所示。

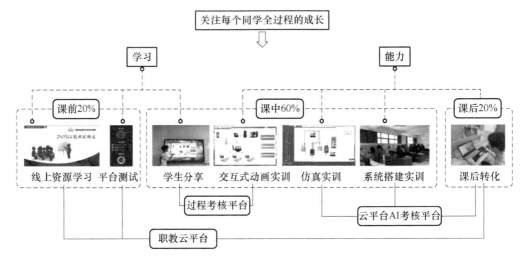

图案例 3-3　学生全过程评价

开展多维度评价。保持学校、教师在学业评价中的重要地位，同时增加学生自评和小组互评，融入企业评价和社会实践评价。根据《创新创业教育实践学分认定与转换管理办法》，学生在学习期间，可通过参加各种专业技能鉴定、专业技能竞赛、产品制作、小发明、专业项技能培训、创新创业创意比赛、文艺体育竞赛及社会实践活动取得奖励替代学分。奖励替代学分在每学期按规定时间统计申报，并直接计入学分绩点中，将学生评价从"唯分数"评价向综合评价转变。多维度评价如图案例3-4所示。

通过教学管理平台升级改造，目前可实现学生自主选课、学业进展查询、学分绩点自动转换，通过信息化手段解决学生选课、教学安排、弹性学制、学分绩点转换等难题，为绩效学分制管理提供有力保障。

三、主要成效

（一）学生多元发展，个个出彩

通过绩效学分制试行，学生课堂出勤章显著提高，学习状态明显改善，自主学习动力有较大提升，学习积极性有所提高，参加比赛主动性更强，参加社会活动更积极。2019年（绩效学分制未试行），专业群学生共获得标志性奖项3个，其中1个国家级奖项，2个省部级奖项。自2020年绩效学分制试行以来，学生荣获省部级及以上奖项16个，其中国家级奖项8个，省部级奖项8个，包括第十七届"挑战杯"全国大学生课外学术作品红色专项三等奖，绩效学分制运

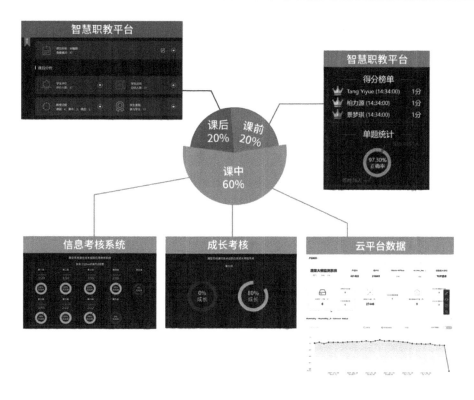

图案例 3 - 4 多维度评价

行成效初步显现。

(二) 打造出优质教师团队,全面服务评价改革

物联网应用技术教师团队入选第二批"全国高校黄大年式教师团队"及首批国家级职业教育教师教学创新团队,承担国家级职业教育教师教学创新团队课题研究项目物联网技术专业领域主课题 1 项、全国职业院校教师教学创新团队建设体系化课题研究项目 1 项、省部级课题 23 项;传感网应用开发模组教学团队两次获得重庆市教学技能大赛一等奖;专业群课程教学团队荣获全国职业院校技能大赛教学能力比赛全国一等奖;物联网系统集成模组王玲、刘宝锤两位老师同时获得物联网安装调试员全国行业职业技能竞赛一等奖。

(三) 建成配套课程资源,形成学分制实施有力保障

绩效学分制开展以来,专业群建成在线课程 22 门,2021 年 5 门课程入选校级在线课程,2021 年新增建设视频微课类资源 300 余个,"物联网工程导论""移动通信基站系统运行与维护"2 门课程被认定为国家级精品在线开放课程,8 门课程被认定为省部级课程;《物联网工程导论》《电子信息专业英语》等 6 本教材被认定为"十三五"职业教育国家规划教材;参与研制《物联网工程实施与运维》等 10 个 1+X 标准。

案例四 打造专业群课程资源:"双师协同、双线驱动"现代移动通信技术专业课程建设机制创新与实践

重庆电子工程职业学院通信工程学院现代移动通信技术专业是国家高水平专业群的重点建设专业,该专业在双高建设期间,秉承"产教融合、德技并修、学生中心"的职教理念,围绕课程建设与实施两个关键环节,主动适应移动通信技术快速迭代,教育教学形态持续变革。基于工作过程系统化课程开发理论,创新出整体推进的"双师协同"一体化课程建设理念,实时跟进的"双线驱动"可持续发展课程建设机制,以生为本的"六个结合"混合教学模式,破解课程建设中普遍存在的课程内容与技术革新岗位需求不适应,课程资源建设与课程教学应用"两张皮",课程教学实施与学生个性化培养偏离的教学难题。建成国家级精品在线开放课程2门,重庆市精品在线开放课程5门。

一、背 景

随着我国移动通信行业迅速崛起,中国正在从网络大国向网络强国迈进,移动通信作为国家战略性新兴产业,是夯实经济社会高质量发展的重要基石。重庆作为地处我国西南地区的直辖市,电子信息产业已成为其重要的支柱产业。作为全国首批5G试点城市,重庆市正打造"智慧名城",急需大批移动通信领域高素质复合型技术技能人才。

2019年《国家职业教育改革实施方案》的发布,吹响了职业教育高质量发展的集结号。《国家职业教育改革实施方案》提出深化"三教"改革,"三教"改革中,教师是根本,教材是基础,教法是途径,它们形成了一个闭环的整体,课程资源建设正是"三教"改革的集成点。然而,目前高职院校在课程资源建设过程中,普遍存在内容更新不及时,资源应用不充分,实施效果不理想等教学问题。要解决这些问题,必须遵循职业教育规律,在产教融合、校企合作基础上不断探索课程建设一体化可持续发展的有效机制。

二、主要举措

(一)紧跟技术革新岗位需求变化,持续更新课程内容

职业教育离不开产教融合,移动通信技术专业通过与华为等企业开展深度合作,依托校企合作平台,聘请企业工程师,与学校教师组建"校企双师"课程团队。依托校企合作平台,通过周期性行业调研,了解行业动态、岗位变化和人才需求;定期安排教师参加5G、NBIOT等技术培训,掌握最新技术;规范定期顶岗实践锻炼制度,熟悉岗位职责,提升技能水平;建立常态化技能大赛参赛指导机制,熟悉比赛内容,瞄准岗位需求风向标;参与X证书标准制定、参加认证讲师培训,考取职业技能等级证书,熟知认证大纲;定期开展标准研讨,准确把握行业技术和

职业教育发展趋势。"校企双师"对接行业岗位变化分析职业能力,制定课程标准,分解知识技能点,归纳典型工作任务,选取教学载体,及时融入新技术、新标准和新规范,融入 X 证书标准和技能竞赛内容,以形成岗课赛证融通的课程内容持续更新机制,解决课程内容与技术革新岗位需求不适应问题。

(二)以教学应用效果为导向,持续开发课程资源

信息技术发展促进教育形态的持续变革,然而近年来课程资源建设普遍存在着多而不精、建而不用、用而低效的现象。移动通信技术专业团队在课程资源开发中,始终坚持课程资源开发以质量为先,应用为导向,注重顶层设计,系统规划课程资源的类型和数量,同步设计教学实施方案,明确资源用于课前、课中、课后的具体环节,确保课程资源的有效应用。"校企双师"分工协同建设静态与动态、基本与拓展、助学与助教相结合的课程资源,编写配套教材,确保资源的丰富性与实用性;成立由行业专家、课程骨干、学生代表组成的质量审核团队,层层把关资源质量,保证资源的科学性和适应性;定期收集学生使用资源的反馈意见,通过师生联合边建设边应用,边应用边更新,形成持续性常态化课程资源开发与更新机制,确保资源的鲜活性,以解决课程资源建设与课程教学应用两张皮问题。

(三)以学生个性发展为目标,持续改进教学模式

职业教育是面向人的终身教育,现代移动通信技术专业坚持以"人人出彩"为最终目标,以学生为中心,以任务为驱动,借助虚拟仿真、真实设备为一体的实训基地,构建探究式合作式翻转课堂,分工协作完成任务,培养学生实践动手与理论分析能力。本专业充分利用数字资源,实施线上线下混合教学,培养学生自主学习能力。基于课程平台、App 等构建的学生精准学情画像,推送不同的基本任务与拓展任务,促进学生个性化成长。针对通信行业职业特点,以"吃得苦、敢担当"为主线,设计思政育人体系,践行立德树人根本任务。重构多元多维横纵结合的评价体系,在注重综合能力横向评比的同时,关注学生个人能力纵向成长。形成理论探究与实训演练、个人学习与团队协作、线上自学与线下讲授、个性学习与普适学习、技能提升与品德浸润、横向评价与纵向评价"六个结合"的混合教学模式,以解决课程教学实施与学生个性化培养偏离问题。"六个结合"混合教学模式如图案例 4-1 所示。

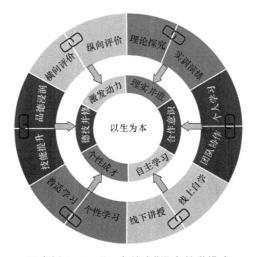

图案例 4-1 "六个结合"混合教学模式

在专业群课程资源建设过程中,创新"双师协同"一体化课程建设理念。课程建设质量的关键取决于课程团队的整体水平,依托校企合作平台,以"双证书"为要求,"双能力"为标准,"双融合"为目标的培养思路,校企协同打造出"校企双师"课程团队。课程内容选取、资源开发、教材编写、教案设计和教学实施,"校企双师"分工协作一体化推进实施。通过专兼教师同建一门课、同教一门课、同研一个教案,共同参与课程开发、教学设计、教法创新等全过程,形成"双师协同"一体化课程建设理念。该理念抓住了课程建设质量的核心要素,实现了培养高水平团队、建设高质量课程、打造高质量课堂,提高了人才培养质量。

创新"双线驱动"可持续发展课程建设机制。该机制由行业技术发展和教学形态变革两条主线进行驱动,首先对典型岗位进行职业能力分析,制定课程标准;然后根据职业能力标准选择典型工作任务,确定课程内容;再分解典型工作任务的知识技能点,开发课程资源,明确教学目标,优化教学模式;最后,"校企双师"联合设计教学方案,开发优质教材,建设精品课程。一条线全程跟进行业技术发展,动态调整课程内容,更新课程资源;另一条线紧跟教学形态变革,持续改进教学模式,调整教学实施方案。通过周期性闭环工作流程,形成"双线驱动"的可持续发展课程建设机制(见图案例4-2),有效解决了课程内容更新不及时,课程资源应用不充分,教学效果不理想等教学问题。

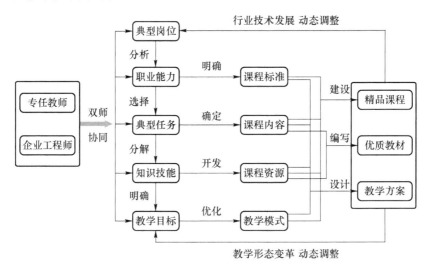

图案例4-2 "双线驱动"可持续发展课程建设机制

三、主要成效

(一)持续推进课程资源建设,建设水平引领全国

经过多年的实践与探索,现代移动通信技术课程建设取得了显著成效,建成国家精品在线开放课程2门,重庆市精品在线开放课程5门,重庆市高校线下一流课程1门,建设视频资源累计达2000余个。现代移动通信技术课程被"4G全网建设技术"全国职业院校技能大赛、全国"大唐杯"移动通信技术大赛作为技术服务和专家咨询平台,被重庆市新型学徒制培养、重庆永鹏网络科技有限公司作为企业员工培训课程。

其中,国家级精品在线开放课程"探秘移动通信""移动通信基站系统运行与维护"被全国101所高职、本科院校使用,年均使用人次达到1.2万人左右,得到同行的高度认可。课程团队编写工学结合特色以及活页式等新型教材12部,"十二五"国家级规划教材6部,"十三五"国家级规划教材2部,工信部"十四五"规划教材1部。

(二)持续专研教学艺术,课堂教学效果优秀

在课程建设与实施过程中,创新教学模式,精心设计教学实施方案,打造高质量课堂,取得了良好的效果。团队教师参加全国教学能力竞赛,获得全国一等奖(第一名),打破了重庆高职在该奖项的零突破,获重庆市一等奖1项;二等奖1项;重庆市高校微课教学比赛一等奖2项、二等奖1项,重庆市社区微课竞赛一等奖1项。学生平均到课率高达99%,学生对移动通信技术专业(方向)教师的评价分数连续12年平均高达92分。

(三)持续提升专业能力,造就"万人计划"名师

移动通信技术教学团队78人获得华为、中兴等行业认证证书,教师"双证书"获取率为100%,"双师素质"比例为100%,其中24人获得华为5G技术专家级认证,处于全国高职院校5G职教师资的第一梯队。团队培养"万人计划"名师1名,全国巾帼英姿1名,11人获重庆教学名师奖等市级称号,团队教师11人获得省部级及以上技能大赛优秀指导教师。

(四)教研科研水平提升,专业建设成效显著

教学团队成员主持或主研的国家级教研教改项目2项,参加国家级重大科研项目2项,主持或主研省部级教研教改项目8项;发表教改和科技论文60余篇,其中与课程建设理论有关的教改论文30篇,在《中国职业技术教育》发表教改研究论文2篇。建成国家级课程思政教学名师团队1个,国家级职业教育教师创新团队1个,重庆市优秀教学团队1个,重庆市黄大年式教学团队1个,国家级骨干专业1个。

(五)人才培养成效突出,海外就业树立典型

课程建设成果的应用实践,人才培养成效显著提升。毕业生就业率99%以上,专业对口率达到80%,用人单位满意度95%,获得双证书率100%,2 147人获得中兴、华为等行业企业工程师认证,233人获得《5G基站建设与维护》等1+X证书。学生海外就业26人次,据不完全统计,移动通信技术专业毕业学生在重庆移动通信工程行业从业人员中占30%以上。

学生参加各类职业技能比赛取得丰硕成果,获得全国职业院校技能大赛、电子设计竞赛等赛项一等奖、二等奖28项,全国三等奖及省部级奖75项。创新创业国家级和省部级获奖10项,重庆市创新创业先进个人2人。

移动通信技术课程建设案例入选2020年全国"如何打造优秀'网上金课'在线分享活动",入选重庆市高校在线课程建设与应用示范案例2项。本成果在中国教育电视台、人民网、中国高职高专网、华龙网主流媒体网站报道转载20余次,在重庆及全国职业教育领域产生较大影响力。

案例五 改革专业群教学模式：德技并修，铸魂育人——"安装识图与工艺"课程思政教学改革与实践案例

瞄准专业教学目标，紧密结合课程教学内容，对接工作过程，站在课程顶端，统筹设计，精准匹配"点、线、面"三维课程思政育人体系，开展高质量课程思政。根据土建类课程特征，创新"七阶动态"教学法，因情而动，灵活有效地融入课程思政，提高学生职业认同感、强化学生技能、增强学生岗位适应能力。创新"混合融入、双师示范"的课程思政实施路径，充分利用线上线下混合教学优势，将传统教学环节替换升级为蕴含思政元素的趣味实践/活动，实现有效开展课程思政的同时不增加教学负担；结合职业教育类型特征，充分发挥双师型教师示范作用，通过言传身教塑造学生价值理念。融嵌企业要素，校企共建具有课程思政属性的教学资源包，促使课程思政有效支撑学生职业技能强化。

一、背 景

重庆市加快推进建筑产业现代化，推动建造水平和建筑品质提升，带动建筑业转型升级和高质量发展，力争到 2025 年，工程建设项目全面实行数字化建造方式，现代建筑产业产值达到 3 000 亿元以上，把本市打造成西部现代建筑产业高地。建筑业的转型升级对从业人员的素质、职业技能提出了新的要求。

然而，目前职业院校土建类课程教学过程中，还普遍存在课程价值塑造不够，学生职业认同感低；课程内容脱离岗位，学生实践技能不足，岗位适应能力差；教学方法单调乏味，学生学习效果差等问题。如何培养与建筑产业转型升级需求相匹配的高素质劳动者和技术技能人才是课程教学改革的方向。

根据《关于加强和改进新形势下高校思想政治工作的意见》《高等学校课程思政建设指导纲要》《重庆市全面推进高等学校课程思政建设工作方案》等文件精神，课程团队落实重庆电子工程职业学院"双高"院校"将价值应该引领贯穿教育教学全过程，实现思想政治教育与知识体系教育有机统一"的人才培养要求，紧扣重庆市建筑智能化工程技术高水平专业群"德技并修，铸魂育人"的人才培养目标，将专业核心课程"安装识图与工艺"的灵魂确立为"提升工程造价专业核心技能和职业素养，激发科技报国的家国情怀和使命担当，培育尊岗爱岗的大国工匠"，旨在培养德才兼备、具有综合识图和施工工艺应用能力的复合型技术技能人才，以解决区域内安装造价工程师人才短缺问题。课程教学改革和课程思政教育以此为总目标，两者同向同行，相互促进，凝聚最大合力，实现价值塑造、能力培养和知识传授"三位一体"。

二、主要举措

（一）对接工作过程，重构教学内容，构建课程思政体系，一课一悟润无声

瞄准专业教学目标，紧密结合本课程教学内容，对接工作过程，站在课程顶端，统筹设计，

精准匹配"点、线、面"三维课程思政育人体系（见图案例 5-1）。面向岗位需求，以就业为导向，拆解传统学科知识体系下的教学内容，重构对接工作过程的模块化教学内容。遵循学生认知规律，学校设置模块一为最贴近学生生活的给排水系统，模块二为影响生命安全的消防系统，模块三为介质更复杂的通风空调系统，模块四为原理最复杂的建筑电气系统；同时，匹配教学内容，精准设计育人主线，从个人到国家，循序渐进，依次为"饮水思源、质量安全、节能环保、心系民生"。

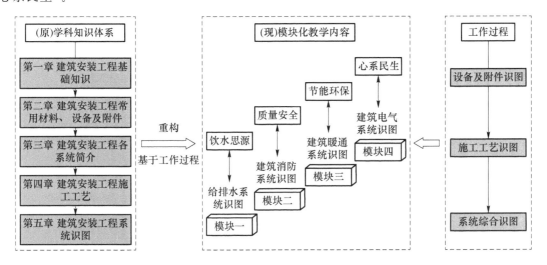

图案例 5-1　课程思政与教学内容精准匹配体系

教师团队与企业工程师、学校思政课教师共同研发，摒弃思政元素零散融入，站在课程顶端，以课程思政总目标（课程之魂）为逻辑起点，统筹设计，一体化构建"点、线、面"三维育人体系。基于四条育人主线，结合内容和学情，量身定制育人方案，做到如盐入水，一课一悟润无声。比如，模块二 8 个子任务，分别将文化自信、劳动精神、规范意识、团队精神、安全意识、科学思维、职业精神、精益求精有机融入。同时，通过"见、感、思、悟、行"多感官启迪，由浅入深，逐步将价值塑造内化于心。课程思政三维育人体系见图案例 5-2。

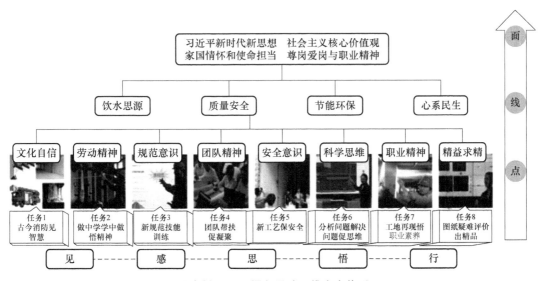

图案例 5-2　课程思政三维育人体系

（二）创新"七阶动态"教学法，因情而动，课程思政融入灵活有效

瞄准课程特征，融入课程思政，改革教学方法。瞄准职业院校土建类课程"理论枯燥，但载体贴近生活，抽象难懂，复杂多变，技能实操性强，但考虑安全因素，又不能随时去施工现场"等特点，充分利用产教融合实训基地、寝室、教学楼、住宅，虚拟仿真等教学资源，依托自建市级在线开放课程，开展"引兴趣—踏现场—探任务—练技能—解疑惑—评技能—拓思维"七阶线上线下混合式教学（"七阶"混合式教学），以企业真实项目为任务驱动，项目成果为目标导向，实时反馈，多次评价，提升学生自主学习能力及实践技能。"七阶"混合式教学方法见图案例 5－3。

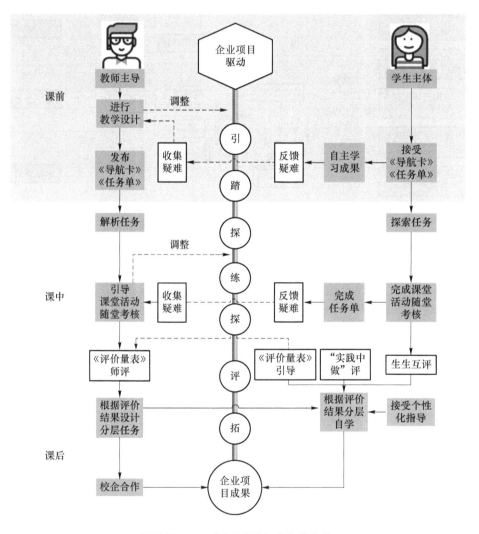

图案例 5－3 "七阶"混合式教学方法

以学生为中心，通过课程平台全过程数据采集等方式，准确、实时获取学情变化；结合每次课三维目标（尤其是素质目标）及教学内容，聚焦重难点解决，快速响应学情变化，精细动态调整课程思政育人策略，包括调整"七阶"混合式教学环节顺序、资源调用、方法手段及课程思政融入环节及方式等，做到一课一策，确保学生技能与素养同时提升，知识传授与价值塑造同频

共振,育人育才有机统一。动态调整课程思政育人策略如图案例 5-4 所示。

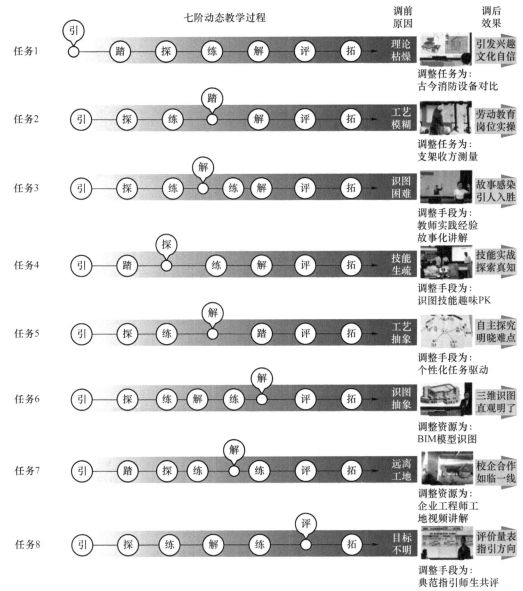

图案例 5-4　动态调整课程思政育人策略

(三) 创新"混合融入、双师示范"的课程思政实施路径

充分利用线上线下混合式教学的优势,在教学过程中融入课程思政,将传统教学环节替换升级为蕴含思政元素的趣味实践/活动。采用这种教学方法不仅不会增加教学负担,还提升了课程引力。课程团队精细化混合式教学设计,在"七阶"教学环节中深度融入课程思政。一方面,育人元素(如传统文化)的融入增加了课程趣味性,使得线上自主学习、线下翻转课堂的混合式教学过程浑然一体,从而激发学生学习兴趣,提高学生学习效率;另一方面,混合式教学师

生互动、生生互动的多向信息交互特征,以及自主探究式学习模式,使得育人元素的融入达到如盐入水、润物细无声的效果,实现了混合式教学与课程思政教育双向促进,体了课程的"高阶性、创新性、挑战度"。课程思政融入混合式教学情境见图案例5-5。

图案例 5-5　课程思政融入混合式教学情境

双师型教师是职业教育的重要特征,充分发挥双师型教师示范作用,通过言传身教塑造学生价值理念。课程团队双师型教师依托教师工作室承接的实际项目,将教学过程对接工作过程,以师生联合做真工程的方式开展教学,通过实际行动言传身教,以榜样的力量、以学生喜闻乐见的方式,带动学生成长。教师呈现出的精神风貌、职业风范、生活态度、治学境界以及在课堂内外传递的价值理念,包括对专业、对事业、对国家、对民族的责任和情怀,时刻潜移默化地影响着学生,教会学生如何做人、如何做事。在完成企业项目过程中,学生在"做中学、学中做",技能和素养同时提升。教师学高为师、身正为范,通过榜样示范,实现德技并修、铸魂育人的课程目标。双师型教师言传身教授课现场见图案例5-6。

图案例 5-6　双师型教师言传身教授课现场

(四) 融嵌企业要素,校企共建课程思政资源包

融嵌企业要素,校企共建具有课程思政属性的教学资源包。课程团队与筑智建、广联达、品茗等知名企业开展深度合作,协同共建教学资源及匹配的课程思政资源,搭建集产教融合实践基地、微视频、虚拟仿真动画、工程师访谈、工程影像资料、企业案例库、学习导航卡于一体的"数字+"课程思政资源包。各资源动态满足学生学习、企业培训双重需求,课程思政资源包的建设可由师生深度参与,共同全过程开发,持续充实更新。同时,将教学环境与岗位工作环境对接,保障项目式教学内容有效开展,实现人才个性化需求精准供给。通过双师型教师灵活调用各种资源,课程思政育人目标被润物细无声地融入教学全过程,实现了知识传授与价值塑造有机结合。校企共建课程思政资源包见图案例5-7。

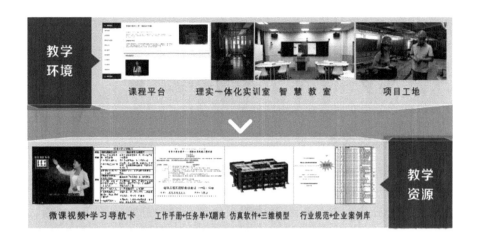

图案例 5-7　校企共建课程思政资源包

三、主要成效

(一)学生全方位成长,育人目标高达成

课程育人元素的融入,激发了学生实现自我价值的动力,学生职业素养、科学思维、发现问题解决问题的能力、责任担当意识、创新能力等综合素质均大幅提升。学生竞赛成绩屡创新高,在第七届中国国际"互联网+"大学生创新创业大赛中获国家级金奖 1 项。

(二)师生共同成长,社会服务质量高

在追求铸魂育人的高质量课堂中,教师科研能力、专业实践能力进一步加强。回归"教书育人、传道授业解惑"的本心,教师职业幸福感不断提升。师生联合完成的项目成果饱含精益求精的精神追求和造价人的职业情怀,受到企业好评,教师工作室承接并完成了更多高质量项目,实现了教学过程与社会服务零距离。

(三)教学改革成果丰硕

教学团队秉承"为学生的未来而教,激励学生实现自我价值"的初心,一直致力于课程教学及课程思政教育改革研究与实践。基于课堂改革创新,立德树人效果显著,"安装识图与工艺"课程荣获 2020 年职业院校教学能力比赛全国二等奖。该课程先后荣获如下教学奖励:

2020 年职业院校教师教学能力大赛全国二等奖;

2021 年重庆市课程思政教育优秀案例;

2021 年重庆市教学成果奖三等奖;

2020 年高校在线课程建设与创新应用示范优秀案例;

2020 年重庆市教师教学能力比赛一等奖;

2018 年重庆市教师教学能力比赛一等奖;

2019 年重庆市精品在线开放课程;

2020 年本课程教学改革获重庆市教育科学"十三五"规划课题 1 项;

2019 年重庆市高校微课教学比赛三等奖;

2018 年重庆市社区教育微课大赛一等奖;

2016 年重庆市高校微课教学比赛一等奖;

2020 年校级首批课程思政示范课,并以优秀等级结题;

2019 年重庆电子工程职业学院首届课程思政教学能力比赛一等奖。

(四)辐射兄弟院校成效显著

校内外同行评价高,课程被重庆市教育委员会评为 2020 年高校在线课程建设与应用优秀示范案例和 2021 年重庆市课程思政教育优秀案例,并出版发行,予以全市推广。作为市级在线开放课程,面向社会开放 3 年以来,使用本课程的兄弟院校总数达 20 所,课程访问量高,发帖总数 2 万余条。该在线开放课程的导学、助学效果明显,注册用户利用课程资源进行学习后实践技能大幅提升。

案例六　提升专业群研发服务能力：聚焦智慧城市建设，打造高水平物联网科教融汇协同创新平台

依托学校高水平专业群建设，发挥物联网专业群创新优势，主动思考服务重庆智慧城市建设发展战略。通过组建高端技术研发平台，牵头搭建产教融合创新联合体，构建"智慧城市建设咨询"项目知识库，打造"智慧城市建设咨询"人才队伍，组织专场的学术会议，科技服务范围和服务水平显著提升，强化了师生科研实力；以技术平台为枢纽，通过师生与行业的深度融合，提升了教师的技术水平和服务能力，促进了学生的学习、竞赛、就业多渠道发展；为重庆各级政府、行业企业提供云计算、大数据、工业互联网和智慧城市顶层规划、项目设计服务。截至2021年底，重庆电子工程职业学院已经联合相关政府、行业、企业落地了国家级重点项目"陆海新通道公共信息平台建设规划"、民政部优秀示范项目"大足智慧民政项目设计"、重庆市大数据示范项目"大足智慧旅游项目设计"等众多成功案例，成效显著。

一、背　景

近年来，尤其是"十四五"开局阶段，信息化进入加快数字化发展、建设数字中国的新阶段，重庆大力实施"互联网＋"、大数据、人工智能、创新驱动等一系列战略规划，加快智慧城市建设。重庆电子工程职业学院作为电子信息特色的学校，致力于建成物联网技术领域国家级高水平专业群，主动思考如何服务重庆智慧建设，为智慧重庆出力。经过大量的行业调研、多次讨论，智慧城市信息化项目处于经济活动的中心，体现的不是科研的最前沿，而是应用技术的前沿，技术兼新颖性与成熟性，与职业教育尤为契合。物联网高水平专业群技术技能建设团队依托高学历、高职称的高端智力优势，定位于应用技术的前沿创新，积极参与智慧城市信息化咨询及应用创新项目，包括在项目前期，为政府提供智慧城市规划、行业发展规划、政务信息化项目咨询设计、行业标准规范制定等支撑服务；在项目建设过程中，包括软件开发、调测、质量监督和管理过程，稳步提升城市智慧化、智能化水平。通过师生深度参与智慧城市信息化项目咨询与服务，培养一批贴近市场热点的骨干教师，提供大量一线项目素材，提高学生项目参与度，从而提高职业教育教学水平。通过项目咨询服务聚集一批有实力的集成商，直接或间接孵化一批应用型科研项目，从而促进学校科研发展，服务技术技能人才培养。

二、主要举措

坚持把立德树人作为中心环节，突出科教协同育人核心理念，联合智慧城市领域上中下游产业链企业，围绕政府、行业建设发展需要，不断探索和创新，共同从制度建设、平台建设和团队建设三个方面创新工作模式和工作思路。

（一）制度管理创新

制度是项目得以实施的土壤，为了配合项目的实施，在原有制度上做了大量的优化和新制定了技术技能服务相关制度。

技术团队管理方面：创新团队建设与激励制度，建立健全技术技能团队培训制度。学生管理方面：创新学生创新能力培养机制，实现学生五个"一"——一名学生、一个项目、一项专利、一篇论文、一次获奖。项目管理运行方面：创新项目场地、耗材、经费使用制度，ICT 行业协同创新中心开放性项目管理办法，横向项目引进激励制度。合作企业管理方面：搭建物联网产教融合创新联合体，产教融合实训基地。

（二）平台模式创新

第一，自主建设高端研发平台，解决企业技术难题。总体协调组织向市科协申报建成重庆海智工作站、信息通信技术创新海外技术合作平台、智慧城市建设标准创新中心等多个省部级科研平台，以及智慧城市能源管理应用技术协同创新中心、智慧城市信息化设计与服务创新中心、信息化工程造价咨询创新中心；与企业深度合作，全面开展技术服务，服务中小微创企业发展。各大科研平台授牌见图案例 6-1。

主持智慧城市信息化工程标准建设，提供信息化工程设计、信息化工程软硬件开发、项目管理等技术服务；为企业提供信息化、智能化项目的工程造价和绩效评估服务，提升对外的影响力，解决企业核心技术难题。

图案例 6-1　各大科研平台授牌

第二，牵头搭建产教融合平台，促进产学研深度融合。依托与企业的深度合作和物联网领域的引领地位，夯实物联网产教融合创新联合体、华为 ICT 产教融合联盟。不断加入行业协会，积极参与各类高端顶级研讨会议，智慧城市专家评审会；积极主持各类标准研究制定，提高学院科研团队行业影响力；积极主办、承办各类相关会议。把政行校企的优秀资源汇聚在一起，共同开展技术研发、成果转化等项目。

(三) 团队资源创新

第一,构建"智慧城市建设咨询"项目知识库。传统的工程咨询类企业缺乏技术研究,咨询服务的质量较低。联合中国信息通信研究院西部分院、重庆通信服务有限公司、小苹果科技有限公司等龙头企业,依托咨询、评审的数千个智慧城市、政府信息化项目案例,聚集学校与行业的专家学者,采用"共同建设、成果共享"的方式打造"智慧城市建设咨询知识库",为高水平的全过程咨询保驾护航。

第二,打造"智慧城市建设咨询"人才队伍。智慧城市设计属于多个专业与学科交叉的综合应用,需要大量信息化、弱电、电源、线路、装修、消防等专业技术技能人才。首先,联合行业协会、咨询机构、科研院所、行业龙头企业、知名专家组建高端智库。智库专家为投资咨询、招标代理、勘察、设计、监理、造价、项目评审等咨询服务提供技术、经验、管理等全方位支撑。其次,开设智慧城市领域的技术研发培训班,有针对性地开展领域所需的高素质人才。例如,2020 年 7 月,邀请华为物联网专家开展物联网应用技术研发培训见图案例 6 - 2。

图案例 6 - 2　2020 年 7 月,邀请华为物联网专家开展物联网应用技术研发培训

三、主要成效

2019 年至今承担并已完成设计项目 21 个,监理项目 4 个,评估项目 100 个,合同金额 307 万元,学校到账金额 239 万元,所服务的项目涉及金额超过 3 亿元。平台教师团队在实际项目中得到充分的锻炼,管理能力、科研能力、技能能力等明显提升,逐步形成以博士专家为引领、以中青年技术专家为骨干的高水平科研教师队伍。每年共计发表物联网等相关领域高水平论文 50 余篇,授权发明专利 20 余个,参与制定标准 5 个。教师队伍每年获得重庆市科委、教委等纵向课题 10 余项。

平台教师带领学生深度参与实际项目的开发,极大地提了升学生技术水平和增强了创新创业意识。在教师的指导下,学生利用业务时间参加技术技能大赛和开发创意产品,获得 2020 年互联网＋创新创业比赛全国银奖;获得 2020 年全国行业赛职工组一等奖,并获得全国技术能手称号,学生组全国一等奖;获得 2020 年第一届中华人民共和国职业技能大赛光电技术项目银奖,全国技术能手称号;获得 2020 年第一届中华人民共和国职业技能大赛物联网技术应用项目第五名,全国技术能手称号等。

物联网科教融汇协同创新平台完成了《国家陆海新通道信息化顶层规划》。该规划在"2020 年 11 月 17 日西部陆海新通道省际协商合作联席会议第一次会议"上发布,重庆市唐良智市长出席会议并讲话,广西、海南等 7 个省副省长出席,国家发改委、交通运输部、海关总署、国家口岸办、国家铁路集团、中远海运集团、招商局集团等负责人参加会议。本规划对加快西部陆海新通道建设,对于充分发挥西部地区连接"一带"和"一路"的纽带作用,深化陆海双向开放,强化措施推进西部大开发形成新格局,推动区域经济高质量发展,具有重大现实意义和深远历史意义。

物联网科教融汇协同创新平台完成了重庆首个智慧民政系统平台——大足智慧民政项目的设计、监理,这也是目前全市民政系统唯一整体规划、整体上线的民政综合业务信息平台系统,具备整合资源、汇集数据和构建体系三大特色功能。该项目为民政部优秀示范项目,入选中央网信办等七部委《乡村建设指南》,入选重庆市大数据智能化智慧应用优秀案例,2021 年 9 月国家发改委现场调研指导。

物联网科教融汇协同创新平台为国内首个五金行业的工业互联网平台——大足区工业互联网平台及工业互联网进行了二级节点项目设计。在 2020 线上"智博会"分论坛"数字赋能·智慧大足"专场发布,大足五金工业互联网平台是涵盖日用、家居、建筑、工具、农机等细分五金行业类别的工业云平台。大足是"中国西部五金之都",大足五金工业互联网平台为助力大足区五金产业数字化转型发展、打造成渝地区双城经济圈建设协同发展示范区注入了信息化力量。主要项目信息见表案例 6-1。

表案例 6-1　主要项目信息

序　号	项目名称	投资额/万元	咨询费/万元	项目简介
1	国家陆海新通道信息化顶层规划	20 000	18	国家战略,唐市长担任陆海新通领导小组组长
2	大足智慧民政项目设计、监理	40	20	民政部优秀示范项目,入选中央网信办等七部委《乡村建设指南》,入选重庆市大数据智能化智慧应用优秀案例,2021 年 9 月国家发改委现场调研指导
3	大足区工业互联网平台及工业互联网二级节点项目设计	4 600	70	国内首个五金行业的工业互联网平台,在 2020 线上"智博会"专场发布
4	大足智慧旅游项目设计、监理	500	12	重庆市大数据示范项目
5	大足石刻安防系统升级工程设计	200	8	—
6	世界文化遗产大足石刻游客服务中心智能化及管控系统设计	3 000	40	—
7	开州区智慧养老项目设计	2 000	30	民政部示范项目、重庆市发改委重点项目
8	部队 4 个项目设计	—	—	
9	设计项目评估	—	50	为大数据局出具评估报告

案例七　提升专业群国际影响力:对标技术技能国际水准,主掌网络安全世赛中国主战场

　　重庆电子工程职业学院世界技能大赛网络安全赛项国家集训基地以提升网络安全行业人才培养质量、服务区域社会经济发展为宗旨,聚焦产教深度合作,突出赛教资源融合,注重真实项目实践,倡导以资源开放共享为目的。通过整合行业职业技能竞赛资源、开展网络攻防技术研究、承接网络安全社会服务项目、丰富课堂实践教学案例,构建多元化育人体系。面向网络安全领域培养应用型人才的同时,也积极共享基地资源,面向区域行业、企业开展技术服务。目前该基地现有专职教师 16 人,其中教授 4 人、副教授 9 人,企业兼职教师 5 人。教师团队中有世界技能组织中国注册专家 1 人享受,国务院政府特殊津贴 1 人,国家万人计划教学名师 1 人,重庆市应急响应专家 1 人,全国技术能手 1 名,重庆市名师 1 名,全国技能大赛优秀指导教师 5 名,公安部等保测评专家 1 名,重庆市信息安全专家 2 名。

一、背　景

　　世界技能大赛(WorldSkills Competition,WSC)是最高层级的世界性职业技能赛事,被誉为"世界技能奥林匹克",其竞技水平代表了各领域职业技能发展的世界先进水平。世界技能大赛是青年人展示技能的舞台,旨在促进青年技能劳动者水平和职业能力的提升,促进世界各国家和地区在职业技能领域的合作与交流,促进职业技能的推广,秉承开放办赛、客观公正的宗旨。大赛涵盖运输与物流、结构与建筑技术、制造与工程技术、创意艺术与时尚、信息与通信技术、社会与个人服务六大领域,共 56 个赛项。根据世界技能组织规定,参赛选手一般不得超过 22 周岁,个别项目可放宽到 25 周岁。迄今为止,世界技能组织已举办 45 届世界技能大赛。

　　我国加入世界技能组织,参加世界技能大赛,有利于学习借鉴世界各国技能培训和开展技能竞赛的经验,推动国内职业技能竞赛活动的开展,营造学习技能人才、尊重技能人才、争当技能人才的良好社会氛围。同时,参加世界技能大赛,可以构建同行业技术交流国际平台,为我国优秀技能人才展示才华绝技、展示技能成果创造条件,对宣传我国高技能人才工作和人力资源能力建设的成果,扩大我国在职业培训领域的影响力,培养造就具有国际水平的高技能人才队伍具有重要意义。

二、主要做法

(一)疫情防控不放松,线上培训不停歇

　　根据疫情防控的要求,我基地在培训第一期主要采取线上集训方式,专家通过腾讯会议的形式为选手开展培训。对培训设计的三大模块(A 模块:Windows 安全认证、Windows 访问控

制、安全策略、Windows 安全审计、备份和还原和 Windows 传输安全 VPN 配置；B 模块：Windows 系统事件安全响应、计算机调查取证和内存、镜像取证分析；C 模块：Windows 服务器攻击和 Linux 服务器攻击）进行详细讲解，选手通过撰写训练日志，提出自己的见解和做法，在集训过程中与讲师逐步熟悉、相互了解、相互交流和互动，也可改善不足，提升技能。

（二）落实方案优计划，日常走训强技能

按制定好的集训框架基地技术组根据已制定好的集训方案计划安排落实日常训练第二阶段的集训走训工作。走训内容覆盖企业基础设施安全，网络安全事件响应，电子数据取证调查、应用安全，夺旗挑战（攻击与防御）等世赛内容；走训设计教学环节采用技术原理、项目实战、问题探讨相结合，综合运用任务驱动法启发式教学，小组协作法等教学方式，实现以选手为中心的教学原则；同时，还特邀其他专家培训和实践期间召开多场专培训和高端讲座，拓展选手的能力。日常训练分为两个阶段，以集中训练结合分散训练的方式进行。

（1）总体安排如表案例 7-1 所列。

表案例 7-1　网络安全项目日常训练安排表

训练阶段	时　间	训练方式	考　核
第一阶段	2021.9.13—2021.11.22	集中与分散相结合	一轮次七进三考核
第二阶段	2021.11.23—2022.4.15	集中与分散相结合	一轮次三进一考核

（2）本阶段参考第 46 届世界技能大赛技术文件要求，进行 3 个模块的基本理论和技能培训，全面提高选手技能水平，比赛经验和综合能力。

日常训练安排如表案例 7-2 所列。

表案例 7-2　日常训练第二阶段时间安排建议表

集训时间	集训内容	专家教练	训练基地	集训方式
2021.11.23—12.11	分散训练	选派单位随队教练	各省市基地	线上辅导
2021.12.12	北京基地报到			
2021.12.13—12.30	1. 登录及密码策略配置； 2. 网络设备加固； 3. 公共服务保护； 4. 安全事件监控； 5. 防火墙策略； 部分的技能综合提高训练	专家组长：鲁先志 教练：赵桂飞、江健滨	北京基地	集中训练
2021.12.31	北京—江西			
2022.1.1—1.21	1. 网络安全事件响应； 2. 电子数据取证调查； 3. 应用安全； 部分技能综合提高训练	专家组长：鲁先志 教练：辛诚琨、胡兵	江西基地	集中训练

续表案例 7 - 2

集训时间	集训内容	专家教练	训练基地	集训方式
2022.1.22—2.28	完成专家组安排的训练任务。按时提交训练记录	选派单位随队教练	各省市基础	分散训练
2022.3.1	重庆基础报道			
2022.3.2—3.19	1. 信息收集; 2. 应用程序攻击; 3. 服务器攻击; 4. 密码学; 等7个部分的技能综合提高训练	专家组长:鲁先志 教练:胡兵、辛诚琨	重庆基地	集中训练
2022.3.20	重庆—上海			
2022.3.21—4.10	1. 模块综合训练; 2. 比赛应变能力训练; 3. 组织模拟考核	专家组长:鲁先志 教练:全体教练组	上海基地	集中训练
2022.4.10—4.15 (时间待定)	第二阶段三进一集中考核,确定正选选手和备选选手	技术组、裁判组成员	组委会统一时间地点	

（3）强化阶段集训在巩固第一阶段集训成果基础上,加强全部竞赛模块综合训练。此阶段技能涵盖第46届世界技能大赛网络安全项目的最新技术思路、样题,力争集训选手均达到世赛参赛优秀选手水平。强化阶段集训安排如表案例 7 - 3 所列。

表案例 7 - 3　强化阶段集训安排时间安排表

集训时间	集训内容	专家教练	训练基地	集训方式
2022.4.16—5.14	单项技能强化训练 模块组合综合训练 英语语言训练	专家组长:鲁先志 教练:罗晓飞、黄镇 技术翻译:江雪	成都基地	集中训练
2022.5.15	成都—重庆			
2022.5.16—6.15	模块综合训练 拟参加"一带一路"比赛 竞赛应变力提升训练 竞赛心理训练 英语语言训练	专家组长:鲁先志 教练:胡兵、辛诚琨 技术翻译:江雪	重庆基地	集中训练
2022.6.16	重庆—青岛			
2022.6.17—7.15	模块综合训练 模块组合模拟赛 英语语言训练	专家组长:鲁先志 教练:江健滨、赵桂飞	青岛基地	集中训练
2022.7.16	青岛—北京			
2022.7.17—8.8	模块综合训练 模块组合模拟赛 英语语言训练	专家组长:鲁先志 教练:赵桂飞、江健滨 技术翻译:江雪	北京基地	集中训练

集训时间	集训内容	专家教练	训练基地	集训方式
2022.8.9	北京—江西			
2022.8.10—8.31	多轮模拟赛 竞赛心理训练 英语语言训练	专家组长：鲁先志 教练：辛诚琨、胡兵 技术翻译：江雪	江西基地	集中训练
2022.09.1	江西—上海			
2022.9.2—10.10	多轮模拟赛（用英语） 冲刺训练	专家组长：鲁先志 教练：黄镇、胡兵等各模块教练 技术翻译：江雪	上海基地	集中训练
2022.10.11—17	参加第 46 届世界技能大赛			

注：集训过程中，各集训基地根据国家法定节假日灵活安排选手作息。

重庆电子工程职业学院校领导、鲁先志专家、胡兵教练与第 46 届世界技能大赛网络安全赛项走训队合影见图案例 7 - 1。

图案例 7 - 1　重庆电子工程职业学院校领导、鲁先志专家、胡兵教练与第 46 届
世界技能大赛网络安全赛项走训队合影

（4）综合素质训练：除开日常训练以外，基地还注重培养选手的综合素质，在体能、心理、英语、应变能力都得到加强，同时，也不放松选手的思想政治教育。选手在不同基地走训过程中，有意识地安排他们参观红色基地，如一大会址、江西革命老区、重庆红岩村等爱国教育基地，将爱国主义、集体主义和劳模精神作为选手培养的一项重要内容，贯穿选手的日常训练。

三、取得成效

（一）赛事成果的突破

根据《人力资源社会保障部关于确定第 46 届世界技能大赛中国技术指导专家组组长名单的通知》（人社部函〔2021〕88 号），重庆电子工程职业学院现代信息技术领域国家级职业教育教师教学创新团队成员鲁先志（第 46 届世界技能大赛网络安全项目中国技术指导专家组组长）指导学生参加中华人民共和国第一届职业技能大赛网络安全赛项，并荣获金牌。团队获奖合影见图案例 7 - 2。

图案例 7 - 2　团队获奖合影

（二）对外交流合作的影响

自基地建设以来，基地承办了 2019 年一带一路国际技能大赛"信息网络布线"项目，参加了 2019 年在印度金奈举办的网络安全挑战赛、在俄罗斯喀山举办的第 45 届世界技能大赛，2020 年在英国举办的网络安全挑战赛。自 2021 年以来连续两年参加中华人民共和国职业技能大赛并取得优异成绩，斩获"网络安全赛项"金牌 2 枚。

参考文献

[1] 教育部,财政部关于实施中国特色高水平高职学校和专业建设计划的意见(教职成〔2019〕5 号)[EB/OL]. (2019-04-01)[2021-12-31]. http://www. moe. gov. cn/srcsite/A07/moe_737/s3876_qt/201904/t20190402_376471. html.

[2] 习近平对职业教育工作作出重要指示[EB/OL]. (2021-04-13)[2023-03-12]. https://www. xuexi. cn/lgpage/detail/index. html? id=13761976696229182007&item_id=13761976696229182007.

[3] 教育部、财政部关于实施国家示范性高等职业院校建设计划加快高等职业教育改革与发展的意见(教高〔2006〕14 号)[EB/OL]. (2006-11-03)[2021-12-31]. http://www. moe. gov. cn/srcsite/A07/moe_737/s3876_qt/200611/t20061103_109728. html.

[4] 教育部关于全面提高高等职业教育教学质量的若干意见(教高〔2006〕16 号)[EB/OL]. (2006-11-16)[2021-12-31]. http://www. moe. gov. cn/srcsite/A07/s7055/200611/t20061116_79649. html.

[5] 教育部关于深化职业教育教学改革全面提高人才培养质量的若干意见(教职成〔2015〕6 号)[EB/OL]. (2016-07-29)[2021-12-31]. http://www. moe. gov. cn/srcsite/A07/moe_953/201508/t20150817_200583. html,2015.

[6] 教育部职业教育与成人教育司负责人就《高等职业教育创新发展行动计划(2015—2018 年)》答记者问[EB/OL]. http://www. moe. gov. cn/jyb_xwfb/s271/201511/t20151103_217258. html.

[7] 教育部,财政部关于实施中国特色高水平高职学校和专业建设计划的意见(教职成〔2019〕5 号)[EB/OL]. (2019-04-01)[2021-12-31]. http://www. moe. gov. cn/srcsite/A07/moe_737/s3876_qt/201904/t20190402_376471. html.

[8] 关于印发《职业教育与继续教育 2019 年工作要点》的函(教职成司函〔2019〕32 号)[EB/OL]. (2019-04-08)[2021-12-31]. http://www. moe. gov. cn/s78/A07/A07_sjhj/201904/t20190412_377623. html.

[9] 教育部等九部门关于印发《职业教育提质培优行动计划(2020—2023 年)》的通知(教职成〔2020〕7 号)[EB/OL]. (2020-09-23)[2021-12-31]. http://www. moe. gov. cn/srcsite/A07/zcs_zhgg/202009/t20200929_492299. html.

[10] 威廉·配第. 政治算术[M]. 陈冬野,译. 北京:商务印书馆,2014.

[11] 刘志彪,赵伟,徐宁. 巩固壮大实体经济根基应强调稳定和提升"制造业＋生产性服务业"占比[J]. 科技与金融,2021(12):13-16.

[12] 白雪洁,宋培,李琳. 数字经济发展助推产业结构转型[J]. 上海经济研究,2022(05):

77-91.

[13]　JORGENSON D W，HO M S，STIROH K J. A retrospective look at the U. S. productivity growth resurgence[J]. Journal of Economic Perspectives，2008(4)：134-156.

[14]　韩晶,孙雅雯,陈超凡,等.产业升级推动了中国城市绿色增长吗?[J].北京师范大学学报(社会科学版),2019.

[15]　Porter M E. Location，competition，and economic development：Local clusters in a global economy[J]. Economic Development Quarterly,2000(2):175-203.

[16]　魏后凯.论中国产业集群发展战略[J].河南大学学报(社会科学版),2009.

[17]　前三甲! 深圳市先进电池材料产业集群在决赛中胜出.[EB/OL].(2021-04-01)[2022-05-217]. https://www. sohu. com/a/458415339_100089290.

[18]　潘海生,周柯,王佳昕."双高计划"背景下高职院校战略定位与建设逻辑[J].高等工程教育研究,2020.

[19]　安东尼·吉登斯. 现代性与自我认同[M].赵旭东,方文,王铭铭,译. 北京:生活·读书·新知三联书店,1998.

[20]　方炜,王莉丽.协同创新网络的研究现状与展望[J].科研管理,2018,39(09):30-41.

[21]　Květoň V，Horák P. The Effect of Public R and D Subsidies on Firms' Competitiveness：Regional and Sectoral Specifics in Emerging Innovation Systems[J]. Applied Geography，2018(9):56-74.

[22]　HAMEL G，PRAHALAD C K. Competing for the Future[M]. Boston：Harvard Business Press,1996.

[23]　BOZEMAN B,GAUGHAN M,YOUTIE J,et al. Research Collaboration Experiences，Good and Bad:Dispatches from the Front Lines[J]. Science and Public Policy,2016.

[24]　丁锦箫,陈雅琨.基于复杂系统视角的高职专业群人才培养改革背景、逻辑与实践[J].重庆电力高等专科学校学报,2021,26(05):48-51.

[25]　柴福洪,陈年友.高等职业教育名词研究[M].北京:高等教育出版社,2012.

[26]　张红.高职院校高水平专业群建设路径选择[J].中国高教研究,2019(6):105-108.

[27]　张淑艳,吕怀婉,杨洁.高职高专院校专业群集聚状态研究[J].山东电力高等专科学校学报,2010,13(5):5-7.

[28]　宗诚,王纾.关联性:双高院校专业群建设的基本遵循[J].中国职业技术教育,2020(13):52-57.

[29]　王亚南,成军.高职院校高水平专业群建构:内涵意蕴、逻辑及技术路径[J].大学教育科学,2020(06):118-124.

[30]　刘晓.高职学校高水平专业群建设:组群逻辑与行动方略[J].中国高教研究,2020(06):104-108.

[31]　李芒.从系统论到关系论——论信息社会教学设计理论的新发展[J].电化教育研究,2001(02):3-8.

[32] 丁锦箫,龚小勇."双高计划"引领高职专业群建设:基于结构功能主义的视角[J].中国职业技术教育,2019(35):24-30.

[33] PARSONS T. Working Papers in the Theory of Action [M]. New York：Free press，1953.

[34] 丁锦箫,蔡尚伟.数字文化创意产业的结构要素、内涵辨析与细分框架[J].出版发行研究,2021(12):32-40.

[35] 杨卫军,任江维.归核化:双高背景下高职院校专业发展的战略选择[J].中国职业技术教育,2020(09):32-36.

[36] 赵健.学习共同体的建构[M].上海:上海教育出版社,2008.

[37] 张志旻,等.共同体的界定、内涵及其生成[J].科学学与科学技术管理,2010(10):14-20.

[38] 武学超.模式3知识生产的理论阐释——内涵、情境、特质与大学向度[J].科学学研究,2014,32(09):1297-1305.

[39] 王亚南,成军,王斌.高职教育专业组群的逻辑依归、形态表征与实践方略——基于253个高水平专业群申报资料的质性文本分析[J].高等教育研究,2021,42(04):84-93.

[40] 方乐.司法供给侧改革与需求侧管理——从司法的供需结构切入[J].法制与社会发展,2017,23(05):40-52.

[41] 徐小容,朱德全.职业教育质量治理:公共之"道"与理性之"路"[J].西南大学学报(社会科学版),2019,45(01):90-98,195.

[42] 董磊,张克让,等.全球产业链中的我国产业升级问题研究[J].经济理论研究2007,(03):94-95.

[43] 王亚南.打造高水平专业群重在专业资源整合[EB/OL].(2019-05-07)[2022-08-10].http://www.jyb.cn/ rmtzgjyb/201905/t20190507_231503.html

[44] 孙卫平.匠师协同"双能"支撑 孵扶联动——重庆电子工程职业学院"能工巧匠"培养模式的创新与实践[J].中国教育报,2022,5(27).

[45] 李忠华.满足产业需求是高水平专业群人才培养模式构建与改革的逻辑起点.现代高等职业技术教育网[EB/OL].http://www.tech.net.cn/news/show-90844.html,2020.

[46] 卢立红."双高计划"视野下高职院校高水平专业群建设的路径[J].大视野,2020(04):56-60.

[47] 周建松.关于双高学校提升技术创新服务能力的思考[J].职教论坛,2020,36(08):77-81.

[48] 刘丽.高职院校高水平专业群治理研究[J].教育与职业,2022.

[49] 卢立红."双高计划"视野下高职院校高水平专业群建设的路径[J].大视野,2020.

[50] 周娜.高职院校专业群的组建逻辑研究[D].秦皇岛:河北科技师范学院,2022.

[51] 教育部.关于政协第十三届全国委员会第四次会议第0340号(教育类039号)提案答复的函[EB/OL].(2021-10-15)(2023-08-07).http://www.moe.gov.cn/jyb.xxgk/xxgk_jyta/jyta_zcs/202204/t20220402_619875.html.

［52］ 匡瑛.职业教育集团化办学模式的国际比较研究［J］.外国教育研究,2008(06):63-68.

［53］ 刘殿红,徐龙海,徐洪祥.院校主导型职教集团内涵,特质与实体化运作路径研究［J］.
中国职业技术教育,2021(04):86-89.

［54］ 崔炳辉.职业教育集团化办学运行机制研究:现状、问题与对策——以江苏省高职教育
集团化办学为例［J］.职教论坛,2019.

［55］ 职校产业学院建设"火力全开"! 它们获官方鼎力支持! 聚焦职教［EB/OL］.(2022-
07-21)［2023-08-07］.http://www.zjteachers.com/article.php? id＝5079,2022.

［56］ 於磊,严元."双高"背景下高职专业群产教融合实训基地建设与管理——以杭州科技职
业技术学院新零售管理专业群为例於磊［J］.安徽电子信息职业技术学院学报,2022,21
(02):98-101.

［57］ 崔剑生,仪玉莉.高职旅游管理专业产教深度融合实证研究——以辽宁省交通高等专科
学校·华住酒店管理集团产教融合实训基地建设为例［J］.辽宁省交通高等专科学校学
报,2022,24(02):59-63.

［58］ 阳勇.高职专业群的产教融合潜质及其基础平台作用分析［J］.山西青年,2022(12):
38-40.

［59］ 杨磊."双高"背景下行业职业教育指导委员会对于高职院校专业群建设作用研究［J］.
天津商务职业学院学报,2020,8(04):83-87.